中國學術思想 研究輯刊

十 三 編

林 慶 彰 主編

第 **4** 冊

饗禮考辨

周 聰 俊 著

花木蘭文化出版社

國家圖書館出版品預行編目資料

饗禮考辨／周聰俊 著 — 初版 — 新北市：花木蘭文化出版社，
2012〔民 101〕

序 2+ 目 2+176 面；19×26 公分

（中國學術思想研究輯刊 十三編：第 4 冊）

ISBN：978-986-254-787-8（精裝）

1. 三禮　2. 餐飲禮儀　3. 研究考訂

030.8　　　　　　　　　　　　　　　　　　101002016

ISBN-978-986-254-787-8

9 789862 547878

中國學術思想研究輯刊
十三編　第 四 冊　　　　　ISBN：978-986-254-787-8

饗禮考辨

作　　者	周聰俊
主　　編	林慶彰
總 編 輯	杜潔祥
出　　版	花木蘭文化出版社
發 行 所	花木蘭文化出版社
發 行 人	高小娟
聯絡地址	新北市永和區中正路五九五號七樓
	電話：02-2923-1455／傳眞：02-2923-1452
網　　址	http://www.huamulan.tw 信箱 sut81518@gmail.com
印　　刷	普羅文化出版廣告事業
封面設計	劉開工作室
初　　版	2012 年 3 月
定　　價	十三編 26 冊（精裝）新台幣 42,000 元

饗禮考辨

周聰俊　著

作者簡介

周聰俊，1939 年生，台灣台北人。1965 年台灣師範大學國文系畢業，1975 年及 1981 年先後兩度再入母校國文研究所深造，1978 年獲文學碩士學位，1988 年獲博士學位。曾任台灣科技大學、清雲科技大學教授。著有《說文一曰研究》、《饗禮考辨》、《祼禮考辨》、《三禮禮器論叢》等書。

提　　要

　　饗禮久佚，莫知其詳。後之學者，各持所據，立說互殊。此其是非異同，固有待於澄清也。竊以為饗禮雖佚，然未盡失，其散見於經傳者，猶可考而知之。檢諸《左傳》，其所載饗事，例近七十，此為最可靠之資料，而殷契周彝所見饗事，例亦不尠，皆有可資探尋饗禮原委，補經傳之闕佚者。爰本斯意，乃就饗禮相關問題進行探討。凡前人諸說為是者則取之，其有所疑則為詳考慎辨，冀得其實。其中於前賢時修之說，雖多所辨難，然凡有所立，或有所破，要皆稱情而發，求當於理，不敢逞其客氣，為汗漫之辭也。全文凡分五章，首章緒論，次章饗義考辨，三章饗禮內容考辨，四章饗禮施用範圍，五章結論。歸納本書主要論點，凡有六端：一曰饗禮本天下之通義，非天子諸侯所擅。二曰大饗雖不食體薦，非並殽饌皆不食。三曰饗禮賜物，未必皆酬幣。四曰人臣饗君及后夫人饗饋之事，或本其時禮法之所許。五曰鼎數以十二為極，鉶不得與其數。六曰《左傳》「命宥」，說者多家，似皆未盡其義，疑「命宥」乃天子躬親嘉勉，勤勞於王事之辭。餘則概見於篇節之中，不復贅述。

目

次

沈　序

　　余之得識聰俊兄蓋始於一九六八年秋，爾時余方自臺灣師大國文系卒業，因雨盦師之介獲聘至基隆省中擔任教職，聰俊兄亦於此時自他校轉來基中，遂共事焉。因彼此任教科目既同，且誼屬兼校友，故屢有互動。時聰俊兄家住基隆，對余凡事諸多照拂，惠我寔多，而其為人眞樸篤佫，余實愛敬之，引以為聲氣之交也。同事既逾年，余以服兵役離開基中，聰俊兄留守原職，蹤迹稍疏，然音問往還，未嘗間斷。其後聰俊兄與余相繼考入母校國文研究所碩士班，同奉手於一田師門下，治文字訓詁之學，余尋繹《說文解字》段注之精義，商榷其得失；而聰俊兄則通考《說文解字》「一曰」之體例，密會其旨趣，皆本此為專題，撰成碩士論文。其間以彼此治學之範疇相互函攝，故切磋攻玉，來往愈趨密切。碩士班畢業後，聰俊兄與余治學之方向同由文字訓詁逐漸轉向經學領域，而各自關切之重點則小有差異，余以兼觥文史，故留意於三傳；聰俊兄則專研制度，故特措心於三禮，尤於古人饗食飲燕諸禮詳加考索，卓有發明。此編顏曰《饗禮考辨》，即聰俊兄研究成果之一部份，而據以獲得博士學位者也。夫飲燕饗食乃人生之大事，故《儀禮》有〈鄉飲酒禮〉、〈燕禮〉、〈公食大夫禮〉等專篇記其事，而其他凡特牲饋食、少牢饋食及聘、射、籍、冠、昏諸禮，其過程亦莫不有饗食之事，知大愍斯在，古人於此蓋甚鄭重也。聰俊兄此編專考饗禮，除論述饗禮之施用範圍及主賓之關係外，於饗禮之內容，諸如行饗之地點、行饗之時間、行饗之備物暨行禮之次序等，皆博徵載籍，考證詳明，其中於前修時賢所說之未安者頗多是正。如《左傳》載天子饗諸侯時，有「命之宥」之文，具見於莊公十八年、僖公二十五年及僖公二十八年，先儒解經，或釋「宥」為「助」，謂「命之宥」為

行饗禮時，助之以幣物，所以助歡；或釋「宥」爲「酢」，謂天子饗諸侯時，賓主地位不相敵，諸侯不敢酢天子，故必天子特命之乃敢報飲；或以「宥」指「侑者」，即相禮之儐；或解「宥」爲「加爵」；或釋「宥」爲「右坐」；按諸禮典，衡諸文例，諸說蓋皆有未安，故皆不取。乃據友、有、宥、侑諸字古籍通作之情狀，詳考此三條傳文所載「命宥」之史實背景，釋「宥」爲「勸」爲「勉」，謂此類饗禮中，王特命諸侯宥者，實含有勉諸侯勤王事之意。非其於經傳禮典浸淫之深，安能有此創發。勝義卓見，類此者甚多，具見於編中。惜論文流播未廣，學者或不盡知。今欲交付印行，此盛事也。聰俊兄以余與相知之久，命余爲綴數語，以弁書首，余自惟禮學荒落，於聰俊兄之所造，愧未能有所贊述，既不獲辭，乃敘兩人交遊之顚末及問學從師之經過以應。中間仍舉其辨《左傳》「命宥」一節爲言者，聊以爲例以誌余之欽服也。

二○○九年冬至前一日伯時沈秋雄序於台北華城。

第一章　緒　論

古人待賓之禮有三，曰饗，曰食，曰燕。三者之中，惟饗禮爲盛，《周禮·大司樂》、《禮記·仲尼燕居》並謂之「大饗」是已。夫饗者，大飲賓也。設盛禮以飲賓，是禮之大者，故云然。以大禮飲賓，其獻如命數，設牲俎豆，兼食與燕。宣公十六年傳云：「王饗有體薦，宴有折俎，公當享，卿當宴」，是其禮盛也。

鄭玄嘗謂古有饗禮，惜今不傳。〔註1〕《儀禮》十七篇中，止存〈燕禮〉與〈公食大夫禮〉而已。以典籍散佚，故饗禮莫知其詳，而說者各持異端。或謂燕饗古通，饗實未亡，盡在燕中；旅賓徹俎以前，立而行禮，是即饗也；俎徹而脫屨升堂，爵樂無筭，盡醉無度，斯乃燕耳。〔註2〕或據許愼《說文》爲說，以爲鄉人飲酒即古之饗禮〔註3〕；或謂饗禮本乎鄉飲酒禮，其禮儀節次大抵相同，饗禮立成，俎徹而後則行燕禮，鄉飲酒禮之末，亦同燕禮，因謂之高級鄉飲酒禮。〔註4〕異義紛陳，難以卒理。此則有清一代以來，學者之說

〔註1〕　鄭注《儀禮·公食大夫禮》「設洗如饗」，云：「饗禮亡。」見《儀禮注疏》卷二五頁3。又注「大夫相食，……拜至，皆如饗拜」，云：「饗，大夫相饗之禮也，今亡。」見《儀禮注疏》卷二六頁4，阮刻《十三經注疏》本，藝文印書館，1965年。

〔註2〕　參見惠士奇《禮說》卷二「從獻」條及卷五「食米」條，《皇清經解》第3冊，復興書局，1972年。
朱大韶《春秋傳禮徵》卷六頁20至22，《適園叢書》本，藝文印書館，1964年。

〔註3〕　見惠棟《讀說文記》卷五頁10饗篆，《借月山房彙鈔》本，藝文印書館，1967年。

〔註4〕　參見楊寬《古史新探》〈鄉飲酒禮與饗禮新探〉頁294至305，北京中華書局，

也。其先儒自杜預之注《左傳》以降，率以天子諸侯立說，復拘牽《國語》「王公立飫則有房烝」（〈周語中〉），「夫禮之立成者為飫」（〈周語下〉），《左傳》「饗以訓共儉」（成公十二年），「設机而不倚，爵盈而不飲」（昭公五年），《禮記‧聘義》「酒清人渴而不敢飲也，肉乾人飢而不敢食也」諸文，於是「饗以訓恭儉，設几而不倚，爵盈而不飲，肴乾而不食，獻依命數，賓無醉理」之說，深入人心，牢不可破矣。因是正饗之禮，不食不飲；折俎之饗，則相與共食。同是設盛禮以飲賓，而一飲一否，聖人制禮，殆未必若是也。亦由斯故，於是乃有以周人養老，當用食禮，以為燕禮為輕，王者尊事老更，故不用燕禮；饗禮為隆，然體薦而不食，爵盈而不飲，几設而不倚，非孝養之義〔註5〕；《左傳》昭公十一年載楚靈王饗蔡靈侯，醉而執之，而或以為饗有酒不飲，此言醉，是饗則燕也。〔註6〕斯皆泥於饗禮不食不飲而然，漢儒固未嘗有是說也。

惟饗有賓、祭之別，賓饗之於祭饗，其初義蓋本相因，祭祀主於事尸，饗禮主於飲賓，祭之有尸，猶饗之有賓，故待賓如尸禮。據《儀禮》〈少牢〉、〈特牲〉二禮以觀之，尸有飲有食，推之天子諸侯廟享，蓋亦當然也。祭禮賓禮之大饗，取義既一致，故其禮亦宜大略相同，則大饗賓客，有食有飲，蓋亦可說也。且夫祭饗賓饗義既相同，則其禮亦當如廟享之通乎上下，而為天下之通義。非謂天子諸侯有饗，而卿大夫以下不與焉。所異者，其所施禮儀有隆殺，品物有多寡，惟視乎饗之之人，與所饗之人以為之節耳。此衡諸情理，而知其當然者也。

夫饗禮雖佚，然未盡失也。其散見於經傳者，猶可考而知。其所存最夥者，莫如春秋內外傳。二書大抵紀實，尤以《左傳》素稱詳贍，鄭玄亦稱其獨善於禮。〔註7〕檢諸《左傳》，其所載饗事，例近七十，而近百年來，先秦文物相繼出土，殷契周彝所見饗事，例亦不尟，有可資探尋饗禮原委，補經傳之闕佚者。因以《左傳》、三禮以及殷契周彝為主，旁稽歷代載籍，以及前賢時修之論，凡前人諸說為是者則取之，其有所疑，則勉力為之詳考慎辨，庶期得其實焉。此即本篇之所由作也。

1965 年。

〔註5〕參見金鶚《求古錄禮說》卷一一頁3，「天子食三老五更考」，《皇清經解續編》本，藝文印書館，1965 年。

〔註6〕見許維遹〈饗禮考〉頁152，《清華學報》第14卷第一期。

〔註7〕見《穀梁傳》序下，楊士勛疏引《六藝論》，《十三經注疏》本，藝文印書館，1965 年。

　　本篇題曰《饗禮考辨》，凡分五章。第一章緒論，綜述研究動機，方法，以及各章節內容大要。

　　第二章饗義考辨，首就饗之初文𠖡，審其構體，知其義爲饗食，蓋契乎文字初造之精恉，而饗人爲𠖡，亦與傳注合。許書鄉人飲酒之訓，殆非其朔。次論前人拘牽許書說解，遂混饗禮於鄉飲酒禮中，因就𠖡字字義發展過程，且據文獻資料所載賓饗與祭饗相近，而與鄉飲酒禮絕遠，以論饗非鄉飲酒禮。末論饗有賓禮，亦有祭禮，其初義蓋本相因，斯則緣於資於事人以事神之義，故先儒論饗，多合祭饗與賓饗而併數之，而經傳亦並以大饗而名焉。

　　第三章饗禮內容考辨，又分五節。首節探討饗禮之主賓關係。《左傳》饗禮自天子以至卿大夫，其事類俱在，毋庸疑議者也。前儒以爲非禮者三：曰諸侯饗王，曰卿大夫饗諸侯，曰夫人饗諸侯。然《左傳》於前二事皆未見有所譏刺；且陳公子完爲齊工正而飲桓公酒，自杜預以下，說者亦多曲爲迴護，而不以爲非，是不免啓人之疑。若夫夫人越境而饗臣僚，西周彝銘自有其例，蓋禮隨時從宜，非一成不變，經典所見者，或皆當時禮制如此，但實不足比論殷商，而於西周中期亦未必能兼該，因據殷契周彝，合於昔儒時賢之說，試爲辨析證成。又前儒言饗皆不及士庶人，斯亦據經傳而論之，以見饗禮通乎上下，蓋非天子諸侯之所專也。第二節行饗地點，第三節行饗時間。前儒以爲饗在廟，燕在寢，饗在晝，燕在夜。但考之彝銘，按之典冊，饗或在廟或在野，時間亦或在夜，皆信而有徵，而知在廟在晝者爲禮之常，在野在夜者當是權宜，並不爲非禮也。第四節行饗備物，首就載籍所見饗物，陳而述之，以見饗兼食與燕，其禮至隆。次論鉶爲鼎屬，但鉶非陪鼎，清儒王引之、胡培翬、孫詒讓之說不誤，惟諸家以鉶與鼎爲二器，則又不然也。俞偉超力反斯說，據出土資料以證鉶爲鼎屬，其說是矣，而以鉶即陪鼎，則仍有可議。按之《周禮‧掌客》，諸侯之禮既云上公鉶四十有二，又云鼎十有二。鼎十有二者，據鄭注則爲正鼎九，陪鼎三，若鉶爲陪鼎，則說不可通。是知鉶與陪鼎殆有區別，不可牽合。第五節則據經傳所考，約燕、鄉飲二禮之節次，析饗禮之行禮次序爲五：曰迎賓，曰獻賓，曰樂舞，曰旅酬，曰饗射。先論饗有迎賓亦有戒賓。次論饗之祼在獻內，與祭饗不異。饗禮有酒有醴，故彝銘有「鄉醴」與「鄉酒」之目。《左傳》「命宥」一辭，說者非一，要皆有可議之處。饗有酬幣，而前儒多混於賞賜而無別，因據彝銘以探賞賜之原委，以明《左傳》所載饗禮賜物，非盡爲酬幣也。次論饗禮用樂有金奏、升歌、下管、舞諸節，而無間歌合樂，隨尊卑上下亦有差降。至

宋、魯用天子樂舞，一爲王者後，一由特賜，故《左傳》云「魯有禘樂，賓祭用之」。宋雖王者後，行之非禮之正也。次論饗有食飲，先儒以正饗之禮爲不食不飲，折俎之饗則相與共食，考之典籍及漢儒經注，皆未見有此說，殆後儒之牽合，不符制禮之精神。且饗兼食與燕，爲飲食之禮，當如燕禮、鄉飲酒禮，宜有旅酬，而饗末或亦如燕法。末論古人饗射往往相因，因饗而射，所以娛賓也。

第四章饗禮施用範圍，論先儒言饗，率據天子諸侯立說，其實饗禮之施用，可別爲二類：一爲獨立禮典行使，專爲招待賓客而設，則自天子諸侯達乎士庶人皆有此禮。另一則作爲某一禮典組成之一部分，而附於他禮而行者，則有附射禮而行者，附藉禮而行者，附冠禮而行者，附昏禮而行者，考之經傳，有此四端。

第五章結論。首述先儒時修稽考饗禮之功績，次列本篇所論，歸納其中論點之較大者六端以殿焉。

本篇取材，散見群籍，以及出土實物資料。故雖不辭煩瑣，辛勤搜集，然以資質駑鈍，學殖荒落，其間偏曲疏誤之處，所不能免，博雅君子，幸垂教焉。

第二章　饗義考辨

第一節　饗訓鄉人飲酒辨

　　卜辭文字有作🥢、🥢、🥢、🥢、🥢，周金文作🥢、🥢、🥢、🥢、🥢者，字之中間象𣪊（周金文字或从食作🥢、🥢、🥢），其構體乃象二人相向對食之形。其字賦形殊多，而為甲文或金文字典者，悉依《說文》部首次序，分隸於卷五饗篆下、卷六鄉篆下、卷九卿篆下。自王襄《簠室殷契類纂》以降，若商承祚《殷虛文字類編》、孫海波《甲骨文編》、金祥恒《續甲骨文編》、「中國科學院考古研究所」改訂本《甲骨文編》，以及徐文鏡《古籀彙編》、容庚《金文編》等書，雖大同之中容有小異〔註1〕，然咸以公卿之卿，鄉黨之鄉，饗食之饗為一字，則無異辭。約而言之，甲骨文中無鄉若饗，周金文中亦然。蓋饗食之饗，鄉黨之鄉，其字均作「卿」也。洎乎秦統宇內，議書同文，李斯整齊，或頗省改史籀大篆，而創為小篆，於是公卿、鄉黨、饗食，遂析而為三，此所以避形義之殽捉也。循其衍變次序，蓋由「卿」略變形體作「鄉」，又加食作「饗」，以示與初文有別。許造《說文》，但就秦篆立說，故入卿於卯部，入鄉於𨞠部，入饗於食部，而本為同形異義者，於茲面貌各別矣。《說文》卯部云：

　　　卿，章也。六卿：天官冢宰、地官司徒、春官宗伯、夏官司馬、秋
　　　官司寇、冬官司空。从卯皀聲。

許氏此說，係以後世譌變形體為據，殆不足以論其造字之初恉。羅振玉曰：

此字从𝌆（即人相嚮之嚮，詳《唐風樓金石跋尾》）从𝌆，或从𝌆从𝌆，皆象饗食時賓主相嚮之狀，即饗字也。古公卿之卿，鄉黨之鄉，饗食之饗，皆爲一字，後世析而爲三，許君遂以鄉入𝌆部，卿入𝌆部，饗入食部，而初形初誼不可見矣。〔註2〕

又曰：

此彝卿字作𝌆，象兩人相嚮就食之形，蓋饗食之饗本字也。𝌆从兩人相嚮，與𝌆（即背）之从兩人相背者誼正同，嚮背之嚮當如此作，或借饗食之𝌆爲之。〔註3〕

按「卿」，象相向對食之形，爲饗食本字，羅說是也。字從兩人對食，引申則蓋有相向之義。相對之向，經傳作「鄉」或「向」者，蓋皆「卿」之假借（《說文》向訓北出牖，鄉訓國離邑，民所封鄉也，並無相對之義。）其作「嚮」者，則又「向」之後起俗字。從鄉聲之饗，即鄉之後起字，饗所從之鄉，乃卿之假借也。

𝌆之本義饗食，故饗人亦爲𝌆（饗），其見諸經傳注疏者：

1. 大飲賓曰饗

△《詩・彤弓》「一朝饗之」，鄭箋：「大飲賓曰饗。」

2. 設盛禮以飲賓曰饗

△《周禮・大行人》「饗禮九獻」，鄭注：「饗，設盛禮以飲賓也。」

3. 亨大牢以飲賓曰饗

△《儀禮・聘禮》「壹食再饗」，鄭注：「饗謂亨大牢以飲賓也。」

△《詩・彤弓》箋「大飲賓曰饗」，孔疏：「饗者烹大牢以飲賓，是禮之大者，故曰大飲賓曰饗。」

△《周禮・大宗伯》「以饗燕之禮」，賈疏：「饗，亨大牢以飲賓。」

△《周禮・內宰》注「故大饗廢夫人之禮」，賈疏：「饗者，享大牢以飲賓。」

4. 以酒食勞人曰饗

△《儀禮・士昏禮》「舅姑共饗婦以一獻之禮」，鄭注：「以酒食勞人曰饗。」

〔註2〕 《增訂殷虛書契考釋・中》頁 17 上，藝文印書館，1969 年。

〔註3〕 《雪堂金石文字跋尾》頁 435〈卿彝跋〉，《羅雪堂先生全集初編》，文華出版公司，1968 年。

△《周禮・稾人》「書其等以饗工」，鄭注：「饗，酒肴勞之也。」

5. 牛酒曰犒，加飯羹曰饗

△《公羊》莊公四年經「夫人姜氏饗齊侯于祝丘」，何注：『牛酒曰犒，加飯羹曰饗。」

而許叔重獨以「鄉人飲酒」當之。《說文》食部云：

> 饗，鄉人飲酒也。从鄉从食，鄉亦聲。

惠棟據此說解，以為鄉飲酒即古之饗禮〔註4〕，段玉裁據此說解以為與《詩・七月》「朋酒斯饗，曰殺羔羊」，傳云：「饗，鄉人飲酒也」者合。〔註5〕惠、段之說，蓋均泥於許說為本義而然。楊寬〈鄉飲酒禮與饗禮新探〉一文中，亦以為許訓饗為鄉人飲酒，猶保存饗之本義。其言曰：

> 鄉饗原本是一字，甲骨金文中只有鄉字，字作𨝋，其中𠙴像盛食物的簋形，整個字像兩人相向對坐共食一簋的情況，其本義應為鄉人共食。因為鄉的本義是鄉人共食，所以鄉人的酒會也稱為鄉。禮書在不少地方把鄉飲酒禮單稱為鄉，也還保存它的本義。後來因為鄉常被用作鄉黨、鄉里的鄉，於是另造出从食的饗字，以與鄉區別。《說文》把饗解釋為鄉人飲酒，也同樣保存它的本義。〔註6〕

林潔明於《金文詁林》中，更申其說，曰：

> 鄉之本義當為古代氏族社會同族鄉人共食，鄉字象二人相對就簋而食，然其所表達之意義，並不一定只是指兩人相對而食，而共食之人當為同族之鄉人。揆之古代社會之發展，亦至為可信。鄉飲酒禮之饗之稱為鄉，亦為本義之引申。金文中稱鄉飲酒禮為鄉，或鄉酒，稱饗禮為鄉醴，二者判然二事。〔註7〕

按文字肇端，必先有其義，而後發為語言，有語言而後畫成字形，造字者因義賦形，所賦之形必切乎其義，而義亦必應乎其形。是故造字之時，本一形一音一義，此理之當然也。𨝋為饗食，形義相符，共食之說，義亦相近。但饗食未必與飲酒有絕對關涉。就𨝋之構體而論，亦不見有飲酒之義。馬敍倫於《說文解字六書疏證》云：「文從食從鄉，無飲酒義，而六篇鄉下曰：『國離邑，民所

〔註4〕見惠棟《讀說文記》，卷五頁10 饗篆，《借月山房彙鈔》本。
〔註5〕見段玉裁《說文解字注》，卷五下饗篆，藝文印書館，1970年。
〔註6〕《古史新探》頁288，北京中華書局，1965年。
〔註7〕見《金文詁林》卷九頁166至167，香港中文大學，1974年。

封鄉也。』鄉食自不得合誼爲鄉人飲酒。」（饗篆下）其說甚是。此其一也。夫本義唯一，引申義無限，而古人用字，則多本借兼行。此一字之義，所以遞有增廣也。鄉人飲酒之稱饗，與夫祭後燕私之稱饗，告廟飲至之稱饗，射後之宴亦稱饗，並無二致，蓋皆饗食義之引申也。此徵之古器款識，悉有辭例可驗。楊氏既言鄉之本義是鄉人共食，復謂許訓鄉人飲酒猶保存其本義，是乃混本義引申義於無別。此其二也。楊、林二氏並謂金文中稱鄉飲酒禮爲鄉，或鄉酒，稽之彝銘，蓋皆非是。若〈天亡段〉之「王鄉」，爲祭後燕私〔註8〕；〈虢季子白盤〉之「爰鄉」，爲班師飲至〔註9〕；〈遹段〉之「王鄉酉」，爲射後之饗。〔註10〕證諸文獻資料，與〈鄉飲酒禮〉所載皆不合。此其三也。就此三端，揆諸楊、林之說，殆有以知其非然者矣。考《詩・七月》曰：「朋酒斯饗，曰殺羔羊」，毛傳謂「鄉人以狗，大夫加以羔羊」，孔疏云：

> 鄉人飲酒而謂之饗者，鄉飲酒禮尊事重，故以饗言之。鄉飲酒升歌
> 〈小雅〉，禮盛者進取，是鄉飲酒之禮得稱饗也。〔註11〕

孔氏《正義》往往引據《說文》，而此則似不知許氏有「饗，鄉人飲酒」之訓。段玉裁據《正義》，於毛傳「饗」下補「鄉人飲酒也」五字，以爲許氏《說文》即本毛傳。胡承珙《毛詩後箋》、陳奐《詩毛氏傳疏》並從段說。〔註12〕按毛傳饗者下是否脫「饗人飲酒也」五字，在段氏之前，盧文弨已有說，其言曰：

> 饗者下脫鄉人飲酒，《正義》有，《說文》同。今考《正義》中所
> 云飲酒，皆推傳意如此，非《正義》本傳中有鄉人飲酒四字而今
> 脫去也。《正義》云「傳以朋酒斯饗爲黨正飲酒之禮」，又云「箋
> 以斯饗爲國君大飲之禮」，二者皆推其意，傳之無飲酒，猶箋之無
> 大飲，其明證也。《說文》自解饗字從鄉之義，非取此傳成文也。
> 不當補。〔註13〕

按盧說是矣。細繹孔意，蓋以爲鄉飲酒之禮得以饗稱，而饗之本義固非「鄉

〔註8〕 見孫作雲《詩經與周代社會研究》頁64，中華書局，1966年。
〔註9〕 見楊樹達《積微居金文餘說》卷一頁241，大通書局，1971年。
〔註10〕 見陳夢家〈西周銅器斷代（六）〉，《考古學報》1956年第四期，頁86。
〔註11〕 見《毛詩注疏》，卷八（八之一）頁24，《十三經注疏》本。
〔註12〕 見《毛詩後箋》卷一五頁21，《詩毛氏傳疏》卷一五頁10，並《皇清經解續編》本，藝文印書館。
〔註13〕 見阮元《毛詩校勘記》引，《十三經注疏》本，藝文印書館。

人飲酒」所擅，故以「禮盛進取」爲說，而不取《說文》也。王筠《說文句讀》亦以饗訓鄉人飲酒，乃以字從鄉故云爾，於鄉飲酒禮無涉，殆非無見。《玉篇》饗訓「設盛禮以飯賓」，義實較許爲得。檢諸殷契，饗人與饗鬼神之辭，其例不尠。備饋食以享鬼神，與夫「設盛禮以飯賓」，其義固無二致。且饗人之辭，皆以饗食爲義，契乎文字初造之精恉。則許之訓爲「鄉人飲酒」，其說之有待商榷，得卜辭而益明焉。

第二節　饗禮與鄉人飲酒禮

前人言饗禮與鄉飲酒禮之關係，約有三說：其一以爲鄉飲酒禮即古之饗禮，二者無別。此惠棟之說也。其《讀說文記》云：

> 鄉人飲酒謂之饗，然則鄉飲酒即古之饗禮，先儒謂饗禮已亡，非也。

〔註14〕

其二以爲饗禮與鄉飲酒禮有別，飲賓之饗，乃饗義鄉人飲酒之引申，此段玉裁之說也。段氏於其〈鄉飲酒禮與養老之禮名實異同考〉云：

> 鄉飲酒，古謂之饗，凡飲賓之饗，皆此義引申之。〔註15〕

其三則以爲饗禮本於鄉飲酒禮，儀節基本相同。此說肇自劉師培，其於《禮經舊說》卷四〈鄉飲酒禮第四〉云：

> 饗與鄉飲其獻數雖有多寡不同，至于獻酬酢及奏樂，其禮儀節次大概相符。據襄公廿七年傳宋人享趙文子，叔向爲介，司馬置折俎，是周行饗禮，舍天子饗諸侯別用房烝外，均設折俎，與鄉飲同。其有賓有介亦同。又據〈周語〉言王公立飫，飫即饗禮，是饗禮均以立成，其徹俎而後則行燕禮。鄉飲酒之末，亦同燕禮。然行禮之初，其儀節較燕禮爲繁，是名爲饗。其聘經再饗一饗之饗，雖禮之所施與鄉飲異，至其概略，大抵相同，故亦以饗爲禮名。蓋凡飲酒之禮，備有賓介，兼備獻酬酢之節，獻由主人躬親，且其禮惟行于晝者，皆饗禮本于鄉飲禮者也。〔註16〕

楊寬〈鄉飲酒禮與饗禮新探〉一文，於三家之說亦嘗一一徵引，以爲劉師培

〔註14〕見《說文詁林》卷五下食部饗篆下引，商務印書館，1976年。
〔註15〕《經韻樓集》，《皇清經解》第 10 冊，頁 7682，復興書局，1972 年。
〔註16〕《劉申叔先生遺書》第一冊《禮經舊說》卷四頁 4 至 6，京華書局，1970 年。

說比較合理，但尙不夠完美，故更申其說云：

> 就其歷史發展過程來看，饗禮確是起源於鄉飲酒禮，而有所發展的；
> 就其內容來看，確實有許多基本相同之點，饗禮實際上是一種高級
> 的鄉飲酒禮。〔註17〕

按惠說鄉飲酒禮即饗禮，固屬非是；段說饗禮之饗乃取鄉人飲酒義之引申，亦蔽於許書但言本義之失；劉說饗禮本於鄉飲酒禮，適見其先後顛倒；楊說饗禮是高級鄉飲酒禮，則又混饗禮與鄉飲酒禮於無別也。

　　就饗字造作及其字義發展過程觀之，字象二人相向對食之形，義爲饗食。引申之，饗人爲饗，饗鬼神亦爲饗。徵之甲骨刻辭，其字義之爲用皆然，足資取證焉。由相向對食之形，引申則有相向之義。殷契東饗，西饗，南饗，北饗習見，此爲甲文饗字之第二義。降及兩周彝銘，饗之構形，無或稍變，而其義則發展爲五：〔註18〕

　　其一爲相對之義：下列諸彝銘，並云：「立中廷北鄉」是也。

　　△〈裘衛殷〉：「南白入右裘衛入門，立中廷北鄉」（《金文總集》2775）

　　△〈望殷〉：「宰佣父右望入門，立中廷北鄉」（《金文總集》2787）

　　△〈師虎殷〉：「井白内右師虎，即立中廷北鄉」（《金文總集》2829）

　　△〈吳方彝〉：「宰朏右乍册吳入門，立中廷北鄉」（《金文總集》4978）

　　△〈裒盤〉：「宰顥右裒入門，立中廷北鄉」（《金文總集》6789）

　　其二爲「嚮」之初文：

　　△〈師訇殷〉云：「鄉女扱屯卹周邦。」（《金文總集》2856）

扱，《說文》云：「急行也。」〈毛公鼎〉「司余小子弗扱」，意猶汲汲也。屯，純之初文，《爾雅・釋詁》云：「純，大也。」卹，安也。銘意蓋謂昔日汝汲汲於安定周邦也。

　　其三爲卿士之義：

　　△〈毛公厝鼎〉：「及兹鄉事寮。」（《金文總集》1332）

　　△〈矢令尊〉：「受鄉事寮。」（《金文總集》4893）

　　△〈小子䢅殷〉：「乙未鄉事易小子䢅貝二百。」（《金文總集》2515）

　　△〈邾公釛鐘〉：「用樂我嘉賓，及我正鄉。」（《金文總集》7027）

〔註17〕《古史新探》頁 295，北京中華書局，1965 年。

〔註18〕說本魯實先先生《周代金文疏證四編・大鼎》頁 13 至 15，手稿抄本，國科會報告，1972 年。

△〈叔夷編鐘三〉：「余命女䣁差正卿。」（《金文總集》7184）

卿事之職，殷已有之，惟卜辭作「卿史」（按甲文史事同字），蓋以卜辭簡約，難考其詳，而西周彝銘所見，亦囿於資料，職司亦不明。經傳「卿事」則作「卿士」，其名見於《尚書》者，有〈微子〉（「卿士師師非度」）、〈牧誓〉（「是以為大夫卿士」）、〈洪範〉（「謀及卿士」）、〈顧命〉（「卿士邦君」）篇。見於《詩》者，有〈十月之交〉（「皇父卿士」），〈假樂〉（「百辟卿士」）、〈常武〉（「王命卿士，南仲大祖」）及〈長發〉（「降予卿士，實維阿衡」）等篇。按經傳所見卿士，其義不一。一則泛指公卿大夫，一則為執政長官。前者如上所舉《詩》《書》之卿士是也。後者則以《國語‧周語上》所載榮夷公為厲王卿士為最早。其後虢石父為幽王卿士（見《國語‧鄭語》），鄭武公、莊公為平王卿士（見《左傳》隱公三年），虢公忌父為平王卿士（見隱公八年），鄭伯為平王左卿士（見隱公九年）皆是也。杜預曰：「卿士，王卿之執政者」（見隱公三年注），是矣。至若正卿者，據《左傳》所見，則為卿之當權者，如文七年、宣二年之正卿皆指晉之趙宣子，襄四年之正卿指魯之季文子，襄二十一年之正卿指魯之季武子，昭二年之正卿指晉之趙武，是矣。

其四為姓氏：

△〈卿乍父乙爵〉：「卿乍父乙」（《金文總集》4070）

△〈卿乍畢考尊〉：「卿乍畢考寶尊彝」（《金文總集》4785）

△〈卿乍畢考卣〉：「卿乍畢考尊彝」（《金文總集》5344）

△〈卿乍父乙瓶〉：「卿乍父乙寶尊彝」（《金文總集》6264）

其五為饗宴之義：

△〈史獸鼎〉：「用朝夕卿畢多倗友」（《金文總集》1144）

△〈麥鼎〉：「用卿多諸友」（《金文總集》1215）

△〈七年趞曹鼎〉：「用卿倗友」（《金文總集》1277）

△〈曾白陭壺〉：「用卿賓客」（《金文總集》5783）

△〈甲盂〉：「其萬年用卿賓」（《金文總集》1941）

按兩周彝銘，其記王之饗宴，雖有「饗」、「饗酒」、「饗醴」之不同，但其為饗宴之義，則無或異，說詳「饗醴與饗酒」一節。迄乎秦篆，公卿之卿，鄉黨之鄉，饗食之饗，析而為三，許書別入三部，遂莫由知其朔矣。黃以周以為《說文》蓋據東漢大飲禮，郡國以鄉飲酒禮代之以為說［註19］，段玉裁、

───────────

〔註19〕見《禮書通故》第二十四〈燕饗禮〉頁18，華世出版社，1976年。

劉師培並以許說本乎〈七月〉詩毛傳[註20]，二說容有不同，但由《說文》說解卿鄉饗三篆之構體，即可知許氏對彝銘饢字，蓋未嘗一覩，故而未能求合兩周彝銘也。是知所謂饗禮本於鄉飲酒禮之說，其非確論，蓋無庸復辨。

就饗禮與鄉飲酒禮之內容觀之，楊氏以為二者有許多基本相同之點，遂謂饗禮為一種高級鄉飲酒禮。此說殆亦似是而非，不足據信。蓋饗禮與鄉飲酒禮大異而小同，不可並論。斯猶燕禮與鄉飲酒禮，雖亦有其相同之點，但學者仍以燕與鄉飲酒為兩種迥然不同之飲食禮。按饗之與鄉飲酒，其於內容上大異者，有以下數端：

一、饗禮有特定之對象，受饗者多為聘問會盟之賓客，有賓有介（亦有無介者）。行饗者則自天子諸侯以至於卿大夫，而士庶人亦可以行此禮儀。鄉飲酒禮，據《儀禮》所載，其主人為諸侯之鄉大夫，賓為所貢之人，介為輔助行禮之人，而諸公大夫但為觀禮者，或來或不來。此二禮所涉人物之不同也。

二、祭享、賓饗義本相因，故其禮亦多相類，而與鄉飲酒禮有別。夫祭用備物，以盡其心；饗用備物，以象其德（《左傳》僖公三十年云「備物之饗，以象其德」）。饗之名物詳數，雖不可盡考，但由其散存於群書者，亦可窺見其大略。按食主食，燕主飲，饗則兼食與燕，為飲食禮之盛者，故鄭康成云：「饗，設盛禮以飲賓。」稽之〈鄉飲酒禮〉所記器具牲羞之屬，相差懸殊。其迥異者，約有二焉。《周禮‧鬱人》云：「凡祭祀賓客之祼事，和鬱鬯以實彝而陳之。」又〈小宗伯〉云：「辨六彝之名物，以待果將；辨六尊之名物，以待祭祀賓客。」賈疏云：「案〈司尊彝〉，唯為祭祀陳六彝六尊，不見為賓客陳六尊，此兼言賓客，則在廟饗賓客時陳六尊，亦依祭禮四時所用，唯在外野饗，不用祭祀之尊，故《春秋左傳》云『犧象不出門也』。若然，案〈鬱人〉云：『掌祼器，凡祭祀、賓客之祼事』，則上六彝，亦為祭祀、賓客而辨之，而不言祭祀、賓客者，舉下以明上，故略而不言。」孫詒讓《正義》亦云：「六彝，盛鬱鬯以祼尸及賓也，此通祭祀、賓客言之。」[註21]按尊彝在廟，以待祭祀，饗亦有祼事，其用六彝，則六尊在內明矣。《國語‧周語中》

〔註20〕段說見《說文解字注》食部饗篆下，藝文印書館，1964年。
劉說見《禮經舊說‧鄉飲酒禮第四》頁1，《劉申叔先生遺書》，京華書局，1970年。
〔註21〕賈疏見《周禮注疏》卷一九頁4至5，《十三經注疏》本。
孫說見《周禮正義》卷三六頁42，《國學基本叢書》本，商務印書館，1967年。

云：「晉隨會聘于周，定王享之，曰：『奉其犧象，出其尊彝。』」此饗賓客，亦陳六尊六彝之證。是據載籍及先儒之說，祭用六尊六彝，饗亦用六尊六彝也。此其一也。《禮記・禮器》：「郊血，大饗腥」，孔疏云：「大饗，祫祭宗廟也。腥，生肉也。」〔註22〕〈禮運〉云：「作其祝號，玄酒以祭，薦其血毛，腥其俎，孰其殽」，鄭注云：「腥其俎，謂豚解而腥之。」此祭用腥俎也。《國語・周語中》云：「禘郊之事，則有全烝，王公立飫，則有房烝，親戚宴饗，則有殽烝。」《左傳》宣公十六年云：「王享有體薦，宴有折俎。公當享，卿當宴，王室之禮也。」孔疏云：「王為公侯設享，則半解其體而薦之。為不食，故不解折，所以示共儉也。」又云：「王公立飫，即享禮也，禮之立成者名為飫，半解其體而升於俎謂之房烝，傳言體薦即房烝也。」〔註23〕是半解其體而薦之，謂之體薦，亦謂之房烝。《詩・閟宮》述祭祀有云「毛炰胾羹，籩豆大房」，毛傳曰「大房，半體之俎也」。毛傳所謂「半體之俎」，蓋即「半解其體而薦之」。是「體薦」，又謂之「大房」也。然則祭祀賓客之禮，均用體薦明矣。此其二也。以上二端，俱為祭享、賓饗相類，而絕遠乎鄉飲酒者也。

　　三、祭享之禮，祼為獻始，故獻之屬莫重於祼。《禮記・祭統》云「夫祭有三重焉，獻之屬莫重於祼」，〈周語中〉云「及期，鬱人薦鬯，王祼鬯，饗禮乃行」是也。又《周禮・小宗伯》云「凡祭祀、賓客以時將瓚果」，〈鬱人〉云「掌祼器，凡祭祀、賓客之祼事，和鬱鬯以實彝而陳之」，是祭有祼事，饗亦有祼事也。祼之後有獻，《儀禮・特牲饋食禮》賈疏云：「天子大祫，十有二獻，四時與禘，唯有九獻。」崔靈恩則謂天子禘祫時祭並九獻。〔註24〕其說雖異，而皆言宗廟祭祀獻數也。饗禮與祭禮，既多相因襲，則其獻數亦然。是故《周禮・大行人》云：「上公之禮，王禮再祼而酢，饗禮九獻。諸侯之禮，王禮壹祼而酢，饗禮七獻。諸伯如諸侯之禮。諸子之禮，王禮壹祼不酢，饗禮五獻。諸男如諸子之禮。」此說饗禮獻數，蓋依其爵命之殊，而異其禮數，所以別尊卑也。鄉飲酒禮之獻數，據禮經所載，唯一獻而已，無祼。此饗禮祼獻同乎祭禮，而與鄉飲酒禮絕異者也。

〔註22〕見《禮記注疏》卷二四頁3，《十三經注疏》本，藝文印書館。
〔註23〕見《左傳注疏》卷二四頁15，《十三經注疏》本，藝文印書館。
〔註24〕賈疏見《儀禮注疏・特牲饋食禮》卷四五頁16，「長兄弟洗觚為加爵，如初儀」下。
　　　　崔說詳見《禮記・禮運》卷二一頁14至15，「故玄酒在室，醴醆在戶，⋯⋯」孔疏引。

四、祭有賜胙，饗有酬幣。賜胙者，所以報助祭於君；酬幣者，所以申暢厚意。〈周語下〉「宴好享賜」，韋注云：「享賜，所以酬賓賜下」〔註 25〕，是也。《左傳》言饗數十見，於飲食之外，亦見幣帛酬侑，此亦所以示慈惠優渥之厚意。《禮記・雜記下》云「卷三牲之俎歸于賓館」，蓋亦其類也。然據典籍所見，鄉飲酒禮並無此類好貨之賜，此又祭享、賓饗相類，而異乎鄉飲酒禮者也。

五、王與諸侯相見，或兩君相見，其行饗在廟，則得用嘉樂，若在野外，則不得用之，《左傳》定公十年云「嘉樂不野合」是矣。〈大司樂〉：「大祭祀，王出入奏王夏，尸出入奏肆夏，牲出入奏昭夏。大饗不入牲，其他皆如祭祀。」是祭與饗同樂也。《禮記・祭統》云「大嘗禘，升歌清廟，下而管象」，又〈仲尼燕居〉云「兩君相見，升歌清廟，下管象」，一謂大嘗禘，一言大饗，其升歌下管，完全相同。夫嘗禘為吉禮之至重者，大饗為嘉禮之至隆者，大饗得同嘗禘之樂，敬鄰國之賓也。故《左傳》襄公十年云：「魯有禘樂，賓祭用之。」而鄉飲酒禮，送賓有樂，迎賓無樂，此就用樂言之，亦祭饗相類，而異乎鄉飲酒者也。且夫樂與舞本相聯繫，大祭祀有歌舞，大饗亦有歌舞。《禮記・祭統》云：「夫大嘗禘，升歌清廟，下而管象。朱干玉戚，以舞大武，八佾以舞大夏，此天子之樂也。」此言嘗禘之舞也。《周禮・司干》：「掌舞器。祭祀，舞者既陳，則授舞器，既舞則受之。賓饗亦如之。」《左傳》莊公二十年：「王子頹享五大夫，樂及徧舞。」《周禮》謂饗祭並有樂舞，《左傳》載饗禮亦有樂舞。是樂舞也者，饗祭時所必用也。鄉飲酒禮則有樂無舞，此又饗祭相類，而異乎鄉飲酒者也。

由上所述，可見饗祭二禮多相類，而鄉飲酒與祭禮相去遠甚。是知饗禮非本乎鄉飲酒禮，蓋亦昭然明白。夫春秋經傳，大抵紀實，而《左傳》尤以詳贍著稱。其所載饗食燕飲諸事，事例近百，而其飲酒之事，凡八見：

△莊公二十二年傳：「（陳公子完）飲桓公酒，樂。」

△宣公二年傳：「秋九月，晉侯飲趙盾酒。」

△襄公十四年傳：「孫蒯入使，公飲之酒，使大師歌〈巧言〉之卒章，大師辭，師曹請為之。」

△襄公二十三年傳：「季氏飲大夫酒，臧紇為客。」

△昭公九年傳：「晉荀盈如齊逆女，還，六月，辛于戲陽，殯于絳，未葬，

〔註25〕《國語》卷三頁 83，藝文印書館，1974 年。

晉侯飲酒樂。」

△哀公十六年傳：「六月，衛侯飲孔悝酒于平陽，重酬之。大夫皆
有納焉。」

△哀公二十五年傳：「衛侯爲靈臺于藉圃，與諸大夫飲酒焉。」又：「初，
衛人翦夏丁氏，以其帑賜彭封彌子。彌子飲公酒，納夏戊之女，嬖，
以爲夫人。」

據〈鄉飲酒禮〉所載，其主人爲諸侯之鄉大夫。以上八事，除陳公子完、季
武子、彌子瑕三人外，其餘五事之主人皆當國諸侯。又陳公子完及彌子瑕爲
主人，而齊侯、衛侯爲賓，與鄉飲酒禮亦不類。余嘉錫於〈晉辟雍碑考證〉
一文，據〈鄉飲酒禮〉「主人就先生而謀賓介」注、〈月令〉「孟冬之月大飲烝」
注，以及〈鄉飲酒義〉「合諸鄉射，教之鄉飲酒之禮，而孝弟之行立矣」注，
而謂「鄉飲酒禮，古惟鄉大夫行之於鄉，至漢則太守諸侯相與令長行之於郡
國，未聞以天子饗群臣而謂之鄉飲酒者。」〔註26〕其說是矣。徵之《左傳》，
饗例近七十，言食言燕亦多有所見，而無一言及鄉飲酒之禮，亦可見天子諸
侯而行鄉飲酒，實有可疑。楊說饗爲高級鄉飲酒禮，不惟強合饗與鄉飲酒，
而益徒增二禮之殽掍，其說之未盡確當，蓋亦可知矣。

第三節　饗有賓禮亦有祭禮

🦌義饗食，引申則饗人爲🦌，其例既見前述矣。而饗鬼神亦爲🦌，《禮
記》所謂「饗帝」、「饗親」是也。〈禮記・祭義〉：「唯聖人爲能饗帝，孝子爲
能饗親」，鄭注云：「謂祭之能使之饗也。」又〈郊特牲〉：「歲十二月合聚萬
物而索饗之也」，鄭注云：「饗謂祭其神也。」是知饗有用之於賓禮者，亦有
用之於祭禮者，徵諸卜辭，其義已然。卜辭有云：

△庚午卜，爭貞：惟王🦌重（《合集》5237）

△貞：惟多子🦌于（廳）（《合集》27647）

△多子🦌（《合集》27648）

△甲寅卜，彭貞：其饗多子其多子🦌（《合集》27649）

△惟多生🦌（《合集》27650）

△弜不惟多尹饗（《合集》27894）

〔註26〕見《余嘉錫論學雜著》頁136，河洛出版社，1976年。

△元殷惟多尹🔣大吉（《合集》27894）

以上諸例，說者率以爲饗人之辭。其饗於鬼神者，如：

△貞：大乙祖丁眔🔣（《合集》27147）

△癸亥卜，彭貞：大乙祖乙祖丁眔🔣（《合集》27147）

△貞：其征于大戊，🔣（《合集》27174）

△甲申卜，何貞：翌乙酉其蒸祖乙，🔣（《合集》27221）

△壬子卜，何貞：翌癸丑其又妣癸，🔣（《合集》27456 正）

△庚戌卜，何貞：翌辛亥其又毓妣辛，🔣（《合集》27456 正）

△癸巳卜，何貞：翌甲午蒸于父甲，🔣（《合集》27456 正）

△己酉卜，何貞：其宰又一牛，🔣（《合集》27138）

△己丑卜，告于父丁其🔣宗（《合集》32681）

《周禮·大司樂》「大饗不入牲」，賈疏云：

> 凡大饗有三：案〈禮器〉云「郊血大饗腥」，鄭云「大饗、祫先王」，一也。彼又云「大饗尚腶脩，謂饗諸侯來朝者」，二也。〈曲禮下〉云「大饗不問卜」，謂總饗五帝於明堂，三也。〔註27〕

嚴陵方愨亦曰：

> 大饗經之所言者凡十有一，而其別則有五：徧祭五帝一也，祫祭先王二也，天子饗諸侯三也，兩君相見四也，凡饗賓客五也。若〈月令〉季秋言大饗帝，〈禮器〉〈郊特牲〉言大饗腥，所謂徧祭五帝之大饗也。〈禮器〉又言大饗其王事，大饗之禮不足以大旅，所謂祫祭先王之大饗也。〈郊特牲〉又言大饗尚腶脩，所謂天子饗諸侯之大饗也。〈郊特牲〉又言大饗君三重席而酢，〈仲尼燕居〉言大饗有四，〈坊記〉言大饗廢夫人之禮，所謂兩君之大饗也。〈雜記〉言大饗卷三牲之俎，所謂凡饗賓客之大饗也。〔註28〕

賈、方所述，詳略不同，但均合祭享與饗宴而併數之。約而言之，經言大饗惟二，一爲祭禮，一爲賓禮，與殷契所見相合。

或曰饗作祭享，乃假借之用，關於祭祀則另有其字，即亯（享之本字）是也。《孝經》云：「祭則鬼享之」，《說文》亯部亦云：「亯，獻也。從高省，曰象進孰物形」，因以爲享神道也，饗人道也，段玉裁即主斯說。其言曰：「祭

〔註27〕見《周禮注疏》卷二二頁 22，《十三經注疏》本，藝文印書館。

〔註28〕見衛湜《禮記集說》卷一四頁 17 引，《通志堂經解》本，大通書局，1972 年。

祀曰亯，其本義也。燕饗用此字（亯）者，則同音假借也。凡飲賓客亦曰饗，而祭亯用此字者，則同音假借也。」〔註29〕然段氏又於《說文》「饗」篆下注云：「亯燕之亯正作亯。」且謂「《左傳》作亯爲正字，《周禮》、《禮記》作饗爲同音假借字。」是其於經典用亯用饗正假之說，前後觗牾，不能自圓。考殷契有亯字，字作 舍、 含、 含 諸形，吳大澂《說文古籀補》以爲即象宗廟之形。李孝定亦曰：

> 按《說文》「亯，獻也。從高省，曰象進孰物形，《孝經》曰『祭則享鬼亯之』，䖍，篆文亯。」饗燕之饗當作饗，此作含與金文同。吳清卿以爲象宗廟之形是也。宗廟爲亯獻鬼神之所，故後世亯饗多混用不別。段氏《說文注》亯下言經籍用亯用饗之例頗詳，《周禮》祭亯用亯字，饗燕用饗字是也。饗古作㸩，從曰，象孰物形，亯則象宗廟，爲祭亯之所，故祭亯字用之，許謂曰象孰物形者非也。其說蓋涉饗字而誤。字在卜辭或爲祭亯之義，辭云：「辛丑弗亯」（《藏》一一、三一）「我窜伐亯丁豐」（《藏》一五二、三）「癸卯貞酌大俎于□亯伐囟」（《後上》廿一、六）是也。〔註30〕

按據吳說，亯本爲祭享之所，則引申而有祭享之義，殆無可疑。惟卜辭亯字用作祭享之義者，其例少見。蓋殷契祭享與饗宴大抵並用㸩字也。或謂卜辭亯字，蓋象亯獻天神之所之形〔註31〕，其說縱與吳氏有殊，而引申則亦有祭享之義。是不論亯字之初義爲何，其作祭享義者，蓋爲字義之引申爲用也，義與饗鬼神之饗殆無大異。且享饗同音，是蓋緣乎同一語根，後世孳乳，遂分二形。自享獻饗食之義繁衍分化，於是享饗二字，義各有專，乃不容淆亂。〔註32〕檢諸姬周款識，則㸩亯之用，雖似畫然有別，然猶有少數之例外。大抵享孝字多用於鬼神，饗食字多施於生人〔註33〕，郭沫若曰：「彝銘通例，凡

〔註29〕見《經韻樓集‧亯饗二字釋例》，《皇清經解》第 10 冊，頁 7677，復興書局，1972 年。

〔註30〕見《甲骨文字集釋》第五頁 1848，亯篆下按語，中研院史語所，1965 年。

〔註31〕見白玉崢〈契文舉例校讀〉（十七），頁 11，《中國文字》第 46 冊，臺大中文系，1972 年。

〔註32〕參見周一田先生《春秋燕禮考辨》頁 22，國立台灣師範大學《國文學報》創刊號，1972 年。

〔註33〕據彝銘所見，亯孝字雖多用於鬼神，而仍有用於生人之例，如：
　△〈矢季良父壺〉：「用亯孝于兄弟婚顜諸老」（《金文總集》5786）
　△〈窪叔簋〉：「用宿夜亯考于諆公，于窪叔倗友」（《金文總集》2722）

生人言饗，死人言亯言格」〔註34〕，此語似未周延。若夫經籍用享用饗之例，段玉裁《說文解字注》亯下言之頗詳，惟謂《左傳》作亯，無作饗者，蓋不盡然。按《釋文》享本又作饗者，無慮數十計，足證享饗雖二字，而秦漢諸儒固混用無別，此與甲骨刻辭似未有殊異。

卜辭言饗，人鬼相同，已如上述。所以然者，蓋即緣資於事生以事死，資於事人以事神之義也。此種「事死者如事生」（禮記・祭義）之觀念，或與「不忍死其親」及「靈魂不滅」之認識有關，而尤以後者為甚。《易・繫辭下》云：

　　古之葬者厚衣之以薪，葬之中野，不封不樹，喪期無數。

《孟子・滕文公上》云：

　　蓋上世嘗有不葬其親者，其親死則舉而委之于壑。他日過之，狐狸

　　食之，蠅蚋姑嘬之，其顙有泚，睨而不視。

可知委之於壑，或棄諸野地，本為上古習俗，全然無有祖先崇拜之痕跡。其後人類思維能力逐步提高，意識形態不斷發生變化，於是對逝者產生新認識，而靈魂不滅之觀念興焉。根據社會學者斯賓塞等之研究，靈魂觀念之萌生，蓋源於初民對客觀現象與主觀現象之考察，亦即眩惑於自然萬物之變化，如雲之集散、日月出落、晝夜遞換，以及植物之榮枯等，與夫人類自身夢寐、迷亂、死亡等現象之變化。〔註35〕其中緣於人類之夢境，尤為一般學者所稱述。〔註36〕蓋時當草昧，人智未開，夢寐之際，不獨能見生人，更可目睹已故親人之活動現象，因是益信形體靈魂實為二物，而有凡人皆有另一身體——複身之觀念。以為夢中活動，即為複身在別地之活動。此複身即所謂靈魂，而鬼魂亦即人類死後靈魂之別稱。若夫死後靈魂之歸處，世界各民族所見或有不同，約而言之，其別有二：一是轉附於此世界之另一物體上，亦即轉移到別一人體、動物、植

饗食字雖多施於生人，但銘辭亦有用於鬼神之例，如：

　　△〈胤嗣䢅蚉壺〉：「卿（饗）祀先王」（《金文總集》5803）

　　△〈中山王䚓方壺〉：「以卿（饗）上帝」（《金文總集》5805）

　　△〈伯䚕簋〉：「用卿（饗）孝」（《金文總集》2487）

　　△〈仲柟父簋〉：「用敢卿（饗）孝于皇且考」（《金文總集》2685）

　　△〈仲柟父鬲〉：「用敢卿（饗）孝皇且考」（《金文總集》1530）

〔註34〕見《兩周金文辭大系考釋》頁49，北京科學出版社，1957年。

〔註35〕見林惠祥《文化人類學》頁302，商務印書館，1968年。

〔註36〕參見林壽晉《半坡遺址綜述》，頁85，香港中文大學，1981年。

　　　　林耀華《原始社會史》頁395，北京中華書局，1984年。

　　　　許順湛《中原遠古文化》頁476，河南人民出版社，1983年。

物或無生物，此即輪迴或轉生之說。二是歸往另一世界獨立存在，或以爲孤島，或以爲日沒處，或以爲太陽或太陰中，或謂天上，或謂地下，其說雖異，然皆有一共通之點，即靈魂所至之彼域，生活悉如人世。〔註37〕按佛教六道輪迴輸入中土之前，華夏早已有死後歸處之說。見諸文字者，首推殷墟卜辭。甲文中有先王「賓于帝」之辭例，先公先王死後，靈魂上天，爲上帝輔佐，至於臣庶，則以文獻不足，莫得其詳。惟據考古資料，三代以前，華夏亦同乎其他民族，謂人死後靈魂不滅，其歸宿雖無以洞悉，然徑赴另一世界，行住坐臥無異生平，與上述死後靈魂所歸往者爲另一世界相同。

　　夫初民既以人生則魂附於形，逝則靈魂猶存，而已故先人之靈魂對生人能起禍福作用，是故或冀先人暗中默佑，或懼先人隱加災害，於是本懷恩之情，發祈禳之念，則禮敬靈魂之意頓起，葬俗乃隨之以生，而崇祀先人之典興焉。〔註38〕此由卜辭中，殷人之崇拜祖先，每事問卜，而得徵驗也。關乎靈魂不滅之觀念，主要乃表現在人類之葬俗上，而考古資料中反映葬俗之內容最爲豐富。據考古資料之反映，產生有意識埋葬死者之觀念，乃距今一萬八千年，屬舊石器時代晚期之山頂洞人。〔註39〕考古學者以爲山頂洞人在意識形態方面，已產生靈魂不滅之觀念，故嘗進行有意義之埋葬，且隨葬生前燧石制作之生產工具，與石珠、穿孔介殼、獸牙等裝飾品。〔註40〕降及新石器時代，隨經濟生活之發展，而隨葬之物益富。在新鄭裴李崗及密縣莪溝遺址所發現之墓葬（距今約八千年），其氏族盛行隨葬生產工具與生活用具。生產工具有石鏟、石斧、石鐮、石磨盤、石磨棒等，生活用具有陶鼎、陶壺、陶罐、陶盆、陶碗、陶鉢等，均爲死者生前所使用者也。〔註41〕稍後之西安半坡遺址（其年代距今約爲六千年，爲仰韶文化早期之典型代表），共發現一百七十四座成人墓，其中百分之四十，隨葬有其生前所用之生活用具與裝飾品；個別之墓葬中，且隨葬蚌刀陶錯一類生產工具與粟粒一類食物。生活用具包括炊爨所用之陶罐，進食飲水所用之陶鉢，以及汲水盛水所用之尖底瓶或細頸壺等。生活用具多置於屍體下肢上，裝

〔註37〕　見林惠祥《文化人類學》，頁303至305。

〔註38〕　參見丁興濂〈文字學上中國古代宗教勾沈〉，《學風》第四卷第八期，1934年。

〔註39〕　山頂洞人文化，據碳十四測定，距今18865±420年（見夏鼐〈碳十四測定年代和中國史前考古學〉，《考古》1977年第四期）。

〔註40〕　許順湛《中原遠古文化》頁439，河南人民出版社，1983年。

〔註41〕　參見許順湛《中原遠古文化》頁439，河南人民出版社，1983年。楊育彬《河南考古》頁19，河南中州古籍出版社，1985年。

飾品則在死者生前所懸佩之位置。林壽晉以爲「這種爲死者隨葬日常飲食用具和食物的葬俗，最突出地反映半坡人們的"靈魂不滅"的宗教信仰。他們相信靈魂是獨立於肉體而存在的，人死後靈魂並不死，所以爲死者準備生活用具，以便在另一世界中使用。」〔註42〕其時隨葬陶器，雖多爲生活實用品，但以隨葬爲目的而專門製作之明器，亦已出現。知者，墓葬中以尖底瓶與遺址中出土者相較，普遍變小，而「墓九七」更隨葬有未加燒製之陶鉢泥坯一件。〔註43〕蓋靈魂不滅之觀念確立後，宇宙化而爲幽明兩世界，而爲人鬼所共有，鬼是人之靈魂，鬼之生活爲人生活之延續，故爲鬼所安排之隨葬物，均按生人之衣食住行娛樂等項目預備，俾供其在鬼域中進行活動。郭寶鈞於《中國青銅器時代》一書中，言之詳矣。至其後也，不獨隨葬之以器物，而以人爲殉亦起焉。據考古發掘資料顯示，此種人殉現象，以殷商爲最烈。郭寶鈞曰：

> 殷人用祭器，既示民有知，則死者生前所關心之人，死後他必然想念；生前所慣用之人，死後他還須役使；他生前的排場威武，死後也不能叫他減色，所以殷陵中男侍女妾，分殉墓中左右，大量衛隊，斷頭後排葬于墓外兩側。且年年奉祀，又必伐人以祭，周代此風雖戢而未斷。〔註44〕

所謂「事死如事生」之觀念，由考古發掘所獲隨葬物，乃知其來蓋藐矣遠矣，而鬼之生活乃人生活之延續，在初民之觀念中，蓋亦早已形成。知乎此，則「饗」既用於賓禮，又用於祭禮，蓋亦明甚。而古之人設盛禮以飲賓，與夫備饋食以廟享，非有以異，亦可以知其所自來矣。

〔註42〕林壽晉《半坡遺址綜述》頁89，香港中文大學，1981年。

〔註43〕許順湛《中原遠古文化》，頁442。

〔註44〕見《中國青銅器時代》頁188，三聯書局，1963年。

第三章　饗禮內容考辨

第一節　饗禮之主賓關係

經傳言饗，莫詳於《左傳》。《左傳》撰作時代，容有爭議，但所述各國貴族禮典，均爲春秋時代之歷史事件，與人物言論，殆非後人所能虛構。其所載諸饗禮事，更明著施受者之身份關係，與行饗時之情況，乃探討饗禮究竟最直接之材料，因檢《左傳》所見，類聚群分，其有未備，則輔以其他載籍，以及殷契周彝，期得其實焉。

《春秋經》書饗僅一見，《左傳》書饗（享）則凡六十有五，茲依時間先後，列之如后：

1. 《左氏》桓公九年傳：「冬，曹太子來朝，賓之以上卿，禮也。享曹太子，初獻，樂奏而歎。施父曰：『曹大子其有憂乎？非歎所也。』」

2. 《左氏》桓公十八年傳：「春，公將有行，遂與姜氏如齊。……公會齊侯于濼，遂及文姜如齊。齊侯通焉。公謫之，以告。夏四月丙子，享公。使公子彭生乘公，公薨于車。」

3. 《左氏》莊公四年經：「春，王二月，夫人姜氏享齊侯于祝丘。」

   〔註1〕

4. 《左氏》莊公六年傳：「楚文王伐申，過鄧，鄧祁侯曰：『吾甥也。』止而享之。」

〔註1〕　《公羊》、《穀梁》作「饗」，《左傳》作「享」。

5. 《左氏》莊公十四年傳：「蔡哀侯爲莘故，繩息嬀以語楚子。楚子如息，以食入享，遂滅息。」

6. 《左氏》莊公十七年傳：「夏，遂因氏，頜氏、工婁氏、須遂氏饗齊戍，醉而殺之，齊人殲焉。」

7. 《左氏》莊公十八年傳：「春，虢公、晉侯朝王。王饗醴，命之宥，皆賜玉五瑴，馬三匹，非禮也。王命諸侯，名位不同，禮亦異數，不以禮假人。」

8. 《左氏》莊公二十年傳：「冬，王子頹享五大夫，樂及徧舞。鄭伯聞之，見虢叔曰：『寡人聞之，哀樂失時，殃咎必至，今王子頹歌舞不倦，樂禍也。』」

9. 《左氏》莊公二十一年傳：「鄭伯享王於闕西辟，樂備。王與之武公之略，自虎牢以東。原伯曰：『鄭伯效尤，其亦將有咎。』」

10. 《左氏》僖公十二年傳：「冬，齊侯使管夷吾平戎于王，使隰朋平戎于晉。王以上卿之禮饗管仲，管仲辭曰：……管仲受下卿之禮而還。」

11. 《左氏》僖公二十二年傳：「丁丑，楚子入饗于鄭，九獻，庭實旅百，加籩豆六品。饗畢，夜出，文羋送于車，取鄭二姬以歸。」

12. 《左氏》僖公二十三年傳：「重耳及楚，楚子饗之。」

13. 《左氏》僖公二十三年傳：「（重耳至秦）他日，公享之。子犯曰：『吾不如衰之文也，請使衰從。』公子賦〈河水〉，公賦〈六月〉。」

14. 《左氏》僖公二十四年傳：「宋及楚平，宋成公如楚，還，入於鄭。鄭伯將享之，問禮於皇武子。……鄭伯從之，享宋公有加，禮也。」

15. 《左氏》僖公二十五年傳：「戊午，晉侯朝王，王饗醴，命之宥。」

16. 《左氏》僖公二十八年傳：「己酉，王享醴，命晉侯宥。王命尹氏及王子虎、內史叔興父策命晉侯爲侯伯，賜之大輅之服，戎輅之服，彤弓一，彤矢百，玈弓矢千，秬鬯一卣，虎賁三百人。曰：『王謂叔父敬服王命，以綏四國，糾逖王慝。』晉侯三辭，從命。……受策以出，出入三覲。」

17. 《左氏》僖公三十年傳：「冬，王使周公閱來聘，饗有昌歜、白黑、形鹽。」

18. 《左氏》文公三年傳：「公如晉，及晉侯盟。晉侯饗公，賦〈菁菁者莪〉，公賦〈嘉樂〉。」

19. 《左氏》宣公十六年傳：「冬，晉侯使士會平王室，定王享之。原襄公相禮，殽烝。武子私問其故。王聞之，召武子曰：『季氏，而弗聞乎？王享有體薦，宴有折俎。公當享，卿當宴，王室之禮也。』武子歸而講求典禮，以脩晉國之法。」

20. 《左氏》成公三年傳：「齊侯朝于晉，將授玉。郤克趨進曰：『此行也，君爲婦人之笑辱也，寡君未之敢任。』晉侯享齊侯。」

21. 《左氏》成公五年傳：「宋公子圍龜爲質于楚而歸，華元享之。請鼓譟以出，鼓譟以復入，曰：『習攻華氏。』宋公殺之。」

22. 《左氏》成公九年傳：「夏，季文子如宋致女，復命，公享之。賦〈韓奕〉之五章。穆姜出于房，……又賦〈綠衣〉之卒章而入。」

23. 《左氏》成公十二年傳：「晉郤至如楚聘且涖盟。楚子享之，子反相，爲地室而縣焉。郤至將登，金奏作於下，驚而走出。子反曰：『日云莫矣，寡君須矣，吾子其入也。』賓曰：『君不忘先君之好，施及下臣，貺之以大禮，重之以備樂。如天之福，兩君相見，何以代此？下臣不敢。』……賓曰：『世之治也，諸侯間於天子之事，則相朝也，於是乎有享宴之禮。享以訓共儉，宴以示慈惠。……』」

24. 《左氏》成公十四年傳：「衛侯饗苦成叔，寗惠子相。苦成叔傲。寗子曰：『苦成叔家其亡乎！古之享食也，以觀威儀，省禍福也。今夫子傲，取禍之道也。』」

25. 《左氏》襄公四年傳：「穆叔如晉，報知武子之聘也。晉侯享之，金奏〈肆夏〉之三不拜，工歌〈文王〉之三又不拜，歌〈鹿鳴〉之三三拜。韓獻子使行人子員問之。對曰：『〈三夏〉，天子所以享元侯也，使臣弗敢與聞。〈文王〉，兩君相見之樂也，臣不敢及。〈鹿鳴〉，君所以嘉寡君也，敢不拜嘉？〈四牡〉，君所以勞

使臣也，敢不重拜？〈皇皇者華〉，君教使臣曰：「必諮於周」，……臣獲五善，敢不重拜？』」

26. 《左氏》襄公四年傳：「冬，公如晉聽政，晉侯享公。公請屬鄫，晉侯不許。孟獻子曰：『以寡君之密邇於仇讎，而願固事君，無失官命。』晉侯許之。」

27. 《左氏》襄公八年傳：「晉范宣子來聘，且拜公之辱，告將用師于鄭。公享之，宣子賦〈摽有梅〉。武子賦〈角弓〉。賓將出，武子賦〈彤弓〉。」

28. 《左氏》襄公十年傳：「晉荀偃、士匄請伐偪陽，而封宋向戌焉。五月庚寅，荀偃、士匄帥卒攻偪陽，甲午，滅之。以與向戌，向戌辭，乃予宋公。宋公享晉侯于楚丘，請以桑林。荀罃辭，荀偃、士匄曰：『諸侯宋魯，於是觀禮。魯有禘樂，賓祭用之。宋以〈桑林〉享君，不亦可乎？』」

29. 《左氏》襄公十九年傳：「春，諸侯還自沂上，盟于督揚。晉侯先歸。公享晉六卿于蒲圃，賜之三命之服。軍尉、司馬、司空、輿尉、候奄皆受一命之服。賄荀偃束錦、加璧、乘馬，先吳壽夢之鼎。」

30. 《左氏》襄公十九年傳：「季武子如晉拜師，晉侯享之。范宣子為政，賦〈黍苗〉。季武子興，再拜稽首曰：……賦〈六月〉。」

31. 《左氏》襄公二十年傳：「冬，季武子如宋，報向戌之聘也。褚師段逆之以受享，賦〈常棣〉之七章以卒，宋人重賄之。」

32. 《左氏》襄公二十年傳：「（季武子）歸復命，公享之，賦〈魚麗〉之卒章，公賦〈南山有臺〉。」

33. 《左氏》襄公二十五年傳：「夏五月，莒為且于之役故，莒子朝于齊。甲戌，饗諸北郭。」

34. 《左氏》襄公二十六年傳：「鄭伯賞入陳之功，三月甲寅朔，享子展，賜之先路三命之服，先八邑。賜子產次路再命之服，先六邑。子產辭邑，……公固予之，乃受三邑。」

35. 《左氏》襄公二十六年傳：「秋七月，齊侯、鄭伯為衛侯故如晉，

晉侯兼享之。晉侯賦〈嘉樂〉。國景子相齊侯，賦〈蓼蕭〉。子展相鄭伯，賦〈緇衣〉。」

36. 《左氏》襄公二十六年傳：「秋，楚客聘于晉，過宋，太子知之，請野享之。」

37. 《左氏》襄公二十七年傳：「五月甲辰，晉趙武至於宋。六月丁未朔，宋人享趙文子，叔向爲介，司馬置折俎，禮也。」

38. 《左氏》襄公二十七年傳：「壬午，宋公兼享晉、楚之大夫，趙孟爲客。」

39. 《左氏》襄公二十七年傳：「鄭伯享趙孟于垂隴，子展、伯有、子西、子產、子大叔、二子石從。趙孟曰：『七子從君，以寵武也。請皆賦，以卒君貺，武亦以觀七子之志。』子展賦〈草蟲〉，伯有賦〈鶉之賁賁〉，子西賦〈黍苗〉之四章，子產賦〈隰桑〉，子大叔賦〈野有蔓草〉，印段賦〈蟋蟀〉，公孫段賦〈桑扈〉。」

40. 《左氏》襄公二十七年傳：「楚蒍罷如晉涖盟，晉侯享之。將出，賦〈既醉〉。」

41. 《左氏》襄公二十八年傳：「蔡侯歸自晉，入于鄭，鄭伯享之，不敬。」

42. 《左氏》襄公二十九年傳：「范獻子來聘，拜城杞也。公享之，展莊叔執幣。射者三耦。公臣不足，取於家臣。家臣，展瑕、展王父爲一耦；公臣，公巫召伯、仲頰莊叔爲一耦；鄵鼓父、黨叔爲一耦。」

43. 《左氏》昭公元年傳：「令尹享趙孟，賦〈大明〉之首章，趙孟賦〈小宛〉之二章。」

44. 《左氏》昭公元年傳：「夏四月，趙孟、叔孫豹、曹大夫入于鄭，鄭伯兼享之。子皮戒趙孟。禮終，趙孟賦〈瓠葉〉。子皮遂戒穆叔，且告之。穆叔曰：『趙孟欲一獻，子其從之。』子皮曰：『敢乎？』穆叔曰：『夫人之所欲也，又何不敢？』及享，具五獻之籩豆於幕下。趙孟辭，私於子產曰：『武請於冢宰矣。』乃用一獻。趙孟爲客。禮終乃宴。穆叔賦〈鵲巢〉，趙孟曰：『武不堪

也。』又賦〈采蘩〉，曰：……子皮賦〈野有死麕〉之卒章，趙孟賦〈常棣〉，且曰：『吾兄弟比以安，尨也可使無吠。』穆叔子皮及曹大夫興，拜，舉兕爵，曰『小國賴子，知免於戾矣。』飲酒樂，趙孟出，曰：『吾不復此矣。』」

45. 《左氏》昭公元年傳：「秦后子享晉侯，造舟于河，十里舍車，自雍及絳，歸取酬幣，終事八反。」

46. 《左氏》昭公二年傳：「春，晉侯使韓宣子來聘。公享之，季武子賦〈緜〉之卒章，韓子賦〈角弓〉。季武子拜，曰：……武子賦〈節〉之卒章。既享，宴于季氏。有嘉樹焉，宣子譽之。武子曰：『宿敢不封殖此樹，以無忘〈角弓〉。』遂賦〈甘棠〉。」

47. 《左氏》昭公二年傳：「（韓宣子）自齊聘於衛，衛侯享之。北宮文子賦〈淇澳〉，宣子賦〈木瓜〉。」

48. 《左氏》昭公三年傳：「十月，鄭伯如楚，子產相。楚子享之，賦〈吉日〉。既享，子產乃具田備，王以田江南之夢。」

49. 《左氏》昭公四年傳：「叔孫為孟鍾，曰：『爾未際，饗大夫以落之。』」

50. 《左傳》昭公六年傳：「夏，季孫宿如晉，拜莒田也。晉侯享之，有加籩。武子退，……固請徹加，而後卒事。晉人以為知禮，重其好貨。」

51. 《左氏》昭公七年傳：「楚子享公于新臺，使長鬣者相，好以大屈。既而悔之。蓮啓彊聞之，見公。公語之，拜賀。公曰：『何賀？』對曰：『齊與晉、越欲此久矣。寡君無適與也，而傳諸君。君其備禦三鄰，慎守寶矣，敢不賀乎？』公懼，乃反之。」

52. 《左氏》昭公十一年傳：「楚子在申，召蔡靈侯。三月丙申〔註2〕，楚子伏甲而饗蔡侯於申，醉而執之。夏四月丁巳，殺之。刑其士七十人。」

53. 《左氏》昭公十二年傳：「夏，宋華定來聘，通嗣君也。享之，為賦〈蓼蕭〉，弗知，又不答賦。」

〔註2〕 「三」，原作「五」，今據阮元《左傳注疏校勘記》訂。

54. 《左氏》昭公十二年傳：「晉侯享諸侯（齊侯、衛侯、鄭伯），子產相鄭伯，辭於享，請免喪而後聽命。晉人許之，禮也。」

55. 《左氏》昭公十六年傳：「二月，晉韓起聘于鄭，鄭伯享之。子產戒曰：『茍有位於朝，無有不共恪。』」

56. 《左氏》昭公二十五年傳：「宋公享昭子，賦〈新宮〉，昭子賦〈車轄〉，明日宴，飲酒，樂。」

57. 《左氏》昭公二十七年傳：「夏四月，光伏甲於堀室而享王。」

58. 《左氏》昭公二十七年傳：「冬，公如齊，齊侯請饗之。子家子曰：『朝夕立於其朝，又何饗焉，其飲酒也。』乃飲酒，使宰獻而請安。」

59. 《左氏》定公三年傳：「蔡昭侯爲兩佩與兩裘以如楚，獻一佩一裘於昭王。昭王服之，以享蔡侯，蔡侯亦服其一。子常欲之，弗與，三年止之。」

60. 《左氏》定公六年傳：「夏，季桓子如晉，獻鄭俘也。陽虎強使孟懿子往報夫人之幣。晉人兼享之。」

61. 《左氏》定公八年傳：「陽虎欲去三桓，以季寤更季氏，……冬十月壬辰，將享季氏于蒲圃而殺之。」

62. 《左氏》定公十年傳：「夏，公會齊侯于祝其，實夾谷。孔丘相，……齊侯將享公。孔丘謂梁丘據曰：『齊魯之故，吾子何不聞焉？事既成矣，而又享之，是勤執事也。且犧象不出門，嘉樂不野合。饗而既具，是棄禮也；若其不具，用秕稗也。用秕稗，君辱；棄禮，名惡。子盍圖之！夫享，所以昭德也。不昭，不如其已也。』乃不果享。」

63. 《左氏》定公十年傳：「武叔聘于齊，齊侯享之。」

64. 《左氏》定公十三年傳：「初，衛公叔文子朝，而請享靈公。」

65. 《左氏》哀公七年傳：「季康子欲伐邾，乃饗大夫以謀之。」

66. 《左氏》哀公十四年傳：「宋桓魋之寵害於公，公使夫人驟請享焉，而將討之。未及，魋先謀公，請以鞌易薄。公曰：『不可。薄，宗邑也。』乃益鞌七邑，而請享公焉。」

以上六十六條，云饗者十五條，云享者五十一條，饗享義通，已見前論。茲據前列六十六事，依其施受身分，緣由及其行饗情況，試爲分析列表如后：

事類	號碼	行饗者－受饗者	緣由	情　況					賦詩	備註
				備物	獻宥	樂舞	酬幣	賞賜		
王饗諸侯	7	周王－虢公、晉侯	朝	醴	命宥			玉五穀馬三匹		
	15	周王－晉侯	朝	醴	命宥					
	16	周王－晉侯	賞功	醴	命宥					
王饗卿	10	周王－齊管仲	賞功							
	19	周王－晉士會	賞功	殽烝						
諸侯饗王	9	鄭伯－周王	勤王			樂備				
諸侯饗諸侯	2	齊侯－魯侯	謀殺桓公							
	4	鄧侯－楚子	過境							
	5	楚子－息侯	圖滅息							
	11	鄭伯－楚子	報謝	庭實旅百加籩豆六品	九獻					
	14	鄭伯－宋公	過境	有加						
	18	晉侯－魯侯	盟						有	
	20	晉侯－齊侯	朝							
	26	晉侯－魯侯	朝							
	28	宋公－晉侯	報謝			桑林				
	33	齊侯－莒子	朝							
	35	晉侯－齊侯、鄭伯	朝						有	

	41	鄭伯－蔡侯	過境					
	48	楚子－鄭伯	朝				有	
	51	楚子－魯侯	新台落成			好以大屈		
	52	楚子－蔡侯	圖執蔡侯					
	54	晉侯－諸侯（齊侯、衛侯、鄭伯）	朝					鄭伯辭於享
	58	齊侯－魯侯	朝					不果享
	59	楚昭王－蔡侯	朝					
	62	齊侯－魯侯	會					不果享
諸侯饗卿大夫	1	魯侯－曹太子	朝		有樂			
	12	楚子－晉重耳	過境					
	13	秦伯－晉重耳	過境				有	
	17	魯侯－周公閱	聘	昌歜白黑形鹽				
	22	魯侯－魯季文子	慰勞				有	
	23	楚子－晉郤至	聘且盟		金奏			
	24	衛侯－晉苦成叔	報謝					
	25	晉侯－魯穆叔	聘	金肆之工文之歌	奏夏三歌王三鹿之鳴三			
	27	魯侯－晉范宣子	聘				有	

分類	編號	主客	事由					
	29	魯侯－晉六卿	過境				三命之服束錦加璧乘馬吳壽夢之鼎　一命之服加璧吳壽夢之鼎	
	30	晉侯－魯季武子	聘					有
	31	宋公－魯季武子	聘				重賄之	有
	32	魯侯－魯季武子	慰勞					有
	34	鄭伯－鄭子展 子產	賞功				先路三命之服八邑　次路再命之服六邑	
	37	宋公－晉趙文子	會	折俎				
	38	宋公－晉、楚大夫	會					
	39	鄭伯－晉趙孟	過境					有
	40	晉侯－楚薳罷	盟					有
	42	魯侯－晉范獻子	聘			有		
	44	鄭伯－晉趙孟 魯叔孫豹 曹大夫	過境		一獻			有
	46	魯侯－晉韓宣子	聘					有
	47	衛侯－晉韓宣子	聘					有
	50	晉侯－魯季孫宿	聘	加籩			重其好貨	
	53	魯侯－宋華定	聘					有
	55	鄭伯－晉韓起	聘					
	56	宋公－魯昭子	聘					有
	60	晉侯－魯季桓子 魯孟懿子	聘					
	63	齊侯－魯武叔	聘					
卿大夫	45	秦后子－晉侯	報謝			有		
	57	吳公子光－吳王僚	圖弒王僚					

饗諸侯	64	衛公叔文子－衛公	結主知						
	66	宋桓魋－宋公	圖弑景公						
卿大夫饗卿大夫	8	王子頹－五大夫	慰勞						
	21	宋華元－宋公子圍龜	慰勞						
	36	宋太子－楚客	過境						
	43	楚令尹－晉趙孟	會			有			
	49	魯叔孟豹－魯大夫	落鐘及際大夫						
	61	陽虎－季氏	謀殺季氏						不果享
	65	魯季康子－魯大夫	謀伐邾						
夫人饗諸侯	3	夫人姜氏－齊侯	會						
亡國貴族饗士卒	6	遂諸氏－齊戍卒	圖殺齊戍卒						

　　按諸侯朝覲，入于王庭，天王設饗以飲之，因其爵命，而異其禮數，所以別尊卑，故《周禮·大宗伯》職，既以賓禮親邦國，又以嘉禮親萬民，有饗燕之禮，親四方之賓客，此王有饗諸侯之禮也。若諸侯卿大夫秉君命以勤王室，或入聘王朝，事既畢，而王亦饗之，以施慈惠，故《周禮·掌客》職云：「凡諸侯之卿大夫士為國客，則如其介之禮以待之。」此王有饗諸侯大夫之禮也。若諸侯無事，則閒王朝之事而相朝，有郊勞饗燕之事，以習禮樂，相接以敬讓，所以交兩國之好，故《大戴禮記·朝事》云：「諸侯相朝之禮，君親致饗還圭，饗食，致贈，郊送，所以相與習禮樂也。」此諸侯有相饗之禮也。若諸侯之邦交，或歲相問，或殷相聘，大聘使卿，小聘使大夫，以修禮正刑，睦鄰結好，

故《禮記・郊特牲》:「三獻之介,君專席而酢焉,此降尊以就卑也」,鄭注云:
「三獻,卿大夫來聘,主君饗燕之,以介爲賓,賓爲苟敬,則徹重席而受酢也。」
據鄭玄之說,則諸侯有饗鄰國大夫之禮也。諸侯既有饗鄰國大夫之禮,則推之
諸侯饗天子大夫之禮,蓋當亦有之。至若大夫相饗,禮經無文。《禮記・郊特牲》
云:「大夫奏〈肆夏〉,由趙文子始也。」孔疏云:「文子奏〈肆夏〉,僭諸侯納
賓樂也。」按天子諸侯饗賓客,奏〈肆夏〉之樂以納賓,〈郊特牲〉云「賓入大
門而奏〈肆夏〉」,〈燕禮記〉云「賓及庭,奏〈肆夏〉」是也。據孔說,則大夫
禮降乎諸侯,而趙文子饗禮迎賓奏〈肆夏〉,是僭諸侯也。然則大夫亦有相饗之
禮,殆亦可知矣。

　　褚寅亮《儀禮管見》卷六〈燕禮〉題下云:

　　　考之諸經,諸侯於己臣有燕而無饗食,意者饗食之禮,自待賓客外,
　　　惟施之於耆老孤子與。

　　褚謂諸侯於己臣有燕而無饗食,說殆未確。按飲食之禮有三:饗也,食
也,燕也。三者因施受身份對象之不同,而其禮之內容又有隆殺之殊異。《禮
記・王制》孔疏引皇侃《義疏》云:

　　　食禮者,有飯有殽,雖設酒而不飲,其禮以飯爲主,故曰食也。其
　　　禮有二種:一是禮食,故〈大行人〉云諸公食之禮有九舉,及公食
　　　大夫禮之屬是也。二是燕食,謂臣下自與賓客旦夕共食是也。按鄭
　　　注〈曲禮〉「酒漿處右」云:「此大夫士與賓客燕食之禮。」凡燕禮
　　　亦有二種:一是燕同姓,二是燕異姓。若燕同姓,夜則飲之;其於
　　　異姓,讓之而止。〔註3〕

《左氏》襄公十四年傳:「衛獻公戒孫文子、甯惠子食」,孔疏云:

　　　君之於臣,有禮食、宴食。《儀禮・公食大夫禮》者,主國之君食聘
　　　賓之禮也。其食己之大夫亦當放之,而迎送答拜之儀,有差降耳。〈曲
　　　禮〉云:「凡進食之禮,左殽右胾」,鄭玄云:「此大夫士與賓客燕食
　　　之禮,其禮食則宜放公食大夫禮也。」如鄭之言,大夫與客禮食,
　　　尚放公食大夫禮,明知國君與臣禮食,亦當放之。〔註4〕

皇氏謂食燕之禮,以施受對象不同,而其禮復有區分,其說是也。而孔氏以
「國君食己之大夫,當放公食大夫禮,而迎送答拜之儀,有差降耳」,說尤允

〔註3〕　《禮記注疏》卷一三頁 16 至 17,藝文印書館,1965 年。
〔註4〕　《左傳注疏》卷三二頁 13,藝文印書館,1965 年。

確。考之《左傳》，襄公三年：「晉侯以魏絳爲能以刑佐民矣，反役，與之禮食，使佐新軍。」杜注曰：「群臣旅會，今欲顯絳，故特爲設禮食。」禮食者，公食大夫禮也。以大夫爲賓，公親爲之特設禮食，依孔疏之說，則晉侯放公食大夫之禮以食魏絳也。是諸侯亦有食己大夫之法。蓋饗之爲禮，亦猶如此。不惟可以饗鄰國大夫，且亦可施諸己國之臣。雖饗禮久佚，不得其詳，但自鄭注三禮，於饗禮已有輕重之別異。故注《周禮・大行人》云「設盛禮以飲賓曰饗」，注《儀禮・聘禮》云「饗謂亨大牢以飲賓」，《詩・彤弓》箋云「大飲賓曰饗」，而於〈士昏禮〉「舅姑共饗婦以一獻之禮」，則注云「以酒食勞人曰饗」。又〈士昏禮〉「舅饗送者以一獻之禮」，賈公彥曰：「此一獻與饗婦一獻同，禮則異，彼兼有姑，此依常饗賓客之法。」是饗之爲用，不限於賓客。其實西周彝銘，饗禮已有饗醴與饗酒之分別，饗醴多行之在廟，與先儒言正饗食在廟合。饗酒則多在外地。徵之《左傳》，諸侯慰勞己臣，或賞賜有功，設饗以示恩寵者，凡三見：

1. 成公九年傳：「夏，季文子如宋致女，復命，公享之。」

2. 襄公二十年傳：「冬，季武子如宋，報向戌之聘也。……歸復命，公享之。」

3. 襄公二十六年傳：「鄭伯賞入陳之功，三月甲寅朔，享子展，賜之先路三命之服，先八邑。賜子產次路再命之服，先六邑。子產辭邑，……公固予之，乃受三邑。」

以上第一二兩條屬慰勞，第三條爲賞功。若此之類，先儒率以燕禮視之，鄭康成、賈公彥、方苞即主是說。

△《儀禮・燕禮》題疏引鄭玄《目錄》云：「諸侯無事，若卿大夫有勤勞之功，與群臣燕飲以樂之。」

△《儀禮・燕禮》題下賈疏云：「燕有四等：《目錄》云諸侯無事而燕，一也。卿大夫有王事之勞，二也。卿大夫又有聘而來還，與之燕，三也。四方聘客與之燕，四也。」

△方苞《儀禮析疑》卷六〈燕禮〉題下云：「本國之臣，入貢獻於王朝，出聘於鄰國，而還勞之，一也。有大勳勞功伐，而特燕賜之，二也。無事而燕群臣，三也。燕聘賓，四也。」

鄭、賈、方三家承襲之跡顯然，而方氏燕分四類之說，尤爲明晰。按諸侯

慰勞出聘而還之大夫，或賞賜有功，設饗設燕，經無明文，故說者未必盡同。即同為獎賞有功，《左傳》所載亦不一致，或以食禮，或以饗禮。襄公三年，晉侯為魏絳特設禮食，襄公二十六年，鄭伯賞入陳之功，而享子展，即其例，似不必齊而一之也。是據《左傳》，饗或以飲賓，或待己臣；稽之〈士昏禮〉，饗有饗送者，有饗新婦；求之西周彝銘，所見雖均為王饗其臣之辭，但亦有饗醴、饗酒之不同。何況食有食聘賓，與食己臣之分；燕亦有燕聘賓，與燕己臣之別。則諸侯有設饗以待賓之禮，亦有設饗以待己臣之禮，蓋亦不足以異。特其禮儀，或有差降耳。褚寅亮謂「諸侯無饗己臣之禮」，其說蓋未必然也。

以上王饗諸侯、王饗卿、諸侯相饗、諸侯饗卿大夫、卿大夫相饗五端，按之《左傳》，事類俱在，毋可疑議者也。其諸侯之饗王，卿大夫之饗諸侯，及夫人之饗諸侯三者，自漢儒以降，多以為亂世非正法，但稽之殷商刻辭，西周彝銘，亦或有可為《左氏》佐證者。因據考古資料，合於昔儒時賢之說，試為辨析證成焉。

一、諸侯饗王非禮說質疑

《左氏》莊公二十一年傳：「鄭伯享王于闕西辟，樂備。」

諸侯而饗王，《左傳》惟此一見。檢諸禮經，未有諸侯饗天子之文，故後之說者，多據《禮記‧郊特牲》立論。〈郊特牲〉云：「大夫而饗君，非禮也。」又云：「天子無客禮，莫敢為主焉。君適其臣，升自阼階，不敢有其室也。」於是或以為鄭伯之饗王，雖當時實有其事，而終不得視為禮之常也。

△《禮記‧郊特牲》孔疏：「天子無客禮，莫敢為主焉。君適其臣，升自阼階，臣不敢有其室，臣既不敢為主，明饗君非禮。春秋之時，有諸侯饗天子，故莊二十一年鄭伯享王于闕西辟，樂備，亂世非正法也。」〔註5〕

△衛湜《禮記集說》卷六十四引陳祥道云：「以大夫而饗君猶為非禮，又況以諸侯而饗天子乎？」〔註6〕

△秦蕙田《五禮通考》卷一百五十八：「案大夫饗君謂之非禮，則諸侯饗天子，其非禮可知矣。」〔註7〕

〔註5〕 《禮記注疏》卷二五頁14，藝文印書館，1965年。
〔註6〕 《禮記集說》卷六四頁7，《通志堂經解》本，大通書局，1972年。
〔註7〕 見「諸侯饗天子」條下。

△ 劉文淇《春秋左氏傳舊注疏證》莊公二十一年：「古無諸侯饗天子禮。
《禮記‧郊特牲》疏云：『春秋之時，則有諸侯饗天子，故莊二十一年
鄭伯享王于闕西辟，樂備，亂世非正法也。』」〔註8〕

孔、陳、秦、劉諸家之說，似有所據，但當時是否實有諸侯饗王之禮，
後之學者猶有議者焉：

△ 孫希旦《禮記集解》卷二十五：「愚謂天子可以祭天，則臣可以饗君，
然當就君所而設饗禮，猶天子祭天於南郊，就陽位也。故《左傳》鄭
伯饗王於闕西辟。若召君至已家而饗之，則亢矣。故又言天子無客禮，
臣不敢有其室，以明饗君之非禮也。」〔註9〕

△ 莊有可《禮記集說》卷十一：「天子巡守，諸侯有饗天子之禮，若君臣
同國則大夫無饗君之禮也。」〔註10〕

孫說臣可以饗君，然當就君所設饗禮；莊說天子巡守，諸侯有饗天子之
禮，二說或容有小異，而以諸侯可以饗天子則一。楊伯峻《春秋左傳注》更
以〈郊特牲〉云云不可為據，以為下文原伯之所以譏鄭伯，並不在其饗王，
而在其樂備，因謂「饗王於當時，亦非不合禮」（莊公二十一年）。

按《禮記》一書，所以解經所未明，補經所未備，漢儒以為「七十子後學
者所記」。其實此書至小戴始匯輯成書，其中或滲有秦漢間人述禮之文，殆可無
疑。故漢儒於〈郊特牲〉之文，亦有未以為據者。《左傳》莊公二十二年，陳公
子完奔齊，齊侯使為工正，傳云：「飲桓公酒，樂。公曰：『以火繼之。』對曰：
『臣卜其晝，未卜其夜，不敢。』」服虔曰：「臣將享君，必卜之，亦戒慎也。」
〔註11〕據此，知服意臣得享君，但享君之前，必當卜之，以示戒慎耳。然則服
虔蓋不取〈郊特牲〉之說可知。杜注以為桓公自就其家，據主人之辭，故言飲
桓公酒，而孔疏又曲為之說，謂「春秋之世，設享禮以召君者，皆大臣擅寵，
如衛公叔文子、宋桓魋之徒，始為之耳。為之，非禮法也。敬仲羈旅之臣，且
知禮者也，必不召公臨己，知是桓公賢之，自就其家會也。」《正義》又引服注
而駁之云：「此桓公自就其家，非敬仲發心請享，不得言將享必卜也。蓋桓公告
其往日，乃卜之耳。」然如桓公已告敬仲往日，則敬仲安用卜為，是孔疏之駁

〔註8〕　《春秋左氏傳舊注疏證》頁182，明倫出版社，1970年。
〔註9〕　孫希旦《禮記集解》卷二五頁9，蘭臺書局，1971年。
〔註10〕　莊有可《禮記集說》卷一一頁556，力行書局，1970年。
〔註11〕　見《左傳注疏》卷九頁23孔疏引，藝文印書館，1965年。

爲無當，而服虔之說較合理實也。綜合昔儒之說，臣之饗君，其情形蓋有二種：
一則君適臣家，而臣饗之，一則臣自設饗禮以召君來。前者乃情理之常也，杜
注敬仲飲桓公酒，莊有可以爲天子巡守，諸侯有饗天子之禮，其說即以此。後
者如衛公叔文子請享靈公，宋桓魋請享景公，亦即《禮記‧郊特牲》鄭注云「其
饗君由強且富」〔註12〕，孔穎達云「大臣擅寵，爲之非禮法」者也。第一種情
形，合乎禮之精神，故自杜預以降，略無異辭，即如孔穎達以公叔文子與桓魋
之行爲非禮法，但於敬仲之饗桓公，亦多曲爲回護，而不以爲非。據此，則臣
可以饗君，似乎可信也。其有爭議者，則爲第二種情形，鄭、孔皆以爲臣不可
設饗以召君，而服虔則以爲合禮，後之學者多從鄭、孔之義，蓋悉篤守《禮記‧
郊特牲》之文也。其實徵之《左傳》，記大夫饗君之事多見，而未嘗有譏其非禮
者也。稽之《晏子春秋》，其〈內篇‧雜上〉亦兩言「晏子飲景公酒」〔註13〕，
以晏子之賢且知禮也，亦必不有召景公臨己之舉。是故日人竹添光鴻於《左傳
會箋》云：「春秋之世，設酒供君，不以爲失，故傳直記其事，不足異也。況列
國公子新來者，自不同舊臣世族，秦公子鍼九獻饗晉侯亦類也。」〔註14〕其說
殆非無見。

　　由以上論述可知，據《禮記》論諸侯饗王爲非禮，其說蓋未必然。不特此
也，稽之彝銘，亦有可爲文獻之佐證者。夫禮器名稱，往往見於器中，讀其銘
辭，即可知其爲何器。而其器用也，亦多紀於器中，讀其銘辭，亦可知其因何
種用途而製此器也。是故張光直等人合撰之《商周青銅器與銘文的綜合研究》
一書有云：

> 周代銅器銘文裏，偶然也作紀器用：除單純的「用」字（永寶用）
> 以外，有「用享」（如永寶用享、用享于宗），「用享孝」（如用享孝、
> 用享用孝、用享孝宗室、用享宗廟……享于宗室），「用祀」、「用奠」、
> 「用饗」、「用饎」、「用匽」、「用盟」、「用從」、「用鰧」等等不一，
> 大致分來，以宗廟儀式，鄉宴賓客，用紀事，用爲行旅器，從器，
> 及媵器等爲主。這種用途既在銘文裏出現，則帶有這項銘文的器物，
> 縱不是專門爲這種用途而製的，至少可說可用於這種用途。〔註15〕

〔註12〕見〈郊特牲〉「大夫而饗君非禮也」下鄭注。
〔註13〕《晏子春秋》，〈內篇‧雜上第五〉第十四、十五兩條，世界書局，1972年。
〔註14〕《左傳會箋》，莊公二十二年，頁62，廣文書局，1961年。
〔註15〕《商周青銅器與銘文的綜合研究》，頁2，中研院史語所，1973年。

徵諸西周彝銘，其紀器用之辭：

有「用饗王逆造」：

△〈白者父𣪘〉：「白者父乍寶𣪘，用鄉王逆迶（造）。」（《金文總集》2366）

△〈矢令𣪘〉：「令敢倀皇王宝，用乍丁公寶𣪘，用尊史于皇宗，用鄉王逆迶（造），用飤寮人。」（《金文總集》2814）

有「用鄉王出入」：

△〈小臣宅𣪘〉：「伯錫小臣宅畫甲戈九，易金車馬兩，揚公休，用乍乙公尊彝，子子孫孫永寶，其萬年用鄉王出入。」（《金文總集》2731）

有「用鄉王逆造吏人」：

△〈伯𣱼父鼎〉：「伯𣱼父乍旅鼐，用鄉王逆迶（造）吏人。」（《金文總集》1022）

△〈�乍寶𣪘〉：「𠩵乍寶𣪘，用鄉王逆迶（造）事。」（《金文總集》2337）

有「用鄉王出入吏人」：

△〈衛鼎〉：「衛肇乍𢀳文考己中寶鬵鼎。用侃壽，匄永福，乃用鄉王出入吏人，眔多朋友。」（《金文總集》1227）

有「用言王出入吏人」：

△〈白矩鼎〉：「白矩乍寶彝，用言王出入吏人。」（《金文總集》0988）

有「用鄉出內吏人」：

△〈小子生尊〉：「小子生易金鬱邑，用乍𣪘寶尊彝，用對揚王休，其萬年永寶，用鄉出內吏人。」（《金文總集》4877）

「用言王出入吏人」，與「用鄉王出入吏人」文例相同。言音二字同源異流，金文言字，所從之口，往往加之以點，或小橫，與音字無別。言應讀作音，通歆，歆謂歆饗〔註16〕，是二句義同。「用鄉出內吏人」，又為「用鄉王出入吏人」之省。「逆造」、「出入」，蓋當時習語，其義說者頗不一致：

〔註16〕說見于省吾〈鄂君啟節考釋〉，《考古》1963年第八期，頁446。

（1）郭沫若〈矢令殷考釋〉曰：「逆造即迎送。〈麥尊〉有『用鬴侯逆造』，與此同例。又有〈麥方彝〉曰『用鬴井侯出入』，出入即逆造。」容庚亦以逆造與出入同意。唐蘭則謂逆迺等於反復（按唐氏釋逆為反，釋迺為周，復也），亦即來往。其說逆迺與出入亦意同。〔註17〕

（2）吳闓生《吉金文錄》隸定作「徒造」，謂「徒造猶云徒從。」于省吾曰：「逆，迎；造，至。逆造猶言徒從左右。」〔註18〕

（3）馬承源等撰〈商周青銅器銘文選集〉曰：「《說文》逆，迎也。造有至義。逆造是迎至賓客。饗王逆造，辭意為用以饗王和迎至賓客。」又曰：「出入，即出傳王命，入達下情，負有這種任務的人是王的近臣。」〔註19〕

（4）《金文詁林附錄》周法高曰：「逆造猶言派遣。容氏謂與出入同意者，謂他銘有言用饗王出入也。」〔註20〕

以上諸說，郭、唐二氏於「用鄉王逆造」一句無解。唐蘭釋〈小臣宅殷〉「用鄉王出入」云：「出入是出入使人之省」，釋〈麥方尊〉「用鬴侯逆迺」云：「逆迺等於反復，〈白㝬父鼎〉的『鄉王逆迺吏人』等於饗王的來往的使人，此銘的獻侯逆迺，也是獻給侯的來往使人。」〔註21〕是知唐氏亦以「鄉王逆迺」為「鄉王逆迺吏人」之省，故於〈矢令殷〉「用鄉王逆造」句，譯為「用來饗王來往的人」〔註22〕，蓋謂作器以宴饗周王所遣之使者，而非饗王可知。至於于省吾、周法高、馬承源等人之說，容有不盡相同，但以「用鄉王逆造」為宴饗王之使者，亦無或異。

按郭、容、唐諸家以逆造與出入同意，可以據從。其義蓋猶今言「往來」是也。惟細繹辭意，「用饗王逆造」與「用鄉王逆造吏人」，似當分別觀之，前

〔註17〕郭說見《中國古代社會研究・附錄》頁265，三聯書局，1978年。
　　　　容說見《金文編・附錄下》頁933，樂天出版社，1974年。
　　　　唐說見《西周青銅器銘文分代史徵》頁254，中華書局，1986年。
〔註18〕吳說見《吉金文錄》卷三頁6，樂天書局，1971年。
　　　　于說見《吉金文選》上二，頁21，藝文印書館，1962年。
〔註19〕〈商周青銅器銘文選集〉，《上海博物館館刊》第一期，頁23，又頁25，1981年。
〔註20〕《金文詁林附錄》（三）頁1316，香港中文大學，1977年。
〔註21〕唐蘭《西周青銅器銘文分代史徵》頁318、頁254，北京中華書局。
〔註22〕同上，頁274。

者意謂作器以饗王，後者意謂作器以饗王之使者。唐說〈令設〉「用鄉王逆造」為「用鄉王逆造吏人」之省，殆有可商。蓋「用鄉王逆造」與其下句「用飼寮人」，乃並列對等之句，依唐說則「吏人」為主體詞，而「王逆造」乃附加其上，以修飾「吏人」，如是省略主體詞而存附加語，其義不顯，詮釋費詞。依于說則逆造與吏人，辭意重複。再就上列前三條觀之，〈白者父設〉器，其器主官階莫明，姑置不論。〈令設〉器主為矢令，其官作冊，作冊為王室史官之稱，又稱作冊內史，或單稱內史。據王國維說，作冊、尹氏皆《周禮》內史之職，而尹氏為其長，其職在書王命與制祿命官〔註23〕，則為王之近臣也。〈小臣宅設〉之器主為宅，其官小臣。就彝銘所見，西周小臣之職司，受命於王，聽王之差使，參與征伐，預於射御之事〔註24〕，《周禮》亦有小臣，為夏官司馬之屬，掌「正王之燕服位，王之燕出入，則前驅」等事，乃服侍君王生活者也，亦為近臣也。夫王統天下，日總萬機，閒臨臣家，固為難得，但似非不可能也，況乃親近之臣乎？故彝銘中有紀其器用而言如此者。準此而論，天子巡守，或臨幸卿大夫之家，則諸侯卿大夫設饗以供之，此亦在情理之中也。蓋禮也者，體乎人情，合乎道理，宜乎履行者也。諸侯可以饗王者蓋以此。是故或泥於禮典未載而謂之無，則似有所偏焉。陳夢家說〈令設〉云：「此器之作，用以奠使于皇宗，用以饗王，用以享燕同僚，乃實用之器。」〔註25〕其說殆有所見而云然。

若以上論述不誤，而合於張光直「饗宴賓客，這種用途既在銘文裏出現，則帶有這項銘文的器物，縱不是專門為這種用途而製的，至少可說可用於這種用途」之言，則知西周諸侯或卿大夫可以設饗以待王，大概可以採信。降及春秋，禮制容或稍變，但饗王一事，於當時似亦不為非禮，是故鄭厲公饗周惠王于闕西辟，而《左傳》無譏焉。

二、卿大夫饗諸侯非禮說質疑

卿大夫饗諸侯，《左傳》凡四見：

1. 昭公元年傳：「（秦）后子享晉侯，造舟于河，十里舍車，自雍及絳，歸取酬幣，終事八反。」

〔註23〕見《觀堂集林》卷六〈釋史〉，頁273，世界書局，1961年。

〔註24〕見黃然偉《殷周青銅器賞賜銘文研究》頁148至149，香港龍門書店，1978年。

〔註25〕見〈西周銅器斷代（二）〉，《考古學報》第10冊，頁79，1955年。

2. 昭公二十七年傳：「夏四月，（吳公子）光伏甲於堀室而享王。……光
偽足疾，入于堀室。鱄設諸寘於魚中以進，抽劍刺王，鈹交於胸，遂
弑王。」

3. 定公十三年傳：「初，衛公叔文子朝，而請享靈公。退，見史鰌而告之。
史鰌曰：『子必禍矣。子富而君貪，其及子乎。』及文子卒，衛侯始惡
於公孫戌，以其富也。」

4. 哀公十四年傳：「宋桓魋之寵害於公，公使夫人驟請享焉，而將討之。
未及，魋先謀公，請以鞌易薄。公曰：『不可。薄，宗邑也。』乃益鞌
七邑，而請享公焉。」

上列四事，據《左傳》所載史實以推之，秦公子鍼之饗晉平公，所以報謝也；
吳公子光之饗王僚，宋桓魋之饗景公，均為圖弒其君也；衛公叔文子之饗靈公，
殆所以結主知也。孔穎達以為「春秋之世，設享禮以召君者，皆大臣擅寵，如
衛公叔文子，宋桓魋之徒，始為之耳，為之非禮法也。」按孔氏擅寵之說，容
或實有其事，但據傳文似不易窺知，是依此而為說，恐有未盡然者。蓋《左氏》
對此四事，皆未有評議。史鰌譏公叔文子，蓋不在其饗靈公，而在其「子富而
君貪」；公子光與桓魋乃藉設饗待君，以圖其謀；而公子鍼九獻饗諸侯，更不同
舊臣世家，蓋為報謝而設饗焉。足見春秋之世，設酒待君，容或有專擅之嫌，
但於當時似並不以為失。且由前節所論例之，諸侯既可以設饗以供天子，則下
推卿大夫，理亦可以設饗以供君。莊公二十二年傳云：「（陳公子完）飲桓公酒，
樂。」時陳公子完為齊工正。又哀公二十五年傳云：「初，衛人翦夏丁氏，以其
帑賜彭封彌子。彌子飲公酒，納夏戊之女，嬖，以為夫人。」此二事，陳公子
完及彌子瑕為主人，而齊侯、衛侯為賓，亦卿大夫設饗以供君之例也。準斯而
論，春秋之世，卿大夫得以饗諸侯，蓋不為非禮，實有其例可徵焉。

三、夫人饗諸侯非禮說質疑

夫禮，后夫人有助王饗諸侯之禮，是以《周禮》后夫人接外事，非止祭
祀，蓋賓客亦與焉。〈內宰〉云：「凡賓客之裸獻瑤爵皆贊」，此謂王同姓來為
賓客者。裸則后亞王而禮賓，獻則后亞王而獻賓，內宰皆贊之。〈大宗伯〉云：
「大賓客則攝而載裸」，〈大行人〉云：「上公之禮，廟中將幣，三享，王禮再
裸而酢」，再裸者，謂王裸，后亞裸。王裸酌圭瓚，后裸酌璋瓚，皆宗伯攝之，
拜送則王及后也。〈聘禮〉賓至近郊，君使卿勞，夫人亦使下大夫勞。聘君以

圭，享用璧，聘夫人以璋，享用琮。既卒事，君使卿歸大禮，夫人亦使下大夫歸禮，皆君爲主，而夫人助之也。是故惠士奇《春秋說》云：「婦人主內事，不主外事，與內祭，不與外祭。外祭，郊社是也；內祭，宗廟是也。古者聘饗之禮，皆行于廟，故后夫人得與焉。」〔註26〕

又《禮記・坊記》：

> 禮，非祭，男女不交爵。以此坊民，陽侯猶殺繆侯而竊其夫人。故大饗廢夫人之禮。

孔疏云：

> 男女唯祭之時，乃得交爵，故〈特牲饋食禮〉云：「主婦獻尸，尸酢主婦」，是交爵也。又案王饗諸侯，及諸侯自相饗，同姓則后夫人親獻，異姓則使人攝獻。〈內宰〉注云：「王同姓來朝覲，王以鬱鬯禮之，后以瑤爵亞獻。自陽侯殺繆侯後，其后夫人獻禮遂廢，並使人攝也。」〔註27〕

蓋「祭事嚴敬」，不嫌男女交爵，而「古者於大賓客，其敬之與祭祀同，必皆夫婦親之，故天子饗諸侯及諸侯相饗，后夫人皆與於獻賓」〔註28〕，顧自繆侯及夫人饗陽侯，陽侯悅夫人美艷，遂滅其國而取其夫人，由是而大饗廢后夫人獻禮，使人攝之而已。

由上所述，則知禮書所載與前儒之論，后夫人有助王饗諸侯之禮，諸侯夫人亦然。至於后夫人是否可以獨自行饗禮，則於禮書無徵。是以魯桓夫人饗齊襄公，而先儒以爲非禮焉。

△《春秋》莊公二年經：「冬，十有二月，夫人姜氏會齊侯于禚。」
〔註29〕

《穀梁傳》曰：「婦人既嫁不踰竟，踰竟非正也。婦人不言會，言會非正也。饗甚矣。」

△《春秋》莊公四年經：「春，王二月，夫人姜氏享齊侯于祝丘。」
〔註30〕

《左傳》杜注：「享，食也。兩君相見之禮，非夫人所用，直書以見

〔註26〕　惠士奇《春秋說》，《皇清經解》第4冊，頁2322，復興書局。
〔註27〕　《禮記注疏》卷五一頁26。
〔註28〕　見孫希旦《禮記集解》卷五〇頁15，蘭臺書局，1971年。
〔註29〕　《公羊》禚作祏。
〔註30〕　《左氏》作享，《公》《穀》作饗。

其失。」

《穀梁傳》:「饗甚矣。饗齊侯,所以病齊侯也。」

范注:「饗,食也。兩君相見之禮。以非禮尤甚,故謹而月之。」

《公羊傳》何注:「書者,與會郜同義。」陳立《公羊義疏》:「上二年冬十有二月,夫人姜氏會齊侯于郜是也。彼注云書者,婦人無外事,外事則近淫也。同彼義也。」

《春秋經》書饗,祇莊公四年一見。諸侯之相饗燕者多矣,魯公與諸國人物亦嘗饗燕,但皆不書於策,雖鄭伯饗王,王饗諸侯,亦均不書。《春秋》之例,常事不書,所志皆非其常,足見夫人饗襄公而直書其事者,以見當世視以爲非禮也。《穀梁》係就婦人既嫁不踰境立義,以爲姜氏越境以饗齊侯爲非禮。何休蓋以婦人主內事,不主外事立論,以爲姜氏去其國而行饗禮於外爲非宜。杜預則據饗爲兩君相見之禮,不可施於夫人之饗諸侯爲說。後之議論者,要不踰於此。

《詩・瞻卬》云:

婦無公事,休其蠶織。

毛傳云:

休,息也。婦人無與外政,雖王后猶以蠶織爲事。

尋繹毛傳之意,實非婦人禁與外政,蓋言雖王后猶當以蠶織爲事。陳奐《詩毛氏傳疏》申其義云:「事即經之事字,蠶織爲事,即公事也。無與外政,此傳申說經義,非以釋經之無公事也。玩傳中雖字猶以字,其意可見。箋云『今婦人休其蠶桑織紝之職,而與朝廷之事』,亦是補明經義,以申傳說也。《列女傳・母儀篇》引《詩》曰:『婦無公事,休其蠶織』,言婦人以織績爲公事者也,休之非禮也,毛與三家初無二意也。」〔註31〕陳說甚晰。〈大雅〉製作時代,議論雖紛歧,但〈瞻卬〉詩,自漢儒以降,皆以爲刺幽王寵褒姒,將致大亂亡國而作,是爲西周末年詩篇也。若《左傳》、《禮記》之言者,殆出諸宗法制度確立後,父權、夫權居於絕對優勢而始有之。但當時是否即有如此嚴格限制,實在啓人之疑。知者,任何禮制之形成,必有其背景或因素,且禮制亦非一朝一夕,一手一足之所成。大抵所謂禮儀三百,威儀三千,蓋

〔註31〕陳奐《詩毛氏傳疏》卷二五頁 49,《皇清經解續編》本。

醞釀於成周一代，而集成於周末之儒家。〔註 32〕殷爲父系家族社會，說者無異辭，而宗法之制，非周人所特有，在殷代已見端緒，亦可確證。胡厚宣謂「殷人多妻，所以廣嗣重祖。因妻子既多，乃有傳子之制，由是而漸有嫡庶之分，漸生宗法之制」〔註 33〕，其說至塙。惟傳子之法，終西周之世，亦未嘗全然確定實行。其如魯爲周之宗邦，但迄乎春秋之初，君位繼承猶以一繼一及爲定制，是則雖有其禮法，而未必嚴於遵行。其實就殷商刻辭以及西周彝銘所見，在西周中期以前，婦人之社會地位，並不如先秦典籍所言男外女內，不與外政。降及春秋，此種流風遺習，或未完全阻絕，何況禮有從權，不可拘泥。由知夫人之饗諸侯，蓋其來有自。

　　殷商雖爲父系社會，但仍保存先世之遺習，故卜辭中頗多母權中心之陳跡。其時女性地位，在殷代王室中相當尊貴，或率軍征伐，或駐守邊防，或負責農事，或主持祭祀，例如：

　　△壬午卜宎貞：王惟婦好令征尸（《合集》6459）

　　△貞：王勿惟⋯婦好比沚𬇙伐𢀛方，弗其受（《合集》6478 正）

　　△辛未卜，爭貞，婦好其比沚𬇙伐𢀛方（《合集》6480）

　　△貞⋯王勿⋯婦好伐土方（《英》152）

　　△貞：勿乎婦妌伐龍方（《合集》6585 正）

此接受商王指揮，率領軍隊，從事征伐也。又如：

　　△王固曰：有祟，其有來艱（艱）。气（迄）至九日辛卯，允有來艱自北，

　　　蚊妻妝告曰：土方襛（侵）我田十人（《合集》6507 反）

此駐守邊防，遇有異常情況，而向商王報告也。又如：

　　△貞婦井黍其隹　婦井黍不其隹（《合集》9599）

　　△⋯丑⋯貞，婦妌田隹（《合集》9607 正）

　　△貞婦妌黍受年（《合集》9970）

　　△貞：乎婦妌田于公（《合集》10968）

此領有田地之婦，負責農業生產也。又如：

　　△乙卯卜：宎貞，乎婦好屮及于妣癸（《合集》94 正）

　　△貞：翌乙卯，勿乎婦好屮父乙（《存》一、四八）

〔註 32〕說見郭沫若《中國古代社會研究》頁 217，香港三聯書店，1978 年。

〔註 33〕〈殷代婚姻家族宗法生育制度考〉頁 27，《甲骨學商史論叢初集》，香港文友堂書店，1970 年。

△…翌庚子，婦井屮母庚（《英》160）

△婦鼠屮妣庚羊豕（《英》1763）

△癸未卜：婦鼠屮母庚毅（《英》1765）

此諸婦主持祭祀先王、先妣、先母也。

由以上辭例所示，殷代婦女無論在政治上，軍事上，均有其極重要之地位。舉凡征伐，防邊、農事，報祭祖先，所有國之大事，無不參與。其生則預與內治外攻，沒則列於祭典，與先祖先父先母同享祭祀，如：

△貞：侑于婦，惟小宰，十二月（《合集》2827 正）

△庚子卜，貞：侑于婦一犬（《合集》2829）

△辛丑卜，㲄貞：侑于婦一牛（《合集》2830）

趙誠於〈諸帚探索〉一文，對諸婦之地位實權，已有論述。以為「商代還不是父權、夫權佔絕對統治地位的社會，婦女還不是男性的附屬物。男女之間的平等地位，比起西周以後直到封建社會結束要強得多。」〔註34〕其說信然。胡厚宣嘗於〈殷代封建制度考〉一文，論殷封建侯伯對於殷王之義務云：

> 封建侯伯對於殷王之義務，舉其要者，則有五端：一曰防邊，遇外寇來侵，則走告王朝。二曰征伐，受殷王之指揮，以征討叛逆。三曰進貢，或貢龜，或貢牛，或貢珍寶飾物，凡王所喜愛及所用者皆貢焉。四曰納稅，其稅為何，則為農產物品，黍稻最為普通，麥則為稀貴之物。五曰服役，除自耕之外，尚須率領國眾，以為王耕。〔註35〕

觀乎上述辭例，對照胡氏之說，隱然相合。可見殷代諸婦對殷王之義務，與夫一般封建侯伯，幾無差異。

自姬周代殷，其初期后夫人之社會地位，雖不若殷商諸婦率師征伐，防守邊境，主持祭典，但隨王從事軍旅，遣使安撫侯伯，主持封賞，燕饗有功，於彝銘款識猶然歷歷可考。茲就任使，封賞，燕饗三事述之：

（1）任 使

〈乍冊睘卣〉云：

> 隹十又九年，王才斤。王姜令乍冊睘安尸白（夷伯），尸白賓睘貝布。

〔註34〕趙誠〈諸婦探索〉，《古文字研究》第 12 輯，頁 105，北京中華書局，1985 年。

〔註35〕〈殷代封建制度考〉頁 38，《甲骨學商史論叢初集》，香港文友堂書店，1970年。

揚王姜休，用乍文考癸寶尊器。（《金文總集》5484）
別有《乍冊睘尊》，其銘云：

才斥，君令余乍冊睘安尸白，尸白賓用貝布，用乍朕文考日癸𣪘寶。

（《金文總集》4867）

二銘所記事同，自是同時同人之器。而〈乍冊睘卣〉言姜處，〈乍冊睘尊〉則言君，是知君即王姜也。傳世〈趞尊〉（《金文總集》4868）、〈趞卣〉（《金文總集》5476）皆有王在斥之記載，而〈小子生尊〉更云「隹王南征，才斥」（《金文總集》4877），是斥在南方，諸器皆爲周王南征之器。夷伯賓用貝布，孫詒讓釋〈乍冊睘卣〉，謂賓即禮經之儐〔註36〕，甚是。賓字與贈賂等字同从貝，義亦略同。按古禮凡見使於人，主者必以物勞使者以爲敬，其勞之以物之事，謂之儐，而見勞之物亦謂之儐，字亦作儐。《儀禮・覲禮》云「侯氏用束帛乘馬儐使者，使者再拜受」，〈聘禮〉云「賓用束錦儐勞者，勞者再拜稽首受」是也。〈乍冊睘卣〉所記爲周王十九年乍冊睘從王南征，王姜命其安撫夷伯之事，蓋時王姜亦從王在軍旅中也。

按古者王有使臣於諸侯之禮，《周禮・大行人》云：「王之所以撫邦國諸侯者，歲徧存，三歲徧頫，五歲徧省」，鄭注：「撫猶安也，存、頫、省者，王使臣於諸侯之禮，所謂間問也。」即其事也。徵諸金文，其禮在西周亦已具。

△〈叔卣〉云：「王姜史叔吏于大保，賞叔鬱鬯、白金、㸤牛。」（《金文總集》5481）

△〈孟爵〉云：「隹王初桒于成周，王令孟寧登（鄧）伯，賓貝。」（《金文總集》4204）

△〈史頌𣪘〉云：「王才宗周，令史頌𧗩（省）穌，……穌賓章馬𦥑匹、吉金。」（《金文總集》2753）

〈孟爵〉及〈睘卣〉、〈睘尊〉所謂「安」、「寧」，即禮書所言「撫」。〈史頌𣪘〉所謂「省」者，亦當即「五歲徧省」之「省」，與「安」、「寧」意義略同。《左傳》莊公二十七年「杞伯姬來，歸寧也」，杜注云：「寧，問父母安否。」銘文云「安夷伯」、「寧鄧伯」、「省穌」云云，蓋亦皆言問其安否耳。楊樹達以爲「寧人必有物以將意，非僅以言而已」〔註37〕，其說是矣。就金文與禮書比勘之，其大異者則禮書所載止於王使近臣於邦國侯伯，而金文所見則其任

〔註36〕《古籀拾遺》卷下頁2，華文書局，1971年。
〔註37〕《積微居金文說》卷二頁55〈孟爵再跋〉，大通書局，1971年。

使者並及君后與重臣耳。觀乎此，亦可知后夫人之社會地位矣。

（2）封　賞

夫賞賜之事，殷已有之，其事除見銅器銘文外，甲骨刻辭亦有紀錄，兩周初期彝器亦多記載周王及位尊勢高之臣僚賞賜事，而其中不乏后夫人主其事者：

1. 〈令殷〉：「隹王于伐楚白，才炎。隹九月既死霸丁丑，乍冊矢令尊宜于王姜，姜商令貝十朋，臣十家，鬲百人。」（《金文總集》2814）

2. 〈不壽殷〉：「隹九月初吉戊辰，王才大宮，王姜易不壽裘，對揚王休，用乍寶。」（《金文總集》2612）

3. 〈泉白卣〉：「隹王八月，泉白易貝于姜，用乍父乙寶尊彝。」（《金文總集》5462）

王姜、姜是一，與上〈作冊睘卣〉、〈叔卣〉之王姜，學者皆以爲是一人。惟王姜其人，有武王后妃，成王后妃，康王后妃與昭王后妃四說[註38]，迄今尙無定論。所可知者，其爲西周初期某王之后，曾多次隨軍旅出征而已。

4. 〈征人鼎〉：「天君商卒征人斤貝。」（《金文總集》1172）

5. 〈尹姞鼎〉：「穆公乍尹姞宗室于繇林，……君蔑尹姞曆，易玉五品，馬四匹拜稽首對揚天君休，……」（《金文總集》1284）

6. 〈公姞齊鼎〉：「隹十又二月既生霸，子中漁□池，天君蔑公姞曆，吏易公姞魚三百。」（《金文總集》1528）

郭沫若說君即女君，古天子之配之稱[註39]，陳夢家〈西周銅器斷代（二）〉於〈乍冊睘卣〉亦嘗有徵引，且更申論之。以爲王姜稱君，君爲君后之稱。是以春秋稱魯侯之妻爲小君（莊二十二、僖二、文五、十七、宣八、襄二、四、九、昭十一），《左傳》謂之君氏（隱三）。西周金文則稱君、天君、君氏。

〔註38〕郭沫若舊釋成王后，陳夢家說同，見《兩周金文大系考釋》〈令殷〉，〈西周銅器斷代（二）〉〈令殷〉。後郭氏於〈關于眉縣大鼎銘辭考釋〉（《文物》1972年第七期）改訂爲武王后妃邑姜，太公望之女。
唐蘭以爲昭王后，見〈略論西周微史家族窖藏銅器群的重要意義〉，《文物》1978年第三期。
劉啓益謂是康王后，說見〈微氏家族銅器與西周銅器斷代〉，《考古》1978年第五期。

〔註39〕見《兩周金文辭大系考釋》頁14，北京科學出版社，1957年。

君見於〈召卣〉、〈姜鼎〉，天君見於〈友鼎〉、〈征人鼎〉、〈穆公鬲〉、〈子中鬲〉，君氏見於〈五年瑚生段〉。以上諸器，最後一器是西周晚期，兩鬲是西周中期，〈友鼎〉、〈征人鼎〉、〈召卣〉三器是西周初期。因而論斷成王時之王姜、君、天君、皇辟君皆指一人。且此天君、君、君氏之稱沿至成王以後，直至春秋。〔註40〕是據陳說，則天君非天王，亦非天子之稱，而爲君后者蓋可知。尹姞爲穆公之妃，第五器稱尹姞，第六器則稱公姞。尹姞、公姞與王姜同例，乃是身分地位稱號與姓之結合，公尹是其夫穆公稱號。〈尹姞鼎〉之天君與君同指一人，乃周王之后也。〔註41〕〈公姞齊鼎〉即述天君使子中以所漁之魚三百錫公姞。又

7.〈次尊〉：「公姞令叉司田人，叉蒧曆，易馬易裘。」（《金文總集》4869）別有〈次卣〉（《金文總集》5478），銘文相同。此器乃述穆公夫人錫馬與裘于次也。

一九七二年五月，陝西眉縣楊家村出土旟鼎一件，爲成王時器。〔註42〕銘曰：

> 唯八月初吉，王姜易**旟**田三于待劇，師櫓酤兄。用對王休。子子孫
> 其永寶。（《金文總集》1206）

銘記王姜以三田，及尚未收穫之禾稻錫旟。〔註43〕〈令段〉亦記王姜賞乍冊矢令貝十朋，臣十家，鬲百人。是王后亦有權代王給予大臣封賜土地與臣僕也。通考周初彝銘，記載主持封賞者，除周王外，有周公，如〈小臣單觶〉、〈塱方鼎〉；有伯懋父，如〈召尊〉、〈御正衛段〉、〈小臣宅段〉、〈小臣謎段〉（受王命行賞）；有召公，如〈旅鼎〉、〈乍冊大方鼎〉、〈叔卣〉、新出〈董鼎〉；有匽侯，如〈盉鼎〉、新出〈圉鼎〉及〈白矩鬲〉。是知王姜地位之崇高、權力之重大，亦周公輩之匹，堪與殷商之諸婦相比也。王姜而外，西周諸王后妃，其賞錫臣屬而見於彝銘者，有王姒：〔註44〕

　　△〈叔媿方彝〉：「叔媿易貝于王娏（姒）。」（《金文總集》4967）

　　△〈保儇母壺〉：「王娏（姒）易保儇母貝。」（《金文總集》5730）

〔註40〕見《考古學報》第10冊，頁117至118，1955年。
〔註41〕陳夢家〈西周銅器斷代（五）〉，《考古學報》1956年第三期，頁119。
〔註42〕見史言〈眉縣楊家村大鼎〉，《文物》1972年第七期，頁4。
〔註43〕見郭沫若〈關于眉縣大鼎銘辭考釋〉，《文物》1972年第七期。
〔註44〕王姒爲王妃，說見劉啓益〈西周金文中所見的周王后妃〉，《考古與文物》。1980年第四期。

有王俎姜〔註45〕：

△〈戜鼎〉：「王俎姜吏（使）內史友員易戜玄衣、朱襮（襮）裣。」（《金文總集》1316）

其爲諸侯之妃或其他者，有：

△〈奢殷〉：「公姒易奢貝。」（《金文總集》2626）

△〈保侶母殷〉：「保侶母易貝于庚宮。」（《金文總集》2353）

△〈保妕母殷〉：「保妕母易貝于庚姜。」（《金文總集》2363）

公姒者，姒姓婦女，某諸侯之妃也。庚宮即庚姜，西周早期姜姓婦女。〔註46〕

按后夫人賞賚諸臣之事，經傳無文。《周禮・內小臣》云：「后有好事於四方，則使往，有好令于卿大夫，則亦如之。」鄭注曰：「后於其族親所善者，使往問饋之。」彝銘質約，上述受賜者，或有后夫人之族親，非無可能，但輒據《周禮》以律西周禮制，固有未可。故后夫人之賚賞臣僚，蓋當時之常事也。

（3）燕　饗

〈征人鼎〉云：

丙午，天君饗裎酒，才斤。天君賞中征人斤貝，用乍父丁尊彝。（《金文總集》1172）

銘記天君在斤地以酒饗裎（人名），且賞其征人斤貝之事，此猶《春秋經》莊公四年：「夫人姜氏饗齊侯于祝丘」，《左傳》襄公二十六年：「秋，楚客聘于晉，過宋，太子知之，請野享之」，皆饗在朝廷以外地也。

《論語・泰伯篇》：「武王曰：『予有亂臣十人。』孔子曰：『……婦女焉，九人而已。』」武王治官十人，其中有一位是婦人，自馬融、鄭玄以下，多主張是文母，即太姒，文王妃也。〔註47〕此亦可爲周初婦女地位之佐證。而〈征人鼎〉所記天君於斤地饗裎酒，更可正后夫人設饗待賓非禮之說。特自西周中期以後，宗法制度日趨嚴密，男人居於領導之地位，於是男外女內，漸趨嚴格。降及春秋，女不預外事，似已成常禮。是故《左傳》僖公二十二年載「鄭文夫人芈氏、姜氏勞楚子於柯澤」，而君子譏之曰：「非禮也。婦人送迎不出門，見兄弟不踰閾，戎事不邇女器。」是就春秋之世而論，姜氏饗齊侯於祝丘，或不合當時禮制，但亦不可以之範圍西周亦如此。惟禮有權宜變化，

〔註45〕王俎姜爲穆王妃，說亦見劉啓益〈西周金文中所見的周王后妃〉。

〔註46〕見吳鎮烽《金文人名匯編》頁158，北京中華書局，1987年。

〔註47〕劉寶楠《論語正義》則以武王妃邑姜當之，《皇清經解續編》本。

若鄭文夫人之勞楚子，未嘗不可許之爲「權」。蓋楚子伐宋救鄭，鄭爲報德，故先鄭文夫人勞之，後鄭伯具庭實旅百，加籩豆六品，以九獻之禮饗楚子，似不必拘泥焉。

四、士庶人亦可以有饗禮

《左傳》言饗，其主賓關係，除以上所述八類之外，別有亡國貴族饗士卒一類，此與前述者絕異。考《左氏》莊公十三年傳云：「春，（齊侯、宋人、陳人、蔡人、邾人）會于北杏，以平宋亂，遂人不至。夏，齊人滅遂而戍之。」據昭三年及八年傳，遂爲虞舜之後，春秋小國。北杏，齊地，今山東東阿境。遂在山東甯陽西北，接肥城縣界，相去最近。時宋有弑君之亂，齊桓欲修霸業，初主盟會以安定之。陳、蔡遠國來列會，遂以密邇北杏之小國而不至，此其罪也。是故齊滅而戍守之，所以防變焉。遂因氏等即遂之強宗，時遂既國滅廟隳，則似當淪爲庶人，而與凡庶不異，縱然其仍保有貴族世家之禮數，但就事實而言，其設饗以待齊戍，與夫庶人之饗並無不同。

《荀子·富國篇》云：「由士以上，則必以禮樂節之。」是就載籍所記，自天子諸侯以至於士，皆有其所施用之禮制。由於貴賤尊卑有差，其使用何種禮儀亦各有不同。士級之饗，《左傳》未載，《儀禮》十七篇雖多記士之禮，而於士之饗亦復闕如，所可見者乃附諸他禮以行之耳。《儀禮·士昏禮》云：

舅姑共饗婦以一獻之禮。

又云：

歸婦俎于婦氏人。

此記舅姑饗婦之事也。鄭注云：「以酒食勞人曰饗。言俎，則饗禮有牲矣。」賈疏云：「案〈雜記〉云：『大饗卷三牲之俎歸于賓館』，是賓所當得也。饗時設几而不倚，爵盈而不飲，肴乾而不食，故歸俎。此饗婦，婦亦不食，故歸俎也。」是據經文及注疏之說，則饗禮用於昏禮中可知。〈士昏禮〉又云：

舅饗送者以一獻之禮，酬以束錦。姑饗婦人送者，酬以束錦。

賈疏云：「此一獻與饗婦一獻同，禮則異。彼兼有姑，此依常饗賓客之法。」按《周禮·大行人》云：「上公饗禮九獻，侯伯七獻，子男五獻」，是以大夫三獻，士一獻，亦是其差。一獻之禮，謂主人一酌獻賓，賓酢主人，主人又酌自飲，復酌以酬賓也。賈疏所謂常饗賓客法即謂此。而舅姑共饗婦以一獻之禮者，蓋謂舅獻婦，婦酢舅，姑酬婦共成一獻是也。

　　若夫《禮記・曲禮上》云「禮不下庶人」，是語非謂庶人舉無禮也。《周禮・大宗伯》六摯，有庶人執鶩，工商執雞。又《禮記・曲禮下》云：「庶人之摯匹，童子委摯而退」〔註48〕然則禮亦及庶人矣。《儀禮・士相見禮》云：「庶人見于君，不爲容，進退走。」〈曲禮〉孔疏引張逸云：「非是都不行禮，但以其遽務不能備之，故不著于經文三百、威儀三千耳。其有事則假士禮以行之。」〔註49〕孫希旦於《禮記集解》更申述之曰：

> 愚謂庶人非無禮也。以昏則緇幣五兩，以喪則四寸之棺，五寸之椁，以葬則懸棺而窆，不爲雨止，以祭則無廟而薦於寢。此亦庶人之禮也，而曰「禮不下庶人」者，不爲庶人制禮也。制禮自士以上，〈士冠〉、〈士昏〉、〈士相見〉是也。庶人有事，假士禮以行之，而有所降殺焉。蓋以其質野則於節文或有所不能習，卑賤則於儀物或有所不能備也。〔註50〕

此據先儒之說，庶人可假士禮以行，蓋可知也。除此而外，就考古資料顯示，春秋中期，庶人已逐漸普遍使用士禮特一鼎〔註51〕，則庶人之假士禮以行之，殆非鄉壁虛構。禮既可及庶人，則庶人自亦可以有饗禮。陳啓源以爲「古人飫燕食饗皆有常制，未聞庶人而用饗也」〔註52〕，其說恐未必然。

　　綜觀本節所述，可知饗禮有天子之饗，諸侯之饗，大夫之饗，以及士庶人之饗。其禮則通乎上下，惟行禮之隆殺，與儀物之多寡，則視乎饗之之人，與所饗之人以爲之節耳。蓋饗有祭禮有賓禮，二禮初本相因，設盛禮以飲賓，與夫備饋食以廟享，蓋非有以異。廟享自天子達乎庶人，則賓饗蓋亦當然。非謂天子諸侯有饗，而卿大夫以下無之也。

第二節　行饗地點

　　據文獻資料所見，王見諸侯，或諸侯相見，以及諸侯之臣來聘之禮，若行饗禮，則大抵於廟中行之。

〔註48〕按匹，鶩也。《廣雅・釋鳥》作鴄。
〔註49〕《禮記注疏》卷三頁7。
〔註50〕《禮記集解》卷四頁3，蘭臺書局，1971年。
〔註51〕見俞偉超〈周代用鼎制度研究〉，《先秦兩漢考古學論集》頁99至101，文物出版社，1985年。
〔註52〕見陳啓源《毛詩稽古編》〈七月〉「朋酒斯饗」下，《皇清經解》第2冊，頁890，復興書局。

△《周禮・大行人》：「上公之禮，廟中將幣三享，王禮再祼而酢，饗禮九獻。諸侯伯之禮，廟中將幣三享，王禮壹祼而酢，饗禮七獻。諸子諸男之禮，廟中將幣三享，王禮壹祼不酢，饗禮五獻。」

△《晏子春秋・內篇・問下第四》：「晏子使晉，晉平公饗之文室。」

　　《晏子春秋》言晉平公饗晏子於文室，文室即晉文公廟，《左傳》謂之文宮，昭公十七年傳記晉國滅陸渾事云：「獻俘於文宮」是也。《周禮》公侯伯子男將幣三享，皆在廟中，王饗亦然。故〈大宗伯〉賈疏云：「饗，享大牢以飲賓，獻依命數，在廟行之。」〔註53〕後之說者，悉以爲然。故有饗禮在廟，燕禮在寢之說。但徵之彝器，饗或在廟，或不在廟，似無嚴格規定。茲就鄉醴與鄉酒（或鄉）二者分別述之。

一、饗醴之地點

1. 饗醴直言宗廟者二器

△〈穆公毀（蓋）〉：「王夕鄉醴于大室。」（《金文總集》2704）

△〈師遽方彝〉：「王才康寢鄉醴。」（《金文總集》4977）

　　古稱居室爲宮，宗廟亦稱宮，《公羊》文公十三年傳云：「世室者，魯公之廟也。周公稱大廟，魯公稱世室，群公稱宮。」《穀梁》文公三年傳亦云：「周公曰大廟，伯禽曰大室，群公稱宮。」是也。世室即太室，世太一也。經傳稱廟爲宮，故大廟亦稱大宮，《左傳》齊太廟稱大宮，襄公二十五年傳：「慶封盟國人於大宮」，杜注云：「大宮，太公廟也。」鄭太廟亦曰大宮，隱公十一年傳：「鄭伯將伐許，授兵於大宮」，杜注云：「大宮，鄭祖廟。」「大宮」一辭，又見於隱公十一年、宣公三年、十二年、成公十三年、襄公三十年、昭公十八年。金文亦有「大廟」、「大室」、「大宮」，蓋同爲始祖之廟。大廟見於

〈免毀〉　　（《金文總集》2762）

〈趠鼎〉　　（《金文總集》2783）

〈同毀〉　　（《金文總集》2789）

〈師兌毀〉　（《金文總集》2830）

大室見於

〈呂鼎〉　　（《金文總集》1263）

〔註53〕見《周禮注疏》卷一八頁17，「以饗燕之禮親四方之賓客」下。

〈剌鼎〉　　　（《金文總集》1276）

〈師奎父鼎〉（《金文總集》1305）

〈敔段〉　　　（《金文總集》2687）

〈師毛父段〉（《金文總集》2725）

〈智段〉　　　（《金文總集》2726）

〈弭伯段〉　　（《金文總集》2769）

〈叡段〉　　　（《金文總集》2770）

〈裘衛段〉　　（《金文總集》2775）

〈走段〉　　　（《金文總集》2776）

〈天亡段〉　　（《金文總集》2777）

〈師𩰬段〉　　（《金文總集》2838）

〈師訇段〉　　（《金文總集》2856）

〈趩尊〉　　　（《金文總集》4868）

此與經傳所云「大室」同，乃大廟之別稱也。大宮見於〈不嬰段〉（《金文總集》2612）。康帚者，康宮之後寢也。《禮記·月令》寢廟二字屢見，亦見《左傳》襄公四年、二十三年，二字統言不分，析言則有別。《爾雅·釋宮》云：「室有東西廂曰廟，無東西廂曰寢。」《禮記·月令》：「仲春之月，……乃脩闔扇，寢廟畢備」，鄭注云：「凡廟前曰廟，後曰寢」是也。唐蘭〈西周銅器斷代中的康宮問題〉一文中，於宮寢廟三者之區分，說頗簡明，茲錄之於后：

> 其實「宮」和「寢廟」，確實是有些區別的。「宮」是總名，是整所房子，外面有圍牆包起來的，「廟」和「寢」都在宮內，「廟」是室而有東西廂的，在前，「寢」是有室而無東西廂的，在後。宗廟之所以稱爲宮，就是從生人所住的宮室轉化過來的。古代人迷信，把死人看得同活人一樣，活人有宮，死人也得有「宮」，活人有寢，死人也得有「寢」，活人有朝，死人也得有「朝」，又稱爲「廟」。總之，宗廟根本是仿照生人所住整套房屋來建立的。〔註54〕

2. 饗禮行於行宮者一器

△〈長甶盉〉：「佳三月初吉丁亥，穆王才下淢厧，穆王鄉醴，即井白大祝

〔註54〕《考古學報》1962 年第一期，頁 31。

射。」(《金文總集》4448)

応，郭沫若釋居，陳夢家謂即《說文》之廙，行屋也。〔註 55〕陳說殆是。応蓋即周王臨時性之處所，爲天子出行所居，猶後世行宮之類。其字亦見於〈蔡𣪘〉，其辭云：

隹元年既望丁亥，王才淢应。旦，王各廟，即位。宰𦥑入右蔡立中廷。王乎史尤冊命蔡。王若曰：「蔡，昔先王既令女乍宰，𤔲王家，今余隹𤕌𦎫乃令，令女眔曰，𣪕正對各，从𤔲王家，外内毋敢有不聞，𤔲百工．出入姜氏令，氒又見又即令，氒非先告蔡。……易女玄衮衣、赤舄，敬夙夕勿灋朕令。」(《金文總集》2854)

此銘記王在淢地之行屋宗廟，冊命蔡與𦥑同爲王家之宰，「司百工，出入姜氏命」，及受錫之事。

字又從宀作宼，見於〈師虎𣪘〉，其辭云：

隹元年六月既望甲戌，王才杜宼，㣿于大室。井白內右師虎即立中廷，北鄉。王乎內史吳曰：「冊令虎。」王若曰：「虎，𢦏（載）先王既令乃祖考事，啻（適）官𤔲左右戲緐荊。今余隹帥井先王令，令女更（賡）乃祖考，啻官𤔲左右戲緐荊，敬夙夜勿灋朕令。易女赤舄，用事。」。(《金文總集》2829)

此銘記王在杜地之行屋大室，冊命師虎襲祖考舊官，且錫赤舄之事。

據上列二器銘辭，可知在行屋中，亦設有廟或大室，是以唐蘭以爲「周王有專設之宗廟，如京宮、康宮等，但在每一離宮或行宮裏，也都附設宗廟」〔註 56〕，說蓋可從。然則在下淢之行屋，或亦有宗廟之設，而穆王所行饗醴，殆亦在廟中，惟銘文未明示之而已。

3. 饗醴行於某宮者一器

△〈大鼎〉：「隹十又五年三月既霸丁亥，王才䵼侲宮，大以氒友守，王鄉醴。」(《金文總集》1301)

䵼侲宮一辭，說頗紛歧。郭沫若疑䵼侲爲人名或宮名而未定。魯實先先生以䵼爲地名，侲宮爲宮名（謂養侲子事歌舞戲樂之宮，猶漢之平樂觀也），其文例如周康宮、周邵宮、周般宮、周新宮，周爲其地名，康、邵、般、新，爲其宮名。齊思和以䵼侲宮爲周廟，黃公渚謂即社宮，唐蘭則以爲䵼侲宮中

〔註 55〕郭說見《兩周金文辭大系考釋》頁 73，陳說見〈西周銅器斷代（五）〉頁 123。
〔註 56〕見〈西周銅器斷代中的康宮問題〉，《考古學報》1962 年第一期，頁 3。

亦必定會有宗廟。〔註57〕

按龢㑚宮亦見於〈十二年大𣪘蓋〉，其辭曰：

> 隹十又二年三月既生霸丁亥，王才龢㑚宮，王乎吳師召大，易趞𥨊里。王令善夫豕曰（謂）趞𥨊曰：「余既易大乃里。𥨊賓豕章（璋）、帛束。」𥨊令豕曰天子：……。（《金文總集》2812）

此銘記王在龢㑚宮，召大錫趞𥨊里之事。考之典籍，周代賜爵授祿，必於宗廟舉行。《禮記‧祭統》曰：「古者明君，爵有德而祿有功，必賜爵祿於大廟，示不敢專也。」〈祭義〉曰：「爵祿慶賞，成諸宗廟，所以示順也。」《白虎通‧爵篇》亦曰：「爵人于朝者，示不私人以官，與眾共之義也。封諸侯于廟者，示不自專也。明法度皆祖之制也，舉事必告焉。」〔註58〕檢索西周彝銘，所見冊命禮儀之舉行地點，大抵亦皆行於周之宗廟，與文獻資料契合。其言周都以外者，僅〈免尊〉之錫命於鄭，則後王之所都也；〈師酉𣪘〉之錫命於吳大廟，則爲諸侯之宗廟也；〈蔡𣪘〉之於雝应，〈師虎𣪘〉之於杜宼，〈元年師旋𣪘〉之於減应，則皆周王之離宮；至於〈中𣪘〉之於寒𬮲，則行之於旅次等少數之器而已。〔註59〕然除〈中𣪘〉外，亦均於「大室」或「廟」中舉行。是「龢㑚宮」之性質雖猶待瞭解，但齊思和以爲即周廟，唐蘭說其宮裏亦必有宗廟，要亦不離西周錫命儀式多在宗廟之實，殆或可採。綜上所述，則王鄉醴而於龢㑚宮舉行，蓋與文獻所言行乎宗廟不違也。

4. 饗醴行於某地者二器

△〈三年㿝壺〉：「隹三年九月丁巳，王才奠（鄭），鄉醴。乎虢叔召虢，易羍俎。」（《金文總集》5796）

〔註57〕 齊說見〈周代錫命禮考〉，《燕京學報》第三十二期，頁203。

黃說見《周秦金石文選評註》頁54，商務印書館，1976年。

唐說同上，頁31。

郭說見《兩周金文辭大系考釋》頁88。

魯先生說見〈大鼎疏證〉，《周代金文疏證四編》，頁12，手稿抄本，國科會，1972年。

〔註58〕 見陳立《白虎通疏證》卷一頁14，《皇清經解續編》本。

〔註59〕 參見黃然偉《殷周青銅器賞賜銘文研究》，頁85至87，香港龍門書店，1978年。

張光裕〈金文中冊命之典〉，《中國文化研究所學報》第10卷下冊，頁242至252，香港中文大學，1979年。

陳漢平《西周冊命制度研究》，頁95至100，上海學林出版社，1986年。

△〈鄂侯鼎〉:「王南征，代角䚟，唯還自征，才坏，噩（鄂）侯駿（馭）
方内豐于王，乃䰜之，駿（馭）方聲王。王休宴，乃射，駿（馭）方卿
王射。駿（馭）方休闌。王宴，咸飲。」(《金文總集》1299)

按「王才鄭」之鄭，當即《免尊》之「鄭」，後王之所都也。郭沫若曰:「奠當
是井叔食邑所在之鄭，即西鄭也。《漢書·地理志》京兆尹鄭縣下，注引臣瓚曰:
『周自穆王以下都于西鄭。』師古非之，謂『穆王以下無都西鄭之事』。今本器
言『王在奠』，與它器言『王在周』者同例。又〈農卣〉言:『王在隯匠』，其字
殆亦奠字之異，則臣瓚所言確有所本。蓋自穆王以來，于西鄭設有離宮別苑，
王則時往就居也。」唐蘭、陳夢家亦均據《紀年》爲說，以〈免尊〉之鄭，即
穆王嘗居之鄭宮。〔註60〕是〈免尊〉之大室，亦即鄭宮之大室，故策命賜賞亦
於此行之，而行饗亦或於此。〈鄂侯鼎〉銘蓋記周王南征還在坏，鄂侯馭方觀王，
且向王獻納醴酒，王受醴並賜饗鄂侯，且行射禮，射畢又宴也。坏，〈競卣〉作
斞，地望不詳，蓋爲師旅所經之所。王國維疑即大坏山，郭沫若謂在河南氾水
縣。〔註61〕是不論其地望爲何，諸家俱以坏爲野地可知也。

二、饗酒（饗）之地點

1. 饗酒行於某地者四器

△〈尹光鼎〉:「乙亥，王□才彙鍊，王鄉酉，尹光邐，佳各，商貝。」(《金
文總集》1208)

△〈宰甫殷〉:「王來戰（狩），自豆彔，才後鍊，王鄉酉，王姜宰貝五朋。」
(《金文總集》2599)

△〈征人鼎〉:「丙午，天君鄉禮酉，才斤。」(《金文總集》1172)

△〈三年癲壺〉:「己丑，王才句陵，鄉逆酉。乎師壽召癲，易彘俎。」(《金
文總集》5796)

在某鍊者，甲金文習見，某爲地名，鍊讀爲次，師所止也。《左傳》莊公
三年云:「凡師，一宿爲舍，再宿爲信，過信爲次」，《穀梁傳》云:「次，止
也」，是也。蓋指王之外出臨時駐于某地言之。斤與句陵，其地望不可確考。

〔註60〕郭說見《兩周金文辭大系考釋》頁91，唐說見《西周青銅器銘文分代史徵》
　　　　頁 369，陳說見〈西周銅器斷代（六）〉，《考古學報》第 14 冊，頁 110 至
　　　　111。
〔註61〕王說見《觀堂別集》卷二頁 3〈鄂侯駿方鼎跋〉，世界書局。
　　　　郭說見《兩周金文辭大系考釋》頁 107，北京科學出版社。

2. 饗酒疑在宗廟者一器

△〈遹𣪘〉：「隹六月既生霸，穆王才葊京，乎漁于大池，王鄉酒。遹御，亡遣。穆王親易遹鞞。」（《金文總集》2734）

葊字，《說文》所無，葊京，或謂鎬京，或謂豐京，或以爲與豐、鎬俱別，迄無定論。〔註62〕大池，亦見〈靜𣪘〉，學者皆以爲即辟雍大池，〈麥尊〉「王乘于舟爲大豐」之處。葊京有宗廟大室（見〈𢎥叔簋〉），王嘗來此酓祀（見〈麥尊〉），銘記穆王在葊京先呼令射魚于大池，而後設饗以慰臣下辛勞。此器先漁而後饗，即先射而後饗，與〈長由盉〉先饗而後射，正好顛倒其次序。而此所饗者是酒，彼所饗者是醴，此又一不同。〔註63〕葊京既有大室，則饗酒於斯舉行，亦無可疑也。

3. 饗行於宗廟者一器

△〈虢季子白盤〉：「王各周廟宣廚，爰鄉。」（《金文總集》6790）

周廟者，宗周之廟也。凡兩周彝器，僅稱周者，乃謂宗周，即鎬京也。其在洛邑，則曰成周（說詳魯實先先生《虢季子白盤疏證》）。宣廚，〈𢱽𣪘〉作「宣射」，乃行射之處，爲習射講武之所，亦即〈十五年趞曹鼎〉、〈師湯父鼎〉、〈匡卣〉之射廬也。〔註64〕宣廚亦見春秋，《左氏》宣公十六年經云「夏，成周宣榭火」是也。《爾雅釋宮》云：「室有東西廂曰廟，無東西廂有室曰寢，無室曰榭。」《禮記·月令》孔疏引李巡云：「但有大殿無室名曰榭。」又引郭景純云：「榭，今之堂埠。」〔註65〕《書·泰誓》孔疏引孫炎曰：「榭但有堂也。」〔註66〕又《左氏》宣公十六年經，杜注榭謂屋歇前，孔疏云：「歇前者無壁也，如今廳事也。」廳事即堂埠。然則榭之爲物，蓋但有堂而無四壁者也，亦即止有楹柱而無牆壁也。故魯實先先生曰：「夫習射講武之廚、榭，與射廬，以其寬敞，可容師旅，故振旅飲至，策勳頒賞，最便射廬行之，此所以虢季子白頒師飲至，即於宣廚行之，宣廚隸於宗廟，是以盤銘云：『王各

〔註62〕葊京，吳大澂以爲即鎬京，見《說文古籍補附錄》頁 12。郭沫若謂即豐京，見《兩周金文辭大系考釋》頁 55。黃盛璋則以爲葊鎬豐三者各別，見〈關于金文中的葊京（葊）萬豐邦問題辨正〉，《中華文史論叢》，1981 年第四輯。

〔註63〕參見〈西周銅器斷代（六）〉頁 86，《考古學報》1956 年第四期。

〔註64〕〈𢱽𣪘〉見《金文總集》2807，〈十五年趞曹鼎〉見《金文總集》1278，〈師湯父鼎〉見《金文總集》1273，〈匡卣〉見《金文總集》4882。

〔註65〕見《禮記注疏》卷一六頁 7。按《漢書》作堂皇，〈胡建傳〉「列坐堂皇上」，顏注云：「室無四壁曰皇。」見《漢書》（標點本）頁 2911，鼎文書局。

〔註66〕見《尚書注疏》卷一一頁 5。

周廟宣廚爰鄉。』」〔註67〕

　　綜上所述，則知西周之世，天子饗醴多在宗廟，饗酒多在野地，其輕重隆卑，較然顯明。降及春秋，諸侯分立，朝聘會盟，交際稱煩，設饗待賓，事例多矣，按諸《左傳》，可以知之。其明著地名者，凡十見，試爲表如后：

編　年	饗者－受饗者	地　點	備　註
莊四年	夫人－齊侯	祝丘	杜注：「祝丘，魯地。」
莊二十一年	鄭伯－周王	闕西辟	
僖二十八年	周王－晉文公	踐土	踐土，鄭地。杜注：「（晉楚城濮之戰）襄王聞晉戰勝，自往勞之，故爲作宮。」
襄十年	宋公－晉侯	楚丘	沈欽韓《左傳地名補注》：「即曹之楚丘。」
襄十九年	魯公－晉六卿	蒲圃	杜注：「蒲圃，場圃名。」（襄四年傳注）
襄二十五年	齊侯－莒子	北郭	靠北之外城。（襄十八年傳：「壬寅，焚東郭、北郭。」）
襄二十六年	宋太子－楚客	野享	
襄二十七年	鄭伯－趙孟	垂隴	垂隴，鄭地。（文二年經杜注）
昭七年	楚子－魯公	新臺	新臺，楚臺名。
昭十一年	楚子－蔡侯	申	申，姜姓國，伯夷之後。魯莊之時，已爲楚滅，爲楚之大邑。隱元年杜注：「今南陽宛縣。」

　　《左傳》言饗六十有六（含經一見），其行饗明著某地者，有上列十見。是可知春秋之世，饗禮之舉行，固有不在宗廟者也。《左氏》定公十年傳：

　　　齊侯將享公，孔丘謂梁丘據曰：「齊魯之故，吾子何不聞焉。事既成矣，而又享之，是勤執事也。且犧象不出門，嘉樂不野合。饗而既具，是棄禮也。若其不具，用秕稗也。用秕稗，君辱；棄禮，名惡。子盍圖之。夫享，所以昭德也。不昭，不如其已也。」乃不果享。

孔疏云：

　　　此言不出門不野合者，謂享燕正禮當設於宮內，不得違禮而行，妄作於野耳。諸侯相見之禮，享在廟，燕在寢，不得行於野。僖二十八年晉侯朝王于踐土，王享醴，命之宥；襄十年，宋公享晉侯於楚丘，請以桑林；十九年，公享晉六卿于蒲圃；二十七年，鄭伯享趙

〔註67〕　見〈虢季子白盤〉，《周代金文疏證四編》頁64。

　　　孟于垂隴，如此之類，春秋多矣，或特賞殊功，或畏敬大國，皆權
　　　時之事，非正禮也。

按尊彝在廟，以待祭祀，若行饗在廟，亦得用之。是故《周禮‧小宗伯》云
「辨六彝之名物，以待果將。辨六尊之名物，以待祭祀賓客」，此即言祭祀、
賓客皆得用尊彝也。《國語‧周語中》記述周定王之言曰：「擇其柔嘉，選其
馨香，潔其酒醴，品其百籩，修其簠簋，奉其犧象，出其尊彝，陳其鼎俎。」
此尤為饗祭同用尊彝之明證。惟在野外設饗，則不得用祭祀之尊，是以齊侯
將享公於夾谷，而孔子有「犧象不出門，嘉樂不野合」之言。據傳文，可知
孔子之意，蓋謂若饗之野，使犧象盡具，是齊之棄禮也；若不具犧象嘉樂，
則猶不用五穀而用秕稗，是不以禮待人也。但孔子並不以饗禮行於野外為非
是，特以饗而不具禮，有辱行饗者耳。孔穎達說特賞殊功，畏敬大國，或為
事實，但似不必拘泥以非正禮。

　　夫古之社會，敬鬼神而崇先祖，故有宗廟之設。舉凡重大事故，多於宗
廟舉行，所以示不敢專也。殷代雖無廟稱，但已有宗廟之存在。〔註68〕卜辭
有宿字，于省吾以為即宗廟太室之廣廷，其言曰：

　　　古代太室中央謂之廷，說詳王國維《明堂廟寢考》。商器〈𠂤卣〉：「乙
　　　子，王曰隩文武帝乙俎，才𪊒大廟。」廟作𪊒，从广與从宀一也。
　　　大廟即大廷，亦見〈小盂鼎〉，大廷謂宗廟太室之廣廷。《逸周書‧
　　　大匡》之「朝于大庭」，謂明堂之大庭也。古者各封國皆有宗廟，宗
　　　廟皆有太室，周代金文言王才某地或某國而格于大室者習見。甲骨
　　　文稱：「才宿」（《佚》九九四），言在廷也。……甲骨文稱：「□小乙
　　　于宿。」（《粹》二八一）當謂祭小乙于廷也。又：「弜鄉廟，鼎隳必。」
　　　（《粹》五四一）廷與必為對文，必即宓。言弗饗于廷，而鼎隳于宓
　　　也。廷謂太室中央，宓謂室內也。〔註69〕

是據卜辭，則宿為祭祀之所，亦是饗宴之所，殷商之際，饗或行於宗廟也。
惟嚴一萍以為卜辭「王其鄉在宿」（《佚》二二〇）、「弜鄉宿鼎尊宓」之宿，「☑
亳土鄉」（《甲》二七七三）之亳土，皆為地名，故有在某地饗之說。〔註70〕

〔註68〕 石璋如以為河南安陽小屯殷代基址中之乙組基址為宗廟所在，說詳《殷虛建
　　　　築遺存》第三章，中研院史語所，1959年。
〔註69〕 《甲骨文字釋林》頁85至86，大通書局，1981年。
〔註70〕 說見〈說鄉〉，《中國文字》新一期，藝文印書館，1980年。

特以甲文質約，莫得究焉。

綜合文獻與金文資料所見，大抵饗禮行乎宗廟，但「禮從宜」（〈曲禮上〉），杜注僖公二十八年傳云：「襄王聞晉戰勝，自往勞之，故爲作宮。」杜說雖不知其所據，但此亦情理之中。明乎此，則饗在野當是權宜，在廟是禮常也可知。

第三節　行饗時間

饗禮舉行之時間，經無明文。惠士奇《禮說》卷五「食米條」云：「饗在朝，燕至夜，質明行事，日中禮成。」〔註71〕此饗在朝之說也。許維遹《饗禮考》云：「饗主敬，燕主歡，敬當在晝，歡當在夜。祭與饗同，舉祭在晝，則行饗亦必在晝，可以類推矣。」又云：「饗當在夕食前。」〔註72〕此饗在夕食前之說也。

按惠說蓋據〈聘義〉文立說，其說殆有可疑。〈聘禮〉云「質明而始行事，日幾中而後禮成」，說者無異辭。至設饗以待賓，必質明行事，日中禮成，不僅經無明文，先儒亦未見有說。蓋聘、饗本爲各自獨立之禮典，而饗禮亦是某一巨典組成之一部分，故〈聘禮〉云「公於賓，一食再饗」，明非一日可成也。此猶燕禮、鄉飲酒禮，亦本爲各自獨立之禮典，然「諸侯之射也，必先行燕禮，卿大夫之射也，必先行鄉飲酒之禮」（《禮記‧射義》），則又爲燕射、鄉射組成之一部分。當其爲獨立禮典行使時，其行禮時間，未必與「爲某一巨典組成之一部分」相同，此據〈聘禮〉行禮節次，將幣與禮賓同日，饗食則不同日可知。惠氏似強合行饗時間於行聘之中，是有未當也。許說饗在夕食前，爲較得其實。惟彼以爲饗在晝，其有在夜者，此雖名饗而實燕，此說證諸西周彝銘，殆有未合。〈穆公殷〉云：

> 隹王初女□，迺自商自復還，至于周。王夕鄉醴于大室。（《金文總
> 集》2704）

〈穆公殷〉爲西周中期器物。〔註73〕銘記周王視察商自返周，行告至後，當日暮夕即以醴酒饗宴隨行眾臣，以慰其辛勞。通考彝器，言鄉醴者五見，言鄉酒者亦五見，而明著行饗時間雖僅此一器，但亦足以爲西周行饗，或可在夜夕之確證。《禮記‧樂記》：「五帝殊時，不相沿樂；三王異世，不相襲

〔註71〕《皇清經解》，第3冊，頁2201，復興書局，1972年。
〔註72〕見《清華學報》第14卷第一期，頁142至143。
〔註73〕見彭曦等〈穆公殷蓋銘文簡釋〉，《考古與文物》1981年第四期，頁28。

禮」，〈禮器〉：「禮，時為大」，是知禮乃隨時而改易，非一成不變也。《論語·八佾篇》載孔子答子張問「十世可知也」，云：

> 殷因於夏禮，所損益可知也。周因於殷禮，所損益可知也。其或繼
> 周者，雖百世可知也。

夏商周之禮，雖或一系相承，而亦各有損益。各有損益，亦即〈樂記〉所謂「不相襲禮」，是也。叔孫通為漢制禮，亦嘗云：「禮者，因時世人情為之節文者也。」〔註74〕可知禮應隨時而改變。是故此種西周入暮之後，尚可舉行之饗禮，降及春秋，似已略有改變矣。

據文獻資料，饗禮之在春秋，或已無在入暮之後始行之者。《左氏》成公十二年傳云：

> 晉郤至如楚聘，且涖盟。楚子享之，子反相，為地室而懸焉。郤至
> 將登，金奏作於下，驚而走出。子反曰：「日云莫矣，寡君須矣，吾
> 子其入也。」賓曰：「君不忘先君之好，施及下臣，貺之以大禮，重
> 之以備樂。如天之福，兩君相見，何以代此？下臣不敢。」

按沈欽韓《春秋左氏傳補注》卷六「金奏作于下」條云：「下者，堂下也。凡升歌在堂上，鐘磬之等並在堂下。故〈皋陶謨〉『下管鼗鼓，合止柷敔，笙鏞以間』，〈郊特牲〉『歌者在上，匏竹在下』是也。〈燕禮·記〉『若以樂納賓，則賓及庭奏〈肆夏〉』，注云『〈肆夏〉，樂章。以鐘鏞播之，鼓磬應之，所謂金奏也。』此郤至登時，其金奏即是〈肆夏〉。郤至驚者，以非人臣所受禮。晉享穆叔金奏〈肆夏〉之三不拜，與彼同也。孔疏不解鐘磬本在堂下，因謂作于地室，故驚郤至，此直兒戲，豈成解經。」〔註75〕沈以金奏為〈肆夏〉，據傳下文「兩君相見，何以代此」為說，極諦。據襄公四年傳，與〈禮記·仲尼燕居〉「兩君兩見，入門而金作」，則〈肆夏〉本是天子享元侯，或諸侯自相饗之樂曲。郤至以為楚子以諸侯之樂享己，若晉楚兩君相見，使臣不敢當之，是以驚而走出也。而子反曰「日云莫矣」云云，章太炎《春秋左傳讀》引《賈子·修政語》「旭旭然如日之始出，暭暭然如日之正中，暗暗然如日之已入」，謂此「日莫」之「莫」，即「暭暭然」之「暭」，則「日云莫矣」，實為日將正中。楊伯峻以為剛迎賓行禮，不能日將正中，「日云莫矣」，僅表示

〔註74〕見《漢書·叔孫通傳》（標點本）頁2126，鼎文書局，1981年。

〔註75〕《春秋左氏傳補注》卷六頁10，《皇清經解續編》本，藝文印書館。

時間已不早而已。〔註76〕斯則與惠士奇說無異。蓋亦均以〈聘禮〉始於晨，終於午前爲說。案諸傳文，其說殆有未安。意子反之催促郤至速入廟，蓋以入暮之後，不行饗禮故也。但晝行禮，而至夜者，蓋不在此限。知者，《左氏》僖公二十二年傳云：

> 丁丑，楚子入饗於鄭，九獻，庭實旅百，加籩豆六品。饗畢，夜出，
> 文芈送于軍。

審諸文理，「饗畢」、「夜出」連言，則其行饗直至入夜而畢也。是知饗禮之舉行，或晝或夜，初未一致。西周中期以後，禮制漸趨完密，迨及春秋，饗在晝，燕在夜，似已漸成定制。但饗禮容有由晝至夜者，於當時亦非不合禮也。〔註77〕

第四節　行饗備物

一、物兼食燕

　　先儒言饗，大抵以天子饗諸侯爲正，兩君相見次之〔註78〕，此則皇侃所謂正饗之禮是也。若夫諸侯之臣，入聘王朝，或出聘鄰國，則當以其爵等爲之禮，此則皇侃所謂折俎之饗是也。惜乎饗禮久佚，其名物詳數，不可盡考，其散存於載籍者，亦止能獲其粗略。至於諸侯之卿大夫相爲國客之禮，其饗客之物，尤難考知。茲就正饗之禮所能考見者，略述如后，而涉及折俎之饗者，則附焉。

〔註76〕《春秋左傳注》頁857，北京中華書局，1981年。

〔註77〕許維遹云「楚子入享于鄭，享畢夜出。行禮在晝，燕飲在夜，享亦燕也」，許說乃謂此雖名饗而實燕，斯說殆有未然也。按楚成王入于鄭都，鄭文公饗以「九獻，庭實旅百，加籩豆六品」，其前一日，鄭文夫人勞之於柯澤，所以有如此殊禮者，所以報成王伐宋救鄭也。又〈晉語四〉云「（重耳）遂如楚，楚成王以周禮九獻，庭實旅百」，則「九獻，庭實旅百」爲國君相饗之禮。韋注《國語》此文謂九獻爲上公之享禮，蓋本〈大行人〉「上公之禮，饗禮九獻」爲說，杜預用韋義，謂九獻酒而禮畢。孔疏謂楚實子爵，以霸主自許，故鄭以極禮待之。秦蕙田以九獻爲天子享元侯之禮，鄭伯享楚子，乃兩君相見，不當用九獻，謂此爲鄭之失禮。自韋昭以降，鄭伯饗楚成王，其用九獻之說，容或有異，但皆視爲重禮。且「九獻庭實旅百，加籩豆六品」，實非燕禮所宜有。蓋饗亨大牢，獻依命數，正禮外，或加籩豆，燕則一獻之後，盡醉無度，二禮畫然有別。

〔註78〕參見諸錦《補饗禮》頁16，《四庫全書》本，商務印書館。
　　　　秦蕙田《五禮通考》卷一五六頁2，新興書局，1970年。

有庭實旅百

△《左氏》僖公二十二年傳:「楚子入饗于鄭,九獻,庭實旅百,加籩豆六品。」杜注:「庭中所陳,品數百也。」孔疏云:「饗禮既亡,庭實所有,及所加籩豆,無以言之。然鄭注《周禮》,饗禮兼燕禮食禮,與飧禮略同。〈掌客〉云:饔餼之禮,其死牢如飧之陳。上公飧五牢,飪一牢,陳在西階之前。正鼎九:牛一、羊二、豕三、魚四、腊五、腸胃六、膚七、鮮魚八、鮮腊九,從北南陳。又有陪鼎三:膷鼎一,在牛鼎之後。臐鼎一,在羊鼎之後。膮鼎一,在豕鼎之後。腥四牢,陳於東階之前,牢列九鼎,無陪鼎也。侯伯飧四牢,飪一牢,腥三牢。子男飧二牢,飪一牢,腥二牢,其陳列皆如上公。又上公醯六十甕,從陳於庭碑東,醢六十甕,從陳於碑西。侯伯醯醢百甕,子男八十甕,其陳如上公。又上公米百有二十筥,橫陳於醯醢之間,侯伯百筥,子男八十筥,陳如上公。此飧禮庭實之物,饔餼亦然。〈掌客〉上公豆四十,侯伯三十二,子男二十四。……然籩數亦然。」(下尚引《周禮·籩人》職掌四籩之實,〈醢人〉職掌四豆之實,文長從略。)

△《國語·晉語四》:「(重耳)遂如楚,楚成王以周禮享之〔註79〕,九獻,庭實旅百。」韋注:「庭實,庭中之陳也。百,舉成數也。《周禮》上公出入五積,饔餼九牢,米百有二十筥,醯醢百有二十甕,禾十車,芻薪倍禾。」

　　庭實旅百者,諸侯朝於天子,或相互聘問,必將禮物陳列庭內,謂之庭實。旅,陳也。百舉成數言之,以見其多耳。按《禮記·聘義》載有待賓之法,其文曰:

> 主國待客,出入三積,餼客於舍。五牢之具陳於內。米三十車,禾三十車,芻薪倍禾,皆陳於外。乘禽日五雙,群介皆有餼牢,壹食再饗,燕與時賜無數,所以厚重禮也。

此蓋言備設待賓之物,所以豐厚尊重行聘之禮。其天子待諸侯之禮,及諸侯相待之法,賓主玉帛之節,饔餼飧積之差,米禾薪芻多少,饗食牲牢隆殺,皆文具〈掌客〉。是饗食本待賓法之一也。然韋昭、孔穎達引〈掌客〉之文為說,饗禮中居然有飧積饔餼之陳列,則其非饗客之物,而為厚待賓客之禮品,

---

〔註79〕俞樾《群經平議》卷二九謂周禮之周當作君,以古文相似而誤。以君禮享之,謂以國君之禮享之。

亦可知矣。庭實旅百，亦見莊公二十二年傳，惟彼爲諸侯所以獻王，僖公二十二年所載爲鄭伯所以待楚子，〈晉語〉所載爲楚成王所以待重耳，皆爲陳於庭中之禮品也。重耳非國君，而楚成王以君禮九獻，庭實旅百厚待之。此與〈晉語四〉下文「秦伯（穆公）享公子，如享國君之禮」同。

有體薦（一曰房烝）

△《左氏》宣公十六年傳：「王享有體薦，宴有折俎，公當享，卿當宴，王室之禮也。」杜注：「享則半解其體而薦之，所以示共儉；體解節折，升之於俎，物皆可食，所以示慈惠也。」孔疏：「王公立飫，即享禮也。半解其體而升於俎，謂之房烝。傳言體薦即房烝也。」

△《國語·周語中》：「王公立飫則有房烝，親戚宴享則有殽烝。」韋注：「房，大俎也。《詩》云『籩豆大房』，謂半解其體升之房也。殽烝，升體解節折之俎也，謂之折俎。」

殽即肴，肴者牲解之後，骨肉交錯者也。鄭注〈曲禮〉云：「殽，骨體也」，孔疏云：「孰肉帶骨而臠曰殽。」〔註80〕是其義也。古解牲有豚解、體解二法：豚解者，解爲七體，脊及兩脅、兩肩、兩腿也。體解者，分爲九體或十一體，其目具見〈特牲〉、〈少牢〉，楊復《儀禮旁通圖》、凌廷堪《禮經釋例》釋牲，亦皆有說。《禮記·禮運》「腥其俎，孰其殽」，鄭注云：「腥其俎，謂豚解而腥之；孰其殽，謂體解而爛之。」豚解即傳所云「享有體薦」，體解即傳所云「宴有折俎」。體薦爲腥俎，乃牲之豚解而生者。折俎即用體解而爛之於湯。是故體薦只是虛設，不可食。折俎則可食，故《國語》云「體解節折而共飲食之」（〈周語中〉）定王語）是也。

又宣公十六年：「冬，晉侯使士會平王室，定王享之，原襄相禮，殽烝」，而定王曰「公當享卿當宴，王室之禮也」，孔疏云：「若使卿來，雖爲設饗，仍用公之燕法，亦用折俎，是王室待賓之禮也。」然則天子饗諸侯大夫，依其爵命而設折俎。其諸侯之待公卿，禮法亦當然也。故《左氏》襄公二十七年傳云：「宋人享趙文子，叔向爲介，司馬置折俎，禮也。」此言饗趙孟而置折俎，合卿饗宴之禮，故曰禮也。

有太牢

△《周禮·掌客》：「王合諸侯而饗禮，則具十有二牢，庶具百物備。」

〔註80〕《禮記注疏》卷二頁18。

鄭注：「饗諸侯而用王禮之數者，以公侯伯子男盡在，是兼饗之，莫敵用也。」賈疏云：「云王禮之數者，則十二牢，是故哀七年，吳來徵百牢，魯使子服景伯對曰：『周之王也，制禮，上物不過十二，以爲天之大數也。』上公以九爲節，則十二者是王禮之數也。……以經云合則時會殷同，是盡在，於是兼饗，故用十二牢也。」孫詒讓《周禮正義》云：「四時朝覲，五等諸侯皆一一專饗，故牢禮多不逾九，今合諸侯而兼饗之，既不分牢各具，則不得專屬一人，故特用盛禮，與專饗不同也。」〔註81〕

依鄭、賈之說，王合諸侯而兼饗之，則特用盛禮，即用王禮之數，十二牢是也。惟王合諸侯，未必公侯伯子男盡在，鄭玄之說，殆有可疑。〈宰夫〉鄭注：「三牲牛羊豕具爲一牢」〔註82〕，則十二牢，即十二太牢也。若四時朝覲，五等諸侯皆一一專饗，則牢禮多不逾九，即上公以九爲節，侯伯以七爲節，子男以五爲節，此具見〈大行人〉及〈掌客〉。則正饗有太牢是也。

有牲魚

△《周禮‧大司馬》：「大祭祀、饗食，羞牲魚，授其祭。」鄭注：「牲魚，魚牲也。」賈疏云：「饗食，謂諸侯來朝，上公三饗三食之等，行之在廟，故與大祭祀同，皆羞進魚牲。」

按饗有祭禮有賓禮，二禮大略相同，祭祀用牲魚，饗賓亦用焉。

有胾脩

△《禮記‧郊特牲》：「大饗，尚胾脩而已矣。」鄭注：「此大饗，饗諸侯也。」孔疏云：「其行饗之時，雖設大牢之禮，于時先薦胾脩於筵前，然後始設餘饌。」孫希旦《禮記集解》云：「大饗，謂諸侯來朝，而天子享之，及諸侯相朝，而主國饗賓也。胾脩，籩實也。《周禮‧籩人》：『朝事之籩，菱茨栗脯。』大饗雖設大牢之饌，先設胾脩於筵前，然後始設餘饌，故曰尚胾脩。」

胾脩（胾，亦作鍛）與脯、腊，皆爲乾肉之名，惟其大小，析整，與作法略有不同。鄭注《周禮‧腊人》云：「大物解肆乾之，謂之乾肉。薄析曰脯，

〔註81〕《周禮正義》，卷七三頁 47，《國學基本叢書》本，商務印書館。
〔註82〕見《周禮注疏》卷三頁 14，〈宰夫〉「凡朝覲會同賓客，以牢禮之法，掌其牢禮」下注。

梜之而施薑桂曰鍛脩。腊、小物全乾。」〔註83〕又〈膳夫〉賈疏云：「言脩脯也者，謂加薑桂鍛治者謂之脩，不加薑桂以鹽乾之者謂之脯。」〔註84〕是知殷脩也者，蓋取脯而梜打之，使柔軟，且施以薑桂，令有香味者也。

　　孫說殷脩，以爲朝事之籩，據《周禮》，淺茨栗脯爲加籩之實，非朝事之籩。加籩之薦，與加爵相同，故〈內宗〉鄭注，釋加豆籩爲加爵之豆籩，則此爲宗廟之祭，正獻後所羞之籩可知。〔註85〕饗禮亦有加籩豆，據《左傳》僖公二十二年，昭六年，加籩豆在九獻三獻之外。孔氏《正義》以爲「行饗之時，雖設大牢之禮，于時先薦殷脩於筵前，然後始設餘饌」，據此，則殷脩之薦，蓋在正獻之內。二說迥異，經無明文，未知孰是。然而饗有殷脩則是也。

有昌歜

　　△《左氏》僖公三十年傳：「王使周公閱來聘，饗有昌歜。」杜注：「昌歜，昌蒲菹。」孔疏：「昌歜，饗之所設，必是籩豆之實。《周禮‧醢人》：『朝事之豆，其實有昌本麋臡。』鄭玄云：『昌本，昌蒲根，切之四寸爲菹。』彼昌本可以爲菹，知此昌歜即是昌蒲菹也。」

　　△《周禮‧醢人》：「掌四豆之實。朝事之豆，其實韭菹醓醢，昌本麋臡……凡祭祀，共薦羞之豆實，賓客亦如之。」鄭注：「昌本，昌蒲根，切之四寸爲菹。」孫詒讓《周禮正義》云：「賓客亦如之者，賓客謂饗食燕，及致飱饔飪。」

　　昌歜之歜，顧炎武《日知錄》謂應作歠，《玉篇》云昌蒲菹也〔註86〕。據鄭、杜之說，昌歜即〈醢人〉、〈公食大夫禮〉之昌本。蓋以昌蒲根，切之四寸，以爲菹，故古人謂之昌蒲菹，省之則曰昌菹，見《儀禮‧有司徹》。亦謂之昌本菹，見《太平御覽》卷九百九十九引《說苑》，其文曰：「文公好食昌本菹」是也。《說文》云：「菹，酢菜也。」然則昌蒲菹者，其爲酢菜之類歟。昌蒲菹，本天子朝事之豆，其饗諸侯用之，而亦用以饗卿大夫，故魯僖公以之饗周王聘使。

有白黑、形鹽

　　△《左氏》僖公三十年傳：「王使周公閱來聘，饗有昌歜、白黑、形鹽。」杜注：「白，熬稻；黑，熬黍；形鹽，鹽形象虎。」

〔註83〕見《周禮注疏》卷四頁20，〈腊人〉「掌乾肉，凡田獸之脯腊膴胖之事」下注。
〔註84〕見《周禮注疏》卷四頁6，〈膳夫〉「凡肉脩之頒賜皆掌之」下疏。
〔註85〕說見孫詒讓《周禮正義》卷一〇頁77，〈籩人〉「加籩之實」下疏。
〔註86〕見《日知錄》卷五頁120，昌歜條。明倫出版社，1970年。

△《周禮・籩人》:「掌四籩之實。朝事之籩,其實麷蕡、白黑、形鹽、……
　　賓客之事,共其薦籩羞籩。」鄭注:「鄭司農曰:『稻曰白,黍曰黑。』
　　玄謂形鹽,鹽之似虎者。」賈疏云:「賓客之事,謂享燕時,亦共其薦
　　籩羞籩。」

白黑形鹽,即《周禮・籩人》職朝事之籩之白黑形鹽。白黑亦見〈有司
徹〉,其文曰:「婦贊者執白黑以授主婦」,鄭注云:「白,熬稻;黑,熬黍。」
《左傳》僖三十年杜注同。沈欽韓以為白黑用稻黍熬,且沃之以膏。〔註87〕
但據吳達芸之研究,所謂熬,蓋猶今時之「炒」。即將稻黍放在盛器中,其下
加火乾炒,以至於熟。〔註88〕二說未知孰是。形鹽,杜注鹽形象虎,蓋從鄭
說。亦見《周禮・鹽人》,其文曰:「賓客共其形鹽散鹽。」孫詒讓以為惟饗
大賓客與祭祀有形鹽,其燕食及小賓客,並用散鹽。蓋散鹽其味微淡,用多
而品略賤,賓客則次於形鹽,故謂之散。〔註89〕據孫說,則形鹽之為用,或
天子饗諸侯,或諸侯相饗,或諸侯饗天王聘使,餘則惟用散鹽。

有嘉穀

△《周禮・舂人》:「凡饗食共其食米。」鄭注:「饗有食米,則饗禮兼燕
　　與食。」孫詒讓《周禮正義》云:「謂若〈大行人〉上公饗禮九獻,食
　　禮九舉,食禮無獻,饗則兼有食。蓋大饗與祭祀同,亦有饋食之節,
　　是九獻之外,兼有食之九舉矣。其燕禮尤輕,則唯有獻而無食。鄭以
　　饗禮今亡,故據此文推之。」

△〈弭仲簠〉:「弭仲作寶簠,用盛秫稻糕梁,用饗大正,音(歆)王賓。」
　　(《金文總集》2983)〔註90〕

按上言白黑,為朝事之籩,此言嘉穀,則為簠簋之饌,二者有殊。〈舂人〉
「祭祀共其齊盛之米」,鄭注云:「齊盛,謂黍稷稻粱之屬,可盛以為簠簋實」
者是也。據鄭、孫之說,則饗禮兼燕與食,故有黍稷稻粱等熟食,實於簠簋。
按諸〈弭仲簠〉所紀器用,亦可見饗禮非無食也。又按依〈公食大夫禮〉例
之,黍稷簋實,正饌也,稻粱簠實,加饌也。

〔註87〕 見《左傳補注》卷四頁9,《皇清經解續編》本,1965年。
〔註88〕 見《儀禮特牲少牢有司徹祭品研究》頁27。中華書局,1973年。
〔註89〕 見孫詒讓《周禮正義》卷一一頁94,〈鹽人〉「共其形鹽散鹽」下疏。
〔註90〕 《說文》禾部:「秫,稷之粘者。」米部:「糕,早取穀也。」朱駿聲《說文
　　　　通訓定聲》云:「早取穀,謂先熟而取之,其米縮斂者。」

有庶羞

△《周禮·掌客》：「王合諸侯而饗禮，則具十有二牢，庶具百物備。」
孫詒讓《周禮正義》云：「庶具百物備者，〈祭統〉云：『官備則具備，
水草之菹，陸產之醢，小物備矣。三牲之俎，八簋之實，美物備矣。
昆蟲之異，草木之實，陰陽之物備矣。』鄭彼注云：『具謂所共聚物。』
案十二牢爲牲俎，則庶具百物，蓋指庶羞，〈膳夫〉所謂羞用百有二十
品之屬是也。」

按饗有庶羞，經無明文，據孫詒讓之說，〈掌客〉庶具百物，即指庶羞
言，亦即〈膳夫〉羞用百有二十品之屬。鄭彼注云：「羞，出於牲及禽獸，
以備滋味，謂之庶羞。〈公食大夫禮〉、〈內則〉，下大夫十六，上大夫二十，
其物數備焉。天子諸侯有其數，而物未得盡聞。」按《周禮》羞用百二十品，
其名物略見〈內則〉。孫詒讓《正義》謂庶羞爲別於正饌之言，凡祭禮食禮，
三牲骨體腸胃膚魚腊並在俎，肉羹涪在鉶及豆，醬之醯醢，是爲正饌。此外
三牲臘胾炙，及他禽獸蟲魚菜果眾物在籩豆者，並謂之庶羞，是爲加饌，所
以備極珍味，故其數特多也。〔註91〕饗禮既與祭禮相類，而又兼燕與食，
則庶羞加饌，理亦有之。〈膳夫〉羞百二十品，蓋據共王饋食庶豆之大數言
之，其飲酒則又有籩，二者通爲百二十，王與賓客饗食燕蓋亦用之，而數則
有隆殺不同耳。說詳〈膳夫〉孫詒讓疏。

有大羹、鉶羹

△《周禮·亨人》：「祭祀共大羹、鉶羹，賓客亦如之。」鄭注：「大羹，
肉涪。鄭司農云：『大羹，不致五味也；鉶羹，加鹽菜矣。』」賈疏：「饗
食亦應有大羹。」孫詒讓《周禮正義》：「賓客亦如之者，謂賓客饗食
之禮，《大戴禮記·禮三本篇》云『大饗先大羹』是也。」

△《大戴禮記·禮三本》：「大饗俎生魚，先大羹，貴飲食之本。」

按依〈公食大夫禮〉例之，大羹、鉶羹，並爲正饌。

有加籩豆

△《左氏》僖公二十二年傳：「楚子入饗于鄭。九獻，庭實旅百，加籩豆
六品。」

△《左氏》昭公六年傳：「晉侯饗季孫宿，有加籩。」杜注：「籩豆之數，

〔註91〕見孫詒讓《周禮正義》卷七頁80，〈膳夫〉「羞用百有二十品」下疏。

多於常禮。」

△《周禮・籩人》:「加籩之實，菱茨栗脯，……賓客之事，共其薦籩羞籩。」

△《周禮・醢人》:「加豆之實，芹菹兔醢，深蒲醓醢，……凡祭祀，共薦羞之豆實，賓客亦如之。」

按加籩殆即《周禮・籩人》職所謂加籩之實，加豆殆即《周禮・醢人》職所謂加豆之實。加者，謂定禮之外，復有所增添也。《左傳》「楚子入享於鄭，九獻，加籩豆六品」，昭六年傳「晉侯饗之（季孫宿），有加籩」下，又云:「武子退，使行人告曰:『小國之事大國也，得貺不過三獻，今豆有加，下臣弗堪。』」則饗禮之加籩加豆，蓋在九獻三獻之外。加籩加豆之時，必有加爵，故《周禮・內宗》「薦加豆籩」，鄭釋「加豆籩」爲「加爵之豆籩」，是也。按《周禮・掌客》上公籩豆各四十，今加六籩豆，則於八十之外有加也。

有鬱鬯、醴、酒

△《左氏》莊公十八年傳:「虢公、晉侯朝王，王饗醴。」

△《左氏》僖公二十五年傳:「晉侯朝王，王饗醴。」

△《國語・晉語四》:「王入于成周，遂定之于郊，王饗醴。」韋昭注:「饗醴，飲醴酒也。」

△〈宰甫殷〉:「王來獸，自豆彔，才後師，王鄉酒。」

按饗禮之祼，經無明文。《周禮》所載賓客之祼事，注疏皆以禮賓當之。《禮記・郊特牲》云「諸侯爲賓，灌用鬱鬯」，〈禮器〉亦云「諸侯相朝，灌用鬱鬯」，孔穎達說亦同，而皆不及大饗。秦蕙田曰:「《記》云獻之屬莫重於祼，大饗者賓客之大禮，其十二獻、七獻，與事神同，亦必有祼明矣。」〔註92〕依秦說，則饗禮有祼，以祭禮例之，其用鬱鬯，殆可知也。又據文獻及金文資料，饗禮用醴亦用酒，亦可無疑。孫希旦曰:「凡設尊之法，必有所傍。兩君相饗，其尊非一。大饗有灌，則有盛鬱鬯之彝。《左傳》『王享醴，命之宥』，王饗諸侯有醴，兩君相饗，亦當有之，則有齊酒之尊。故《左傳》云『犧象不出門』是也。〈禮器〉云『夫人薦酒』，諸侯祭祀獻尸，兼有三酒，則兩君相饗，亦有三酒，則又有盛酒之尊。〈禮運〉云『元酒在室，醴酸在戶，粢醍在堂』，大饗之尊，其亦鬱鬯在室，齊在戶，酒在堂與。」〔註93〕按孫說雖主在言設尊之法，但其大饗

〔註92〕見《五禮通考》卷一五六頁11，新興書局，1970年。

〔註93〕孫希旦《禮記集解》卷二五頁11，蘭臺書局，1971年。

亦有三酒之說，證以彝器「王鄉酒」之文，蓋可據信也。

　　大饗饗賓之物，其可考而知者，略如上述。除庭實之設，所以特優貴賓，其餘蓋合鄭玄「饗禮兼燕與食」（〈春人〉注）之說。《國語·周語中》載周定王之言曰：

> 王公立飫，則有房烝；親戚宴饗，則有殽烝。

又曰：

> 擇其柔嘉，選其馨香，潔其酒醴，品其百籩，修其簠簋，奉其犧象，
> 出其樽彝，陳其鼎俎，淨其巾羃。敬其祓除。體解節折而共飲食之，
> 於是乎有折俎加豆，酬幣宴貨，以示容合好。

定王之言，蓋兼正饗之禮與折俎之饗，其說饗客之物，最為具體而詳備，因錄以殿焉。

二、鉶與陪鼎有別

（一）陪鼎或稱羞鼎

　　古人禮食，有正鼎、陪鼎，以及鉶之別。正鼎亦稱牢鼎，陪鼎或稱羞鼎。考正鼎、牢鼎之名，經無明文，其稱蓋肇自鄭玄之注《周禮》。《周禮·膳夫》：「王日一舉，鼎十有二，物皆有俎。」鄭注云：

> 鼎十有二，牢鼎九，陪鼎三。

又〈秋官·掌客〉載：凡諸侯之禮，五等爵皆「鼎簋十有二」，鄭注云：

> 鼎十有二者，正鼎九，與陪鼎三，皆設于西階前。

鄭注〈膳夫〉言牢鼎九，陪鼎三，注〈掌客〉言正鼎九，陪鼎三，以牢鼎、正鼎與陪鼎對言，是牢鼎即正鼎也。所以稱牢鼎者，祭祀、賓客之牲體曰牢，以其鼎實牲體，故謂之牢鼎。

　　陪鼎、羞鼎之名，初見於《儀禮》。〈聘禮〉賓致館設飧節：

> 飪一牢在西，鼎九，羞鼎三；腥一牢在東，鼎七。

又歸饔餼于賓節：

> 飪一牢，鼎九，設于西階前，陪鼎當內廉，東面北上，上當碑，南
> 陳：牛、羊、豕、魚、腊、腸胃同鼎，膚、鮮魚、鮮腊；設扃鼏。
> 膷、臐、膮，蓋陪牛、羊、豕。

據此而比勘之，陪鼎即羞鼎。蓋羞謂有滋味者也，《周禮·膳夫》：「凡王之饋食用六穀，……羞用百二十品」，鄭注云：「羞出於牲及禽獸，以備滋味，謂

之庶羞。」是所謂羞鼎者，即所以盛放庶羞之鼎也。故鄭玄於〈聘禮〉賓致館設飧節注云：「羞鼎則陪鼎也。以其實言之，則曰羞；以其陳言之，則曰陪。」《左氏》昭公五年傳「飧有陪鼎」句下，孔疏引服虔曰：「陪牛羊豕鼎，故云陪鼎。」〔註94〕服義蓋亦本此。以其陳設在牛羊豕正鼎之後，故陳祥道《禮書》謂所以陪正鼎〔註95〕，其說是也。

至若所謂鉶者，本為羹器，而又以為羹有菜和者之名，其與「羞鼎」所盛，雖同為致五味者，但漢儒不以羞鼎稱之。且禮食鉶設堂上，陪鼎設堂下，所以陪牛羊豕正鼎之後，是其與「陪鼎」亦迥然有別，固不得如《周禮》賈疏之牽合為一也。

（二）鉶為鼎屬

鉶為鼎屬，蓋始見於陸德明《經典釋文》引鄭玄說，在此之前則無可考徵。許慎《說文》訓鉶為器（《玉篇》作羹器），其形制如何，則未嘗言。

△《儀禮・聘禮》「六鉶繼之」，鄭注云：「鉶，羹器也。」

△《儀禮・公食大夫禮》「宰夫設鉶四于豆西」，鄭注云：「鉶，菜和羹之器。」

△《周禮・掌客》「凡諸侯之禮：……鉶四十有二，壺四十，鼎簋十有二」，鄭注云：「鉶，羹器也。……鼎，牲器也。」

鄭玄注經，以鼎為牲器，以鉶為羹器，二者之用，分別甚明，但鉶之形制，於其經注，則未有所見。逮唐陸德明撰集諸經音義而成《經典釋文》一書，其〈詩・召南・采蘋釋文〉乃引鄭玄曰：

鉶，鄭云三足兩耳，有蓋，和羹之器。〔註96〕

又於〈禮記・禮運釋文〉云：

鉶，盛和羹器，形如小鼎。〔註97〕

按據《釋文》引鄭說，則鉶亦三足兩耳，徵之古器，惟鼎為似。是故陸氏於〈禮運釋文〉遂逕指其形如鼎。降及五代周世宗時，聶崇義受詔考正三禮舊圖，而成《三禮圖》二十卷。其書引舊圖云：

鉶，受一斗，兩耳三足，高二寸，有蓋。士以鐵為之，大夫已上以

〔註94〕《左傳注疏》卷四三頁10，藝文印書館。
〔註95〕見《禮書》卷九九頁10，《四庫全書》本，商務印書館。
〔註96〕《經典釋文》卷五頁7，《通志堂經解》本，大通書局。
〔註97〕《經典釋文》，卷一二頁6。

銅爲之，諸侯飾以白金，天子飾以黃金。〔註98〕

　　考禮之有圖，蓋自鄭玄始〔註99〕，而阮諶繼之。現存禮圖以聶氏《三禮圖》爲最早，其圖係博採六本三禮舊圖考校修定而成。按之聶圖，唯雞彝及舟係遵據鄭圖，有明文可見，其他皆無從甄別。又鄭注三禮，但云「鍘，羹器也」，或云「鍘，菜和羹之器」，對鍘之形制無說，因此《釋文》所引，以及舊圖所言，後人未必盡信。是故清儒黃以周、孫詒讓輩，俱據鄭注，以鼎爲牲器，以鍘爲羹器，視鍘、鼎爲兩種不同形制之禮器。〔註100〕按傳世禮器，不見鍘名，其形制如何，不得而說。徵之《說文》，鍘篆廁乎鑊鍑鍪鈰銼鑹與鎬鑴銚之間。許書通例，凡每部中字之先後，以義之相引爲次〔註101〕，則其爲釜屬，大致可以推知。考鼎本爲炊器，初兼炊具與饗具二用，其後分化，而有專作炊具之鑊，與專作饗具之鼎，三禮及鄭注言之甚明。延及漢世，由於炊竈發達，三足炊具率由無足之釜屬所代〔註102〕，而學者遂以釜釋鑊，二者因是混同。玄應《一切經音義》卷二引《方言》云：「鍑，或謂之鑊。」又引郭璞注云：「鍑，釜屬也。」〔註103〕《說文》鬲部䰿下云鍑屬也，其重文作釜，或从金父聲。金部鑊下云鑹也（鑹，《廣雅》云鼎也，《玉篇》云大鑊也），鍪下云鍑屬，鈰下云朝鮮謂釜曰鈰，銼下云鍑也，鑹下云銼鑹也。又鎬鑴銚三篆，《說文》並訓爲溫器。鎬訓溫器，載籍無徵，朱駿聲《說文通訓定聲》疑即鐈字，其說近是。許說鐈似鼎而長足，《廣雅》云釜也。鑴，《廣雅》亦云釜也。銚，玄應《一切經音義》卷十四引云溫器也，似鬲，上有鐶〔註104〕（《說文》鬲云鼎屬也）。據上所述，可

〔註98〕《三禮圖集註》卷一三頁 4，《通志堂經解》本。

〔註99〕鄭玄有禮圖，但范曄《後漢書》本傳及《鄭志》均不言其書，唐史承節撰鄭君碑銘，歷敘鄭氏著述，亦不及禮圖，故有鄭氏未嘗作圖之說，以爲其書殆習鄭氏學者之所爲，《四庫全書總目提要》即持此說。然檢諸《魏書·李謐傳》，謐論明堂制度引鄭玄《禮圖》說宸制云：「縱廣八尺，畫斧文於其上，今之屏風也。」此明言鄭氏有禮圖也。又〈袁翻傳〉載翻議明堂辟雍，有云：「鄭玄之詁訓三禮，及釋《五經異義》，並盡思窮神，故得之遠矣。覽其明堂圖義，皆有悟人意，察察著明，確乎難奪，諒足以扶微闡幽，不墜周公之舊法也。」翻謂「覽其明堂圖義」，則鄭有禮圖，殆無可置疑。

〔註100〕黃說見《禮書通故》第四十七〈名物四〉頁 18 至 19，華世出版社，1976 年。孫說見《周禮正義》卷七三頁 54 至 55，《國學基本叢書》本。

〔註101〕見《說文解字注》，卷一頁 1，文五重一下，藝文印書館。

〔註102〕說見〈周代用鼎制度研究〉，《先秦兩漢考古學論集》，頁 64。文物出版社，1985 年。

〔註103〕《一切經音義》卷二頁 79，《叢書集成簡編》本，商務印書館，1966 年。

〔註104〕《一切經音義》卷一四頁 657。

見漢人已以鑊爲釜屬，而鉶亦當爲釜屬。《淮南子‧說山篇》云：「嘗一臠肉，知一鑊之味」，高誘注曰：「有足曰鼎，無足曰鑊。」〔註105〕此殆漢人鼎鑊區分最好之解釋。是就鼎制之分化演變而言，鉶既爲釜屬，則謂之爲鼎之屬，蓋亦未嘗不可。是故許書膮篆下段注曰：「羹有實於鼎者，牛藿、羊苦、豕薇是也。有實於豆者，腳、臐、膮是也。」按牛藿、羊苦、豕薇者，實即牛鉶、羊鉶，豕鉶，所謂羹中有菜以鉶盛者也。段氏以鉶羹實於鼎，則此鼎非鉶器而何？且自聶注禮圖，後之爲禮圖者，率以是爲宗，若明劉績《三禮圖》、清乾隆十三年《欽定周官義疏》、《欽定儀禮義疏》與《欽定禮記義疏》諸書，其所繪鉶器圖，並與聶書不異，悉爲兩耳三足，有蓋。〔註106〕至若黃震《讀禮記日鈔》、元陳澔《禮記集說》、明郝敬《儀禮節解》、清朱彬《禮記訓纂》，亦並謂鉶之形制如小鼎〔註107〕，蓋皆取〈禮運釋文〉爲說也。

一九七二年，長沙馬王堆一號漢墓出土遺策一批，俞偉超、高明據以推論鉶爲鼎屬。而於其合撰之「周代用鼎制度研究」一文（以下省稱「俞文」）曰：

> 近馬王堆 M1 所出遺冊，第 27—29 簡爲「牛苦羹一鼎」，「狗苦羹一鼎」，「一右方苦羹二鼎」。苦是苦荼，苦羹無疑是和以苦荼的鉶芼。又第 19—22 簡爲：「狗巾羹一鼎」，「雁巾羹一鼎」，「鱅禺（藕）肉巾羹一鼎」，「一右方巾羹三鼎」。巾羹即堇羹，也是鉶芼。由此可知，鉶芼確係放在鼎內，賈疏是正確的。〈詩‧召南‧采蘋釋文〉引鄭玄說，又把鉶解釋爲「三足兩耳，有蓋，和羹之器」，這除鼎屬以外，別無他物。〔註108〕

俞文引用馬王堆一號漢墓所出遺策，證鉶芼確係放在鼎內，以推論先秦載籍中所見之「鉶」，「除鼎屬以外，別無他物」，其說蓋有可採。由上所述，可以推知兩漢經說，雖不見明說鉶爲鼎屬之言，但陸氏《釋文》之引鄭說，聶氏書之引舊圖，蓋必有所據，則鉶爲鼎屬，殆可無疑也。

〔註105〕《淮南子》卷一六頁 496，藝文印書館，1968 年。
〔註106〕劉績《三禮圖》卷四頁 43，《欽定周官義疏》卷四六頁 30，《欽定儀禮義疏》卷四三頁 22，《欽定禮記義疏》卷八〇頁 3，並《四庫全書》本，商務印書館。
〔註107〕黃說見《黃氏日鈔》卷一八頁 14，中文出版社。
陳說見《禮記集說》頁 123，中新書局出版。
郝說見盛世佐《儀禮集編》卷一九頁 27 引，《四庫全書本》。
朱說見《禮記訓纂》卷九頁 4 下引《釋文》，《四庫備要》本，中華書局。
〔註108〕〈周代用鼎制度研究〉，《先秦兩漢考古學論集》，頁 75。

（三）鉶非陪鼎

鉶雖爲鼎屬，但書傳言鉶，皆曰鉶，無稱鉶鼎者，漢儒經說亦然。考鉶鼎之名，蓋肇自賈公彥之誤解〈掌客〉鄭注。《周禮·掌客》：「上公五積皆脹飧牽」，鄭注云：「積皆視飧牽，謂所共如飧，而牽牲以往，不殺也。不殺，則無鉶、鼎、簠、簋之實。」賈疏云：「云不殺則無鉶鼎者，鉶鼎即陪鼎是也。但殺乃有鉶鼎，不殺則無鉶鼎可知。」細審鄭注，鉶鼎簠簋四器平列，賈公彥誤將鉶鼎連讀而以爲一器，遂云鉶鼎即陪鼎。故又於《儀禮·公食大夫禮》「宰夫設鉶四于豆西」，疏云：

> 云鉶，菜和羹之器者，下記云牛藿，羊苦，豕薇，是菜和羹；以鉶盛此羹，故云之器也。據羹在鉶言之，謂之鉶羹；據器言之，謂之鉶鼎；正鼎之後設之，謂之陪鼎；據入庶羞言之，謂之羞鼎；其實一也。

自賈疏誤解鉶爲陪鼎，而創爲鉶鼎之名，宋聶崇義《三禮圖》、楊復《儀禮圖》、易祓《周官總義》、王與之《周禮訂義》、魏了翁《儀禮要義》、陳祥道《禮書》、明劉績《三禮圖》、清乾隆十三年《欽定儀禮義疏》、《欽定禮記義疏》、李光坡《儀禮述注》，以及林昌彝《三禮通釋》，皆沿襲之，謂陪鼎即鉶鼎。〔註109〕俞文更申此說，以爲鄭玄注經，已經以羞鼎、陪鼎、鉶爲一物。其言曰：

> 《周禮·秋官·掌客》記載「諸侯之禮」爲上公、侯伯、子男皆用「鼎簋十有二」，鄭玄彼注更曰：「（牽牲以往）不殺，則無鉶、鼎」，明指鉶與鼎即「鼎十有二」中的羞鼎三與牢鼎九。細審三禮及鄭注，凡陳饌處有正鼎與羞鼎相配的，鄭玄即把羞鼎稱爲陪鼎，單獨出現的羞鼎都稱之爲鉶，而有時把與正鼎相陪的羞鼎也叫做鉶。鄭玄把羞鼎又叫做鉶是很清楚的。

又曰：

> 這種關係，唐人都很清楚，故賈公彥〈公食大夫禮〉疏曰：「據羹在鉶言之謂之鉶羹，據器言之謂之鉶鼎，正鼎之後設之謂之陪鼎，據入庶羞言之謂之羞鼎，其實一也。」直到聶崇義《三禮圖》和楊復《儀禮圖》，還都是這樣認識的。但清人卻搞亂這種關係，從王引之、

〔註109〕　易說見卷二五頁 8，王說見卷六九頁 17 引王氏詳說，魏說見卷二五頁 13，陳說見卷九九頁 9，劉說見卷四頁 44，《欽定儀禮義疏》卷四二頁 23，《欽定禮記義疏》卷八〇頁 3，李說見卷九頁 13，以上並《四庫全書》本。林說見卷一六五頁 5，清同治三年廣州刊本。

胡培翬到孫詒讓，一直誇大「鉶」與「陪鼎」二名之別，誤以爲「鉶」
根本不是鼎。〔註110〕

綜觀俞文，其以鉶爲鼎屬，是也。但鉶爲鼎屬，猶不足以論定鉶即陪鼎。故
其說雖較賈疏誤解鉶鼎是一器爲有見，但仍忽略〈掌客〉上下之文。按《周
禮‧掌客》「凡諸侯之禮」下云：「上公鉶四十有二，鼎簋十有二；侯伯鉶二
十有八，鼎簋十有二；子男鉶十有八，鼎簋十有二」，鄭注云：「鉶，羹器也。
鼎，牲器也。鼎十有二者，飪一牢，正鼎九，與陪鼎三。」經文鉶與鼎分列，
鄭注鉶與鼎亦分開解釋。陪鼎既在鼎十有二之中，而俞文又同意鄭注，則以
鉶爲陪鼎，何異於將鉶併入鼎數以計之？其不合鼎制，極爲明白。實則鄭注
「不殺則無鉶鼎」之鉶鼎，鉶指下文鉶四十有二，鼎指鼎十有二言，非指「鼎
十有二」中之羞鼎三與牢鼎九也。考之經注，蓋昭然可知。王引之《經義述
聞》卷九「鉶鼎」條，對賈說鉶鼎即陪鼎，辨之甚詳，茲錄於后：

賈疏曰：「不殺則無鉶鼎者，鉶鼎即陪鼎是也。」引之謹案：下文飧
五牢，鉶四十有二，鼎簋十有二，是飧有鉶與鼎。飧五牢皆殺，則
必烹肉於鼎，盛汁於鉶，故有鉶鼎也。五積視飧，而不殺牲，則無
鉶鼎可知，故鄭云不殺則無鉶鼎。鉶鼎二器也。賈誤以鉶鼎爲一器，
而云即陪鼎，其說之不可通者有三：下文鉶四十有二，鼎簋十有二，
注曰：「鼎十有二者，正鼎九，陪鼎三」，是陪鼎已在鼎十有二之內，
何得又以鉶爲陪鼎，其不可通一也。〈郊特牲〉曰「鼎俎奇而籩豆偶」，
正鼎九，陪鼎三，正所謂鼎俎奇也。鉶數偶而不奇，明與陪鼎非一
物，而云鉶鼎即陪鼎，其不可通二也。〈聘禮〉饔飪一牢，陪鼎設于
西階前當內廉，鉶設于堂上戶西及東西夾，二者絕殊，而云鉶即陪
鼎，其不可通三也。鄭注聘禮曰：「羞鼎即陪鼎也，以其實言之則曰
羞，以其陳言之則曰陪」，未嘗以爲鉶也。注〈掌客〉曰：「鉶，羹
器也」，注〈公食大夫禮〉曰：「鉶，菜和羹之器」，注〈士虞禮〉曰：
「鉶，菜羹也」，注〈特牲饋食禮〉曰：「鉶，肉汁之有菜和者」。〈召
南‧采蘋篇釋文〉引鄭曰：「鉶，三足兩耳，有蓋，和羹之器」，未
嘗以爲陪鼎也。賈氏誤解〈掌客〉注之鉶鼎爲陪鼎，又以解〈亨人〉
之鉶羹，〈公食大夫禮〉之設鉶，皆以爲即陪鼎，是直不知鼎與鉶之

────────────

〔註110〕〈周代用鼎制度研究〉，《先秦兩漢考古學論集》，頁74至75。

有辯也，其失甚矣。聶崇義〈三禮圖〉亦沿賈氏之誤。〔註111〕

按俞文對王氏駁斥賈疏不可通之三點，略無辨正，惟一味固守賈說而已。復據顏師古羹臛無別，以證鉶與陪鼎所盛之物不分，作為鉶即陪鼎之佐證，其說皆非。且細味王說，其云「鄭云不殺則無鉶鼎，鉶鼎二器也，賈誤以鉶鼎為一器」，又云「直不知鼎與鉶之有辯」者，鉶指上公鉶四十有二（侯伯二十有八，子男十有八），鼎指鼎十有二。其意蓋謂禮食鉶與鼎有異（亦即指鉶非陪鼎），並未直指「鉶根本不是鼎」。其後胡培翬《儀禮正義》從其說，亦未有鉶非鼎屬之言。〔註112〕至黃以周《禮書通故》始謂鉶非鼎屬，而孫詒讓《周禮正義》因之。〔註113〕是知俞文「清人卻攪亂這種關係，從王引之、胡培翬，到孫詒讓，一直誇大鉶與陪鼎二名之別，誤以為鉶根本不是鼎」，實有未安。蓋鉶與鼎是否為屬類，此一事也，而鉶是否即為陪鼎，此又一事也，二者不可混同。王、胡之說，但辨鉶非陪鼎，而黃氏既本王、胡二氏鉶非陪鼎之說，又別出鉶非鼎屬之論。至《周禮正義》遂合二說以言矣。

又按宋儒雖多因襲賈疏鉶鼎即陪鼎之說，但不據從者有之，別出說解，而欲以調和鄭注賈疏者亦有之。易祓《周官總義》云：「鉶，羹器也。有鉶鼎，有鉶羹，所謂鄉膢膮也，亦所謂藿苦薇也。羹熟于鼎而載之器。凡餁一牢，則正鼎九，陪鼎三。陪鼎，即鉶羹之鼎也。正鼎，即牛、羊、豕、魚、腊、腸胃、倫膚，與鮮魚、鮮腊之鼎也。其數凡十有二、既言有鼎十二，又言上公鉶四十有二，侯伯鉶二十有八，子男鉶十有八，則鉶為鉶羹之器而已，非鼎也。鼎，牲器也。」〔註114〕王與之《周禮訂義》引王氏《詳說》亦云：「既言鼎十有二，又言鉶三十八〔註115〕，則鉶為鉶羹之器矣。此鉶鼎、鉶器之所以異也。」〔註116〕易、王二氏蓋皆有見於賈疏既以鼎十有二為正鼎九，與陪鼎三，而又以鉶即陪鼎，不合用鼎以十二為極之數，故以鉶羹盛於鉶器，以合鄭注，又以賈氏所創鉶鼎以盛牛臛、羊臛、豕臛，以符賈疏。惟易、王之說，猶未指出賈疏致誤之所在，故必待王引之《經義述聞》「鉶鼎」條出，而鉶非陪鼎說乃明，其後胡培

〔註111〕《經義述聞》，《皇清經解》第17冊，頁12735至12736。
〔註112〕詳見《儀禮正義》卷一七頁18至19，《皇清經解續編》本。
〔註113〕說詳《禮書通故》第四十七〈名物四〉頁18，孫詒讓《周禮正義》卷七三頁55。
〔註114〕《周官總義》卷二五頁8，《四庫全書》本，商務印書館。
〔註115〕按鄭注云「公鉶四十二，宜為三十八」，王氏據改。
〔註116〕《周禮訂義》卷六九頁17，《四庫全書》本，商務印書館。

鼏、黃以周、孫詒讓繼起，而禮經鉶非陪鼎，遂為定論。

俞文承漢儒之說，以鉶為器名，又為肉羹之有菜和者之名，是矣。然復據顏師古「羹之與臛，非係于菜」、「空菜不廢為臛，純肉亦得名羹」之言，以鉶芼與臛胹本一物，則說有可議。其言曰：

> 羞鼎出現的原因，在於升鼎（按古人謂之正鼎）所盛肉羹，往往淡而無味。《詩・閟宮》毛傳：「羹，大羹，鉶芼也。」《周禮・亨人》：「祭祀，共大羹、鉶羹。賓客亦如之。」鄭司農注：「大羹，不致五味也。鉶羹，加鹽菜矣。」……這種致五味的肉羹，又叫鉶芼，即〈公食大夫記〉所云「鉶芼：牛藿、羊苦、豕薇，皆有滑」，〈士虞・記〉所云「鉶芼，用苦若薇，有滑，夏用葵，冬用荁」。藿是豆葉，苦是苦茶，薇是山菜，滑是用堇荁之屬的乾粉作芡（〈公食大夫・記〉鄭注、陸璣《毛詩草木鳥獸蟲魚疏・上》、《禮記・內則》孔疏）。用菜調和牲肉并加芡的羹，就是鉶芼，所以《禮記・內則》鄭注說：「芼，謂菜釀也。」所謂鉶，鄭玄注〈特牲饋食禮〉謂「肉味之有菜和者」，注〈公食大夫禮〉又說是「菜和羹之器」，它既是這種肉羹之名，也是盛放這種肉羹的器名。

又曰：

> 顏師古《匡謬正俗》卷八「羹臛」曾曰：「王叔師注《楚辭・招魂》云：有菜曰羹，無菜曰臛。案禮云：羹之有菜者用梜，其無菜者不用梜，又蘋藻二物，即是鉶羹之芼，安（俞文作案）在其無菜乎？羹之與臛，烹者以異齊，調和不同，非係于菜也。今之膳者，空菜不廢為臛，純肉亦得名羹，皆取于舊名耳。」但清人胡培翬卻以為顏說非，他說臛、臐、膮與鉶芼，正因有無菜而區別之。其實前引〈閟宮〉毛傳與〈亨人〉及鄭司農注，都以大羹與鉶羹并言，當時的肉羹顯然主要只分此二大類，鉶羹即鉶芼，也就是臛、臐、膮。顏師古去古未遠，其說還是可靠的。〔註117〕

按《爾雅・釋器》云：「肉謂之羹」，《儀禮》每言羹定、羹飪，鄭注亦並云：「肉謂之羹」，蓋古者名肉汁為羹，《釋名》所謂肉有汁者是也。考之載籍，羹有致五味者，與不致五味者之別，故《周禮・亨人》云「祭祀，共大羹、鉶羹。賓客亦如之」。大羹不致五味，鉶羹則致五味。徵之禮經，鉶既為器名，

〔註117〕〈周代用鼎制度研究〉，《先秦兩漢考古學論集》，頁73至74。

又爲肉汁之有菜和者之名，〈亨人〉名之曰鉶羹，鄭司農云「鉶羹，加鹽菜」者是矣。以其肉羹中加菜，故亦謂之鉶芼。芼者菜也，《儀禮・特牲》、〈少牢〉、《禮記・內則》，鄭注並云「芼，菜也」〔註118〕，其說不誤。其芼，則牛用藿，羊用苦，豕用薇，故〈公食大夫・記〉云：「鉶芼：牛藿、羊苦、豕薇，皆有滑。」（藿爲豆葉，苦爲苦荼，滑爲堇荁之屬，見鄭注。薇爲山菜，見〈草蟲〉陸疏。）〔註119〕而遂有羊鉶、豕鉶之名，即羊鉶中所加之菜爲苦，豕鉶中所加之菜爲薇也。見〈少牢饋食禮〉。

致五味之羹，據禮書所載，尚有腳臐膮之目，〈內則〉云「膳：腳、臐、膮」是也。《釋文》：「腳，牛臛也；臐，羊臛也；膮，豕臛也。」羹臛並爲肉汁之名，故《爾雅・釋器》郭注：「羹，肉臛也。」《說文》臛作臛，云：「肉羹也。」《太平御覽》卷八百六十一引《爾雅舊注》云：「肉有汁曰羹。」〔註120〕腳、臐、膮，亦見〈聘禮〉，所謂陪鼎三牲臛是也。歸饗餼于賓介節：「腳、臐、膮，蓋陪牛、羊、豕」，鄭注云：「陪鼎，三牲臛，腳、臐、膮陪之，庶羞加也。」又〈公食大夫禮〉鄭注：「腳、臐、膮，今時臛。牛曰腳，羊曰臐，豕曰膮，皆香美之名。」是則腳、臐、膮皆陪鼎所盛肉羹之名，致五味者也。羹臛之作法，最早見諸《左傳》，昭公二十年載晏子論「和」，以作羹爲喻，曰：

> 和如羹焉，水、火、醯、醢、鹽、梅，以烹魚肉，燀之以薪，宰夫和之，齊之以味，濟其不及，以洩其過。

孔疏云：「醯，酢也（按酢即醋字）。醢，肉醬也。梅，果實似杏而醋。《尙書・說命》云：『若作和羹，爾惟鹽梅。』」〔註121〕是據晏子之言，此羹之作，惟調以五味，而不以菜和，與前述鉶羹有異，其爲臛類，蓋可推知。

按之禮經，鉶羹特別強調有芼，漢唐經說亦然，而臛則否。顏氏《匡謬正俗》謂「羹之於臛，非係于菜」，苟如其言，則「鉶芼：牛藿，羊苦，豕薇」，實無須特別標明，其與陪鼎所盛內容有別，即此可見。考許書臛訓肉羹也，而玄應《一切經音義》卷十二引，於「肉羹也」下有「謂有菜曰羹，無菜曰臛也」十字。〔註122〕《楚辭・招魂》「露雞臛蠵」，王逸注亦云：「有菜曰羹，

〔註118〕〈特牲饋食禮〉：「及兩鉶芼設于豆南」注；〈少牢饋食禮〉：「上佐食受，坐設于羊鉶之南。皆芼，皆有柶」注；《禮記・內則》：「酒、醴、芼、羹」注。
〔註119〕陸璣《毛詩草木鳥獸蟲魚疏》卷上頁3，《古經解彙函》本，中新書局。
〔註120〕《太平御覽》，第6冊，頁4339，明倫出版社。
〔註121〕《左傳注疏》卷四九頁14，藝文印書館。
〔註122〕《一切經音義》卷一二頁539，《叢書集成簡編》本，商務印書館。

無菜曰臛。」〔註123〕徐堅《初學記》卷二十六「羹」條下引劉楨《毛詩義問》云：「鉶羹，有菜鹽豉其中，菜為其形象可食，因以鉶為名。」〔註124〕《禮記‧內則》「芼羹」，孔疏云：「用菜雜肉為羹」。〔註125〕是知羹之與臛，雖均為肉汁之名，但又以有菜無菜別其異。羹中有菜以鉶盛，此即〈亨人〉所謂鉶羹，鄭司農所云加鹽菜者是也。鄭、王、劉生當漢魏，其視顏師古猶為近古。而孔、顏並世，顏說羹臛無別，蓋以唐制況周制，所以不合禮經也。

夫以鉶羹有芼，故禮經除有扱醴之柶外，亦有扱鉶菜之柶。〈公食大夫禮〉云：「挩手，扱上鉶以柶。」〈士虞‧記〉云：「鉶芼，用苦，若薇，有滑。夏用葵，冬用荁，有柶。」〈少牢饋食禮〉云：「上佐食羞兩鉶，皆芼，皆有柶。尸扱以柶，祭羊鉶，遂以祭豕鉶。」〈有司徹〉云：「尸坐，以羊鉶之柶挹羊鉶，遂以挹豕鉶。」是扱鉶之器謂之柶。柶所以施於醴，亦施於鉶者，蓋醴有糟，鉶有菜，故皆以柶扱之。鄭注〈公食大夫禮〉云「扱以柶，扱其鉶菜也」，是矣。但陪鼎三牲臛：牛腳、羊臐、豕膮，皆未有柶，亦即禮經凡言羞鼎處，皆無設柶之文。蓋以陪鼎所盛雖為肉汁，但不用菜芼之，柶於臛膮無所施用，故不設。鉶臛有別，據設柶與否，亦甚明白。

且自賈疏之混同鉶與陪鼎，後儒對二者所盛之內容，遂少有分辨，蓋皆沿賈公彥之誤。惟明郝敬《儀禮節解》云：「腳，牛臛、羊臛、豕臛。有菜曰羹，無菜曰臛。即陪鼎之實也。」〔註126〕其說雖本漢儒，但不可謂非具卓識。迄乎有清一代，許學大盛，段玉裁、王筠、朱駿聲號稱大家，其對臛篆說解，悉引《楚辭》王注，以求合乎本義。《說文》臛篆下段注曰：

> 鬻部曰：「鬵，五味盉羹也。」〈釋器〉曰：「肉謂之羹。」羹有二：
> 實於鉶者用菜芼之，謂之羹；實於庶羞之豆者，不芼，亦謂之羹。
> 禮經牛腳、羊臐、豕膮，鄭云今時臛也。是今謂之臛，古謂之羹。
> 臛字不見於古經，而見於〈招魂〉，王逸曰：「有菜曰羹，無菜曰臛」，
> 王說與禮合。許不云羹也，而云肉羹也者，亦無菜之謂。《匡謬正俗》
> 駁叔師說，其言甚誤。〔註127〕

王筠《說文句讀》於「肉羹也」下，依玄應引補「謂有菜曰羹，無菜曰臛也」

〔註123〕《楚辭補註》頁 343，藝文印書館，1968 年。
〔註124〕《初學記》下冊，頁 640，鼎文書局，1972 年。
〔註125〕《禮記注疏》卷二七頁 4。
〔註126〕盛世佐《儀禮集編》卷一七頁 7 引，《四庫全書》本，商務印書館。
〔註127〕《說文解字詁林》，第 5 冊，頁 1804，商務印書館，1976 年。

十字，且云：

> 〈釋器〉「肉謂之羹」，郭注：「肉臛也。」許君析言之。〔註128〕

朱駿聲《說文通訓定聲》說「臛」云：

> 字亦作膗，此羹之實於豆者，不以菜芼之，其質較乾，《禮記・內則》：
> 「腳、臄、膮」是也，與實鉶之羹異。《楚辭・招魂》「露雞臛蠵」，
> 注：「無菜曰臛」。〔註129〕

段謂〈招魂〉王注「說與禮合，許云肉羹，亦無菜之謂」，王書引補「謂有菜曰羹，無菜曰臛也」，朱云「臛與實鉶之羹異」，蓋皆以用菜與否，而別羹（鉶）臛之異同。錢坫《說文解字斠詮》亦引王逸《楚辭》注「有菜曰羹，無菜曰臛」以說焉。〔註130〕按《說文》一書，蓋以據形說字為主。其說義也，必求契符其形，與諸儒注經，隨文求義者，自有不同。雖云文字之作，遐哉邈矣，由於使用日繁，致義訓亦每或遞變，許氏既世當東漢，其中亦難免有隨俗訓釋者，但許書究竟旨在推明古人制字之原由，故其對臛篆之訓釋，以及後世大儒之研究所得，仍不失為可以取資之佐證。

至若大羹者，《周禮・亨人》鄭注：「大羹，肉湆。」（湆，汁也）又引鄭司農云：「大羹不致五味也」。大羹，《儀禮》謂之大羹湆，見〈士昏禮〉、〈公食大夫禮〉及〈特牲饋食禮〉。〈士虞禮〉則作泰羹湆。其與羹之差別：羹者調以五味，《詩・烈祖》「亦有和羹」，孔疏云：「羹者，五味調和」〔註131〕，是矣。而大羹湆則不調，故鄭司農云不致五味，蓋猶今之純汁肉湯。此二者之別也。至於所調五味，合前引《左傳》昭公二十年文，與《儀禮・特牲・記》「鉶芼，用苦，若薇，皆有滑；夏葵、冬荁」而觀之，則芼及醯醢鹽梅堇荁等物，皆其五味調和之佐料也。

從上述知，古之羹蓋有兩大類：大羹為一類，鄭司農所謂不致五味者是也；臛與鉶為一類，許叔重所謂五味和羹者是也。但臛之於鉶，大同之中猶有小異。鉶則羹中有菜，臛則羹中無菜，故《儀禮》凡羊鉶、豕鉶，均有鉶柶之設，而腳臄膮三陪鼎則無之。顏氏《匡謬正俗》駁王逸〈招魂〉注，其言蓋有待商榷。賈公彥誤解〈掌客〉注之鉶鼎為一物，以為即陪鼎，俞文又

〔註128〕同上，頁1805。
〔註129〕同上。
〔註130〕同上。
〔註131〕《毛詩注疏》卷二○（二○之三）頁10，藝文印書館。

誤以〈掌客〉鄭注「不殺則無鉶鼎」之鉶鼎，即指「鼎十有二」中之羞鼎三與牢鼎九，且據顏說，遂有「王引之，胡培翬、孫詒讓一直誇大鉶與陪鼎二名之別」之論。其實陪鼎三牲臛，膷、臐、膮，與夫鉶芼，牛藿、羊苦、豕薇，前儒別爲兩類。鉶爲堂上之器，鼎爲堂下之器，不容相混，則鉶非陪鼎，蓋無可疑也。

第五節　行禮次序

一、迎　賓

凡四時常朝，朝享，無迎賓之禮，享後禮祼，則有迎賓之儀。蓋朝享皆所以明君臣之分，故無迎法，以臣非賓也。至於朝享既畢，禮及饗食，則純乎賓主，故依諸侯相朝禮，而有迎賓之法。是知禮賓與饗食，同爲修賓主之禮，並有迎賓也。按禮之通例，凡迎賓，主人敵者，於大門外，主人尊者，於大門內。惟君於己臣，則無迎法。〔註132〕《周禮・齊僕》職云：

> 掌馭金路以賓，朝覲宗遇饗食，皆乘金路，其法儀各以其等爲車送
> 逆之節。

經言「朝覲宗遇饗食，皆乘金路」者，謂因此朝覲宗遇而與諸侯行饗在廟，即有乘金路迎賓客之法也。《詩・蓼蕭》「既見君子，鞗革忡忡，和鸞雝雝，萬福攸同」，鄭箋云：「此說天子之車飾者，諸侯燕見天子，天子必乘車迎于門。」按燕行於寢，有車迎，饗行於廟，則當更有車迎也。其王乘車迎賓客及送相去遠近之數，鄭則據〈大行人〉文，以爲「上公九十步，侯伯七十步，子男五十步。」〔註133〕說蓋或然。

考諸《儀禮》，〈鄉飲酒〉、〈鄉射〉、〈公食大夫〉諸禮，迎賓之前，則有戒賓之禮，饗禮則亦當然也。《左傳》昭公元年云：

> 夏四月，趙孟、叔孫豹、曹大夫入于鄭，鄭伯兼享之。子皮戒趙孟。
> 禮終趙孟賦〈瓠葉〉。子皮遂戒穆叔，且告之。穆叔曰：「趙孟欲一
> 獻，子其從之。」子皮曰：「敢乎？」穆叔曰：「夫人之所欲也，又
> 何不敢？」及享，具五獻之籩豆於幕下。趙孟辭，私於子產曰：「武
> 請於冢宰矣。」乃用一獻，趙孟爲客。禮終乃宴。

〔註132〕說詳《周禮・齊僕》及〈大行人〉孫詒讓疏。
〔註133〕見《周禮・齊僕》注。

此文所言，涉及戒賓與賓介二事，欲明戒賓之法，則賓介之分，必宜先理。

夫饗爲設盛禮以招待貴賓之禮，故有一定之對象。惟饗禮所待之賓客，雖多爲一人，但徵之《左傳》，二人以上者，亦不乏其例，甚而有多至六人者，襄公十九年傳云「公享晉六卿于蒲圃」，此則可據而數者也。其未明賓客之數者，亦二三見（見前附表）。按饗燕之禮，賓旅雖多，必以一人爲客，襄公二十七年傳載「宋公兼享晉楚之大夫，趙孟爲客」，杜預云：「客，一坐所尊」是也。客，上客也，即上賓，亦謂之主賓，蓋如後代讌客坐首席者是。〔註134〕其賓之副，則謂之介。襄公二十七年傳「宋人享趙文子，叔向爲介」，楊伯峻《春秋左傳注》云：「趙武爲主賓，叔向爲賓之副，謂之介」是也。

賓介既明，則傳云「趙孟爲客」，蓋謂以趙孟爲主賓，而以叔孫豹爲介可知矣。以趙孟爲主賓，叔孫豹爲介，故子皮戒賓，先趙孟而後叔孫，禮也。戒者告也，杜預云「戒享期」是也。

傳又云「子皮戒趙孟，禮終，趙孟賦〈瓠葉〉」，禮終者，謂戒禮畢也。傳文蓋謂受所戒禮畢而賦詩。〔註135〕據此，則知饗禮戒賓禮畢，亦或有賦詩見意之節，趙孟所賦乃所以辭重享。若夫主國之君所使戒聘客之人，其身分亦可考而知焉。

> 《儀禮・公食大夫禮》：「使大夫戒，各以其爵。」鄭注：「告之必使
> 同班，敵者易以相親敬。」

經注言戒賓者之身分及其所以然之故甚明。以此例之，則饗禮戒賓，主國之君所使者，必與聘客爵敵者，亦當然也。

二、獻　賓

（一）祼與獻

1、禮祼與饗祼

夫賓禮之祼，有禮祼有饗祼。《儀禮・聘禮》「請禮賓」，李如圭《儀禮集釋》、敖繼公《儀禮集說》、夏炘《學禮管釋》皆以爲「禮」當作「醴」。〔註136〕凌廷堪《禮經釋例》卷六云「凡賓主人行禮畢，主人待賓用醴，則謂之禮，

〔註134〕見楊伯峻《春秋左傳注》頁 1133，北京中華書局，1981 年。
〔註135〕見《左傳》昭公元年杜注。
〔註136〕李說見《儀禮集釋》卷一二頁 1，《經苑》本，大通書局，1970 年。
　　　　敖說見《儀禮集說》卷八頁 33，《通志堂經解》本，大通書局。
　　　　夏說見《學禮管釋》卷一頁 12，《皇清經解續編》本。

不用醴則謂之儐」〔註137〕，然則所謂「禮（醴）賓」者，乃行禮畢，主人待賓之禮，而用醴者也。夏炘所謂「以醴敬賓謂之醴」〔註138〕是也。《周禮·司儀》於諸侯相朝待賓之「儐」亦作「賓」，云「賓亦如之」，鄭注：「賓當為儐，謂以鬱鬯禮賓也。」用鬱鬯而曰儐，蓋即凌氏所云「不用醴則謂之儐」，而《周禮》則作「賓」。是則《儀禮·聘禮》聘享禮畢，禮賓用醴，諸侯朝天子，或自相朝，朝享禮畢，天子或主國之君以鬱鬯之酒獻賓，蓋事本相同，而用醴用鬱鬯，禮有差降耳。故〈大行人〉公再祼，侯伯子男一祼，諸侯有祼而卿無祼，則以酒之。質言之，朝享禮畢，以鬱鬯祼賓，此禮賓之祼事，蓋即黃以周所謂「禮祼」是也。〔註139〕饗祼者，饗獻所包之祼也。一在朝覲禮畢之禮賓節，一在大饗賓客之饗獻中，二者俱以祼名而實有異也。

　　禮文所稱祼事，自鄭玄以降，大抵皆謂朝享禮畢，王禮諸侯。蓋猶〈聘禮〉聘享禮畢，主國之君以醴禮賓也。

1. 《周禮·內宰》：「凡賓客之祼獻瑤爵皆贊。」鄭注：「祼之禮，亞王而禮賓。獻謂王饗燕，亞王獻賓。」賈疏云：「祼謂行朝覲禮訖，即行三享之禮，三享訖，乃禮賓戶牖之間。獻謂饗燕賓客，后亦助王獻賓。」

2. 《禮記·郊特牲》：「諸侯為賓，灌用鬱鬯，灌用臭也。」孔疏：「灌猶獻也。謂諸侯來朝，在廟中行三享竟，然後天子以鬱鬯酒灌之也。故〈大行人〉云『上公之禮，廟中將幣三享，王禮再祼而酢。侯伯之禮，廟中將幣三享，王禮一祼而酢。諸子諸男之禮，廟中將幣三享，一祼不酢。』鄭注：『王禮，王以鬱鬯禮賓也。禮者，使宗伯攝酌圭瓚而祼，王既拜送爵，又攝酌璋瓚而祼，后又拜送爵，是謂再祼。再祼，賓乃酢王也。禮侯伯一祼而酢者，祼賓，賓酢王而已，后不祼也。禮子男一祼不酢者，祼賓而已，不酢王也。』」

3. 《禮記·禮器》：「諸侯相朝，灌用鬱鬯，無籩豆之薦。」孔疏：「諸侯自相朝，朝享禮畢，未饗食之前，主君酌鬱鬯之酒以獻賓，示相接以芬芳之德，不在殽味也。何以知朝享畢而灌，按〈司儀〉職云『凡諸公相為賓，將幣畢云賓亦如之』，鄭云：『儐謂以鬱鬯禮賓也。上於下

〔註137〕《禮經釋例》卷六頁8，《皇清經解》第12冊，頁8940。
〔註138〕見《學禮管釋》卷一頁12，《皇清經解續編》本，藝文印書館。
〔註139〕見《禮說》卷四「饗禮」條，清光緒二十年南菁講舍刻儆季雜著本，中研院藏。

曰禮，敵者曰儐。』而引〈禮器〉『諸侯相朝，灌用鬱鬯，無籩豆之薦』，謂此朝禮畢而儐賓也。」

綜上諸文，知《周禮》、《禮記》所載賓客之祼事，注疏皆以聘享禮賓當之。陸佃《禮記解》、孫希旦《禮記集解》、莊有可《禮記集說》、朱彬《禮記訓纂》、孫詒讓《周禮正義》、秦蕙田《五禮通考》、林昌彝《三禮通釋》以及黃以周《禮書通故》，皆從此說。〔註140〕是依先儒之說，諸侯朝天子及自相朝，灌用鬱鬯，本爲朝禮畢禮賓之法。據《周禮》，此唯有祼酢而不獻也。考之《儀禮》，〈士昏禮〉納采問名禮畢，請醴賓，注醴當爲禮，此女父禮賓也。〈聘禮〉聘享禮畢，請禮賓，此主國之君禮賓也。又〈士冠禮〉三加畢，有賓醴冠者，〈士昏禮〉婦見舅姑畢，有舅姑使贊者醴婦，亦大略如禮賓之禮，是故凌廷堪曰「賓主人行禮既畢，必有禮賓，所以申主人之敬也」，又曰「〈大行人〉上公王禮再祼而酢，侯伯壹祼而酢，子男壹祼不酢，乃天子禮賓之事。」〔註141〕然則禮文所載賓客之祼事，其爲朝禮之某一節次，所謂禮祼者是也。

若夫饗禮之祼，經無明文。按祭饗、賓饗同源，故經言大饗，多兼祭賓二禮，祭饗有祼，則賓饗蓋亦可以類推。是故先儒亦多以賓饗有祼爲說。考饗禮有祼，始見於《周禮·內宰》賈公彥疏，漢儒則未見其說。賈氏曰：「后之祼者，饗燕亦與焉。」此言饗有祼也。清儒秦蕙田、孫希旦、孫詒讓，亦皆有此論。〔註142〕而孫希旦之說，尤爲精審。其言曰：

> 王饗賓客，其初亦有二灌。〈內宰〉「凡賓客之祼獻瑤爵，皆贊」，〈大宗伯〉「大賓客則攝而載果」，〈小宗伯〉「祭祀、賓客，以時將瓚果」，〈肆師〉「大賓客贊果將」，〈鬱人〉「凡祭祀、賓客之祼事，和鬱鬯

〔註140〕陸說見衛湜《禮記集說》卷六三頁 12 引，《通志堂經解》本。
　　　　孫希旦《禮記集解》卷二三頁 11，蘭臺書局，1971 年。
　　　　莊有可《禮記集說》卷一○頁 4，民國二十四年影嘉慶九年刻本，力行書局，1970 年。
　　　　朱彬《禮記訓纂》卷一○頁 4，又卷一一頁 1，《四庫備要》本，中華書局，1968 年。
　　　　孫詒讓《周禮正義》卷一三頁 46，《國學基本叢書》本。
　　　　秦蕙田《五禮通考》卷一五六頁 10，新興書局，1970 年。
　　　　林昌彝《三禮通釋》卷一三二頁 12 至 13，清同治三年廣州刻本。
　　　　黃以周《禮書通故》第二十四〈燕饗禮〉頁 23 至 24，華世出版社，1976 年。
〔註141〕凌廷堪《禮經釋例》，《皇清經解》第 12 冊，頁 8941，復興書局。
〔註142〕見秦蕙田《五禮通考》卷一五六頁 11，孫希旦《禮記集解》卷二五頁 6，孫詒讓《周禮正義》卷一頁 76。

以實彝而陳之」，所謂賓客之祼，皆大饗之禮也，而朝享之後，王所以禮賓者亦存焉。鄭氏專以禮賓言之，蓋疑饗賓無灌耳。然〈內宰〉以祼獻瑤爵連言，其爲一時之事明矣。大饗之禮，后有助王薦獻之法，若朝時禮賓，非后所與也，則大饗之有灌無疑。

孫說〈內宰〉、〈大宗伯〉、〈小宗伯〉、〈肆師〉、〈鬱人〉諸文所謂賓客之祼，爲大饗之禮，與〈大行人〉所載賓客之祼事殊異。其說發古人所未發，足以發明《周禮》而釋後人饗祼之疑。

惟黃以周以爲《周禮》賓客之禮，禮祼饗獻截分二事，禮即立成之飫，有祼酢不獻，饗有獻，獻有殽，因別禮祼與饗獻爲兩種不同之禮。黃氏於其《禮書通故》卷二十四〈燕饗禮通故〉曰：

經言大饗有二：一爲祭禮，一爲賓禮。饗者獻也。其禮大略相同。但祭禮獻始以祼，故〈祭統〉云：「獻之屬莫重于祼」，明祭之祼，并入獻中也。賓禮祼獻分兩事，故〈大行人〉云：「上公王禮再祼而酢，饗禮九獻，諸侯王禮壹祼而酢，饗禮七獻，諸子王禮壹祼不酢，饗禮五獻」，明饗之獻中無祼也。〈內宰〉云「凡賓客之祼獻瑤爵皆贊」，亦明賓客之祼獻異，故曰皆，此《周官》立文之別也。饗有朝踐、有饋食，食畢而酳，各視其爵爲獻數。《左傳》「饗有體薦」，體薦，豚解，此朝踐薦腥之禮也。〈舂人〉「凡饗食共其食米」，此饋食之禮也。籩人掌四籩之實，賓客之事共其薦籩羞籩，醢人掌四豆之實，賓客，共薦羞之豆。此饗禮有朝踐籩豆，有饋食籩豆，有加豆加籩，羞豆羞籩，皆與祭禮同也。但祭禮有祼，饗禮不祼，斯其異耳。〔註143〕

又曰：

〈內宰〉言「大祭祀，后祼獻則贊，瑤爵亦如之」，祼獻者亞獻也。

〈祭統〉云「獻之屬莫重於祼」，故謂之祼獻。〔註144〕

黃說〈大行人〉禮祼饗獻有別，是矣。但據〈內宰〉「大祭祀，后祼獻則贊，瑤爵亦如之」及〈祭統〉「獻之屬莫重於祼」二文，說祼獻爲亞獻，又據〈內宰〉「凡賓客之祼獻瑤爵皆贊」之文，以爲「賓客之祼獻異」。其於大祭祀釋祼獻爲亞獻，於賓禮則說祼獻異，詮釋乖違，前後矛盾，實不能釋人之疑。

〔註143〕《禮書通故》第二十四〈燕饗禮〉頁17，華世出版社，1976年。
〔註144〕同上，第十七〈肆獻祼饋食禮五〉頁11。

按〈內宰〉「大祭祀，后裸獻則贊，瑤爵亦如之」，此裸獻連言，蓋爲一時之事，說者俱無異辭。〈內宰〉「凡賓客之裸獻瑤爵皆贊」，黃氏則以《周官》裸獻多對文說之，以爲裸謂之禮（按黃氏指〈大行人〉上公王禮再裸而酢），獻謂之饗，別賓禮裸獻爲兩事。〔註145〕實則〈內宰〉裸獻也一事，瑤爵也一事，對文並舉，故曰皆。孫希旦謂「裸獻瑤爵連言，其爲一時之事」是矣。此賓禮之裸獻當與大祭祀之裸獻同，亦專屬裸言。黃別裸爲王禮，獻爲饗禮九獻，失之，賈疏依鄭義，亦分裸獻爲二節，而以瑤爵別爲酬賓，亦失之。蓋祭饗、賓饗其禮大略相同。祭之有裸，酌鬱鬯灌以求神也；王之事賓，如事神尊之之至也。饗禮獻前之裸本爲重要儀節之一環，黃說饗獻無裸，未可信也。

　　《周禮》賓客之裸，有禮賓之裸（禮裸）與饗賓之裸（饗裸），先儒之說，殆可信從。惟先儒言饗，或不及裸事，其及裸事者，則又以禮賓之裸，以爲即饗禮之裸，此說蓋捆禮裸饗裸於無別也。

　　陳祥道《禮書》卷八十五「十二獻、九獻」條云：

> 先儒謂大祫十有二獻，四時與禘九獻，上公亦九獻，侯伯七獻。《周官·掌客》諸侯長十有再獻，〈行人〉上公再裸，饗禮九獻，侯伯一裸七獻，子男一裸五獻，諸侯之卿，各下其君二等，以下及其大夫士皆如之，則饗賓祀神之獻數，固不異矣。〈行人〉上公再裸，而裸不預於九獻，侯伯子男一裸，而裸亦不預於七獻五獻，則先儒以二裸在九獻之內，非也。

審夫陳意，雖未直言再裸一裸，即爲饗禮之裸，但既云「〈大行人〉上公再裸，而裸不預於九獻」，又云「先儒以二裸在九獻之內，非也」，則其殆合〈大行人〉上公再裸與九獻，爲上公饗禮之二裸與九獻矣。此則捆禮裸於饗裸而無別也。

　　金鶚《求古錄禮說》卷十三〈天子諸侯九獻辨〉云：

> 天子祭宗廟七獻而已。先儒皆謂天子祭天地七獻，而祭宗廟乃九獻，豈禮也哉？考之《周官》灌不得爲獻，〈大行人〉云「上公王禮再裸而酢，饗禮九獻」，是灌不在獻內也。……灌弟可通稱爲獻，而實非正獻之禮，安得并數之以爲九獻乎？〔註146〕

按金說天子祭宗廟止七獻，而引〈大行人〉「上公王禮再裸而酢，饗禮九獻」，

〔註145〕同上，第二十四〈燕饗禮〉頁21。
〔註146〕《求古錄禮說》卷一三頁3，《皇清經解續編》本，藝文印書館。

以說祭祼不在獻內，則其亦以饗禮之祼是在獻前，而不與於獻數甚明。其失與陳氏《禮書》無異。

　　楊寬〈鄉飲酒禮與饗禮新探〉云：

　　《周禮・大行人》：上公之禮「王禮再祼而酢，饗禮九獻」，諸侯之禮「王禮壹祼而酢，饗禮七獻」，「諸伯……如諸侯之禮」，諸子「王禮壹祼不酢，饗禮五獻」，「諸男如諸子之禮」。據《周禮・大行人》原文，「祼」應在「獻」之前，不包括「獻」之內。〔註147〕

楊氏據〈大行人〉祼在獻前，不包括獻之內，認為「王禮再祼」即為「饗禮九獻」前之祼，其誤亦與陳、金說不異。蓋皆以禮祼為饗祼也。

　　按聘享後之禮祼，固不可與饗禮之祼混同。蓋禮祼是禮祼，饗祼是饗祼，二者殆有殊異。知然者，就聘禮行禮之節次言之，將幣與禮賓同日，饗食則不同日。《周禮・大行人》賈公彥疏以為朝禮三享禮賓，與王速賓來廟中行饗異日，即據聘禮言之。又《周禮・齊僕》云：「朝覲宗遇饗食，各以其等為車送逆之節。」孫詒讓以為朝享純乎君臣，故無迎法，享後禮祼及饗食，純乎賓主，故依諸侯相朝禮有迎法。經云朝覲宗遇，即指禮賓而言，以將幣與禮賓同日，饗食則不同日，故備言之。孫據迎賓之法亦以禮賓與饗食不同日。〔註148〕且縱使饗禮附聘禮之後而行，但聘饗本各為獨立之禮典，聘禮禮賓一節，亦非饗禮所當有，是聘禮禮祼與饗禮固無關涉也。準此而言，則聘禮禮賓以醴，而天子待諸侯，或諸侯自相待則祼鬯，與饗禮祼獻之祼，固非一事，此其一也。凌廷堪《禮經釋例》云「凡賓主人行禮畢，主人待賓用醴，則謂之禮，不用醴，則謂之儐」，然則所謂禮賓者，蓋行禮既畢，主人待賓之禮，而用醴者也。〈士冠禮〉三加既字後，請醴賓，此主人禮賓也。〈士昏禮〉納采問名，請醴賓，此女父禮賓也。〈聘禮〉聘享畢，請禮賓，此主國之君禮賓也。〈覲禮〉覲享畢，王無禮侯氏之事者，蓋文不具。〔註149〕秦蕙田以為覲禮禮賓之節，在肉袒請事之後。〔註150〕是依秦說，覲禮肉袒請事後，有禮賓，此天子禮賓也。以上諸禮之禮賓，皆禮畢後行之，其用意殆不外乎申謝其厚意。惟卿以下無祼，但以醴禮之，而天子待諸侯，或諸侯自相待，則祼鬯為異耳。至若饗禮之祼，據祭禮以推之，祭之

〔註147〕〈鄉飲酒禮與饗禮新探〉，《古史新探》頁 298 附注。

〔註148〕參見孫氏《周禮正義》卷六二頁 34、卷七一頁 72。《國學基本叢書》本，商務印書館，1967 年。

〔註149〕見孫氏《周禮正義》卷七一頁 76。

〔註150〕《五禮通考》卷一五六頁 10。新興書局，1970 年。

裸所以迎神降臨，饗食既純乎賓主，則饗之裸殆亦寄寓迎賓之來，其義殆同，是饗裸、禮裸，義有殊異，此其二也。夏炘《學禮管釋》云：「以醴敬賓謂之醴。凡飲皆有酬酢，醴無酬酢。」〔註151〕據《周禮·大行人》上公王禮再裸而酢，侯伯壹裸而酢，子男壹裸不酢，其裸之後，別無獻酒，饗賓則裸獻二者皆有。孫詒讓曰：「王禮賓，再裸一裸，裸後別無獻酒，饗賓則裸獻兩有。」〔註152〕孫說禮賓之裸與饗賓之裸有別，甚諦，此其三也。綜上所述，則知以禮賓之裸當作饗賓之裸，殆有未審。苟如其說，則聘禮朝享畢，無禮賓之節矣。推其所以有斯說者，或以為聘先饗行，有聘必有饗，而饗即承聘之後，二禮連行，故以再裸壹裸為饗裸，若此說可信，則上公三饗三食三燕，其後二饗之裸，便不得其說。是此說之未盡然，蓋可知也。

2、裸在獻內

禮文所稱裸事，先儒大抵以朝享畢，禮賓之裸當之，則禮賓之裸非饗賓之裸，殆可無疑。若夫《周禮·大行人》上公饗禮九獻，侯伯饗禮七獻，子男饗禮五獻，此飲獻之數，是否即包括二裸，或二裸在飲獻之數外，前儒之說，亦有不同。

《周禮·大行人》「饗禮九獻」賈疏云：

> 謂後日王速賓，賓來就廟中行饗。饗者，亨大牢以飲賓。設几而不倚，爵盈而不飲，饗以訓恭儉。九獻者，王酌獻賓，賓酬主人，主人酬賓，酬後，更八獻，是為九獻。

依賈說，則上公饗禮九獻，饗獻無裸，二裸在九獻之外。此一說也。

秦蕙田《五禮通考》卷一百五十六云：

> 覲享與大饗皆在廟，以神明臨之，故獻必先裸，《周禮·內宰》疏云：「后之裸者，饗燕亦與焉」是也。饗禮之裸，經無明文。以禮賓之節推之，上公九獻，則王一獻，后亞獻，皆裸。侯伯七獻，子男五獻，則王裸而已。記云：「獻之屬莫重於裸。」大饗者，賓客之大禮，共十二獻九獻七獻，與事神同，亦必有裸明矣。《周禮》所載賓客之裸事，注疏皆以禮賓當之，而不及大饗，似尚未備。

依秦說，上公饗禮九獻，其二裸即在九獻中，侯伯子男惟一裸，亦在七獻或五獻中。孫希旦《禮記集解》亦持此說，其言曰：

〔註151〕《學禮管釋》卷一頁 12。
〔註152〕《周禮正義》卷七一頁 76。

－87－

賓客之饗，亦有灌有獻有酳。〈大行人〉「上公饗禮九獻，侯伯七獻，

子男五獻」，此自灌至酳之獻數也。〔註153〕

孫說賓客之饗，亦有灌有獻有酳，則知其亦以饗禮之祼，即在獻中，與秦說

同。孫詒讓據秦、孫二氏之說，而更申明之。其於《周禮・大行人》疏云：

今考饗禮最盛，兼食燕，當與祭禮相儗。以〈司尊彝〉大祭九獻約

之，疑〈大宗伯〉攝王初祼，又攝后亞祼，祼後，王與后又以次各

二（按原文作三）獻而後止。賓食九舉，食後酳爵，又各一獻，眾

賓長又一獻，是爲九獻。其七獻五獻亦皆有一祼，可以例推。〔註154〕

又云：

凡祼亦通謂之獻，故〈祭統〉以祼爲獻之屬，〈內宰〉亦云「祼獻」

是也。此王禮賓，再祼一祼，祼後別無獻酒。饗賓則祼獻兩有。凡

九獻者，再祼後有七獻。七獻者，一祼後有六獻。五獻者，一祼後

有四獻。經於饗不云祼者，亦以祼獻通言不別也。〔註155〕

是據秦蕙田、孫希旦、孫詒讓等家之說，饗禮之祼，蓋包在獻數之中，此又

一說也。

　　按饗禮之祼，是否包在獻中，此與天子宗廟九獻，其祼是否與於獻中，

同是斷斷未已。楊寬〈鄉飲酒禮與饗禮新探〉據〈大行人〉、〈內宰〉、〈禮器〉

〈周語〉之文以及金鶚「祭祼不在九獻中」、「黃以周《周禮》祼獻分二事」

之說，以爲秦蕙田、孫詒讓祼在獻中爲誤。然細繹其說，終乏有力塙證，似

以秦、孫說較爲可從。其言曰：

饗禮在開始獻酒之前，有所謂祼。這是一種最隆重的獻禮的序幕，

只有在饗禮和祭禮中才有。《禮記・禮器》說：「諸侯相朝，灌用鬱

鬯，無籩豆之薦。」因爲「灌」在「獻」前，還沒有把食物陳設出

〔註153〕《禮記集解》卷一四頁 11。

〔註154〕《周禮正義》卷七一，頁 68。按「王與后又以次各三獻而後止」，楚學社本、

　　　　四庫備要本、王文錦、陳玉霞點校本同。孫詒讓〈內宰〉疏云：「饗禮上公九

　　　　獻，初獻二獻爲祼」，又〈大行人〉疏云：「饗賓，祼獻兩有。凡九獻者，再

　　　　祼後有七獻」，是孫說饗賓九獻者，蓋獻該祼而言之也。然〈大行人〉疏又云：

　　　　「以〈司尊彝〉大祭九獻約之，〈大宗伯〉攝王初祼，又攝后亞祼，祼後王與

　　　　后又以次各三獻，食後酳爵，又各一獻，眾賓長又一獻，是爲九獻」。如其說，

　　　　則似饗賓九獻之前，又有二祼，此與其"獻該祼而爲九"之說自相抵牾。疑「又

　　　　以次各三獻」之"三"當作"二"，諸本皆誤。

〔註155〕同上，卷七一頁 76。

來。〔註156〕

又曰：

《周禮・大行人》：上公之禮「王禮再祼而酢，饗禮九獻」，諸侯之
禮「王禮壹祼而酢，饗禮七獻」，……據《周禮・大行人》原文，「祼」
應在「獻」之前，不包括「獻」之內。《周禮・內宰》：「凡賓客之祼
獻瑤爵皆贊」，也以「祼」「獻」為二事，故說「皆贊」。金鶚〈天子
宗廟九獻辨〉認為在宗廟祭祀中，祼不在獻內。「獻必有俎，而灌時
尚未迎牲，未有俎也。獻尸必飲，而灌鬯用以灌地，尸不飲也。……
灌第可通稱為獻，實非正獻之禮，安得并數之以為九獻乎？」饗禮
中的祼大體也相似，是在獻之前，未設薦俎時舉行。《禮記・禮器》
說：「諸侯相朝，灌用鬱鬯，無籩豆之薦」，可為明證。《國語・周語
上》說：「王祼鬯，饗醴乃行」，也把「祼鬯」敘述在「饗醴」之前。
黃以周《禮書通故》卷二十四〈燕饗通故〉據《周禮・大行人》和
〈內宰〉之文，認為祼與獻有區別，很對。〔註157〕

按楊氏依金說天子宗廟祭祀，祼不在獻內，以為饗禮之祼亦然。此說似持之有
故，但祭禮之祼既為正獻之禮，何妨并數以為九獻。且祭禮獻始於祼，故《禮
記・祭統》云：「獻之屬莫重於祼」，明祭之祼并入獻中也。金說灌（祼）可通
稱為獻，而實非正獻之禮，其說殆有未安。此其一也。《周禮・大行人》祼在獻
之前，不包括獻之內，是已。蓋大行人再祼一祼，乃朝享畢，禮賓之祼事，自
鄭玄以降，多無異辭，此殆以聘禮行禮之節次推之，而知其然。此其二也。《周
禮・內宰》鄭注分釋祼獻為二，賈依鄭義。黃以周《禮書通故》亦分為兩事，
而楊氏據之。按黃說未必為然。〈內宰〉云：「凡賓客之祼獻瑤爵皆贊」，黃說賓
客之祼獻異，故曰皆。實則〈內宰〉祼獻也一事，瑤爵也一事，故曰皆。知然
者，〈內宰〉前文云：「大祭祀，后祼獻則贊，瑤爵亦如之」，祼亦獻之屬，析言
則祼獻有別，渾言則祼亦稱獻。〈祭統〉「獻之屬莫重於祼」，故謂之祼獻，此賓
客之祼獻，與大祭祀同，亦專屬祼。此其三也。〈禮器〉：「諸侯相朝，灌用鬱鬯，
無籩豆之薦」，此文無以證明即指饗禮而言，故先儒率以朝享畢，禮賓當之。且
夫祭饗賓饗，其禮大略相同，但未必即全同。祭饗之祼，所以迎神，饗禮既純
乎賓主之禮，則其祼蓋亦所以迎賓之意。二者粗看似乎相同，實則其用意殆有

〔註156〕〈鄉飲酒禮與饗禮新探〉，《古史新探》頁297。
〔註157〕同上，頁298附注。

小殊。祭祼蓋在求神之來格，以其時神猶未降臨，故以鬱鬯灌之。饗禮祼時，貴賓已至，其祼殆示歡迎光臨之意。一則未至，一則已來，祭祼既包括在九獻中，則饗禮尤不宜摒諸九獻之外。又古者天子耕藉之田，則先行饗禮，饗附藉禮而行，所主者仍爲藉禮。藉禮前之祼鬯饗禮，非謂用此盛禮以待賓也。知然者，《國語・周語上》：「各即其齋三日，王乃淳濯饗醴。及期，鬱人薦鬯，犧人薦醴，王祼鬯，饗醴乃行」，韋注云：「淳，沃也。濯，溉也。饗，飲也。謂王沐浴，飲醴酒也。」又云：「期，耕日。灌鬯飲醴，皆所以自香潔也。」依韋說，則藉田禮之前，先行饗禮，所以灌鬯飲醴，乃所以自香潔，非以飲賓也。斯者蓋假饗禮之形式，以示隆重而已。韋說雖於經傳無據，但頗合理。林昌彝謂鬱鬯亦爲可飲之物〔註158〕，說殆或然。據此，則藉禮前之祼鬯，其義蓋與饗祼不同。楊氏以爲饗禮之祼在獻數之外，蓋非其實。

3、饗醴與饗酒

《周禮・大行人》「饗禮九獻，食禮九舉」，鄭注云：「饗，設盛禮以飲賓也」，未詳使用何酒。以《左傳》考之，饗禮有饗與饗醴之目，言饗者六十餘事，而言饗醴者有三見：

1. 《左氏》莊公十八年傳：「春，虢公、晉侯朝王。王饗醴，命之宥，皆賜玉五瑴，馬三匹。」

2. 《左氏》僖公二十五年傳：「夏四月戊午，晉侯朝王，王饗醴，命之宥。」

3. 《左氏》僖公二十八年傳：「晉侯獻楚俘于王，……己酉，王享醴，命晉侯宥。」

上列三例，除稱饗醴外，且有命宥之文，辭例不同，事必有別於其他饗者也。其饗醴一辭，後之說者，頗有歧異：

1. 《國語・晉語四》（載僖公二十五年事），云：「（晉文公）二年春，公以二軍下，次於陽樊。右師取昭叔于溫，殺之于隰城。左師迎王于鄭。王入于成周，遂定之于郟。王饗醴，命公胙侑。」韋注饗醴云：「饗，設饗禮，《傳》曰：『戰克而王饗。』饗醴，飲醴酒也。」

2. 《左傳》莊公十八年，杜注云：「王之覲群后，始則行饗禮，先置醴酒，示不忘古。」孔疏云：「《周禮・掌客》，王待諸侯之禮，上公三饗三食三燕，侯伯三饗再食再燕，子男壹饗壹食壹燕。三禮先言饗，是王之

〔註158〕《三禮通釋》卷一三二頁15，清同治三年廣州刻本，中研院藏。

覲群后,始則行饗禮也。〈酒正〉辨五齊之名,一曰泛齊,二曰醴齊,三曰盎齊,四曰緹齊,五曰沈齊。鄭注云:『泛齊者,成而滓浮泛泛然。醴猶體也,成而汁滓相將,如今恬酒矣。……自醴以上尤獨。』然則以其尤濁,故先置之,示不忘古也。知者,〈禮運〉云「燔黍捭豚」,下即云「以燔以炙,以為醴酪」,是醴酒在先而有,故曰先置醴酒,云不忘古也。」

3. 凌廷堪《禮經釋例》卷四〈飲食之例中〉云:「《左傳》『莊公十八年春,虢公晉侯朝王。王饗醴,命之宥。皆賜玉五穀,馬三匹。』饗謂饗禮,醴謂醴賓。馬者,蓋謂饗及醴賓之庭實,故〈聘禮〉禮賓亦云:『賓執左馬以出』也。杜預注以為『行饗禮,先置醴酒』,恐誤。〈士昏禮〉婦見舅姑,贊醴婦,婦饋舅姑,舅姑饗婦,亦分醴饗為兩事。」〔註159〕

4. 沈欽韓《春秋左傳補注》卷二云:「饗當作享。〈聘禮〉『賓執圭致命,公受玉,賓出。擯者出請。賓奉束帛加璧享,庭實乘皮,公受幣。聘於夫人用璋,享用琮。擯者出請事,賓告事畢。賓奉束錦以請覿,擯者入告,出辭。請禮賓,公出迎賓。宰夫實觶以醴,薦脯醢,公用束帛,庭實乘馬。』其行禮之次第獻酬之儀物如此。若諸侯朝王,其次第亦同。〈大行人〉職:『上公之禮,廟中將幣三享,王禮再祼而酢』,三享即〈聘禮〉之加璧享,覲禮所謂三享,皆束帛加璧,庭實惟國所有也。再祼即〈聘禮〉之禮賓也。前乎此者,致館致餼,後乎此者,致饔餼,致饗食。〈大行人〉云:『饗禮九獻,食禮九舉』,鄭注:『饗,設盛禮以飲賓也。』醴賓之時,不名為饗,以其但有脯醢無牲牢也。杜云『王覲群后,始則行饗禮』,此目不見《周禮》《禮經》者也。」〔註160〕

5. 黃以周《禮書通故》第二十四〈燕饗禮通故〉云:「《左傳》云『饗以示恭儉』,又云『設几而不倚,爵盈而不飲』,又云『虢公、晉侯朝王,王饗醴,命之宥』,皆以祼言。上公之禮,再祼而酢,侯伯壹祼而酢,祼用鬱鬯,酢用醴。杜注謂『行饗禮先置醴酒』,本誤。」〔註161〕

杜氏云始行饗禮,先置醴酒;凌氏據禮經分辨饗醴為二事,以饗為饗禮,醴為醴賓;沈氏以饗即〈聘禮〉之聘享,醴即〈聘禮〉之禮賓;黃氏以饗醴為

〔註159〕《皇清經解》第 12 冊,頁 8914。
〔註160〕《春秋左氏傳補注》卷二頁 4 至 5。
〔註161〕《禮書通故》第二十四〈燕饗禮〉頁 26。

諸侯來朝，或諸侯自相朝，朝享禮畢則裸鬯之禮裸。四家之說，似皆有所依據，但均不足以釋彝銘饗禮有「鄉醴」與「鄉酒」之別。惟韋昭之說蓋得其正。近人許維遹《饗禮考》，亦分饗與醴爲二，以爲饗必設酒，其酒即指醴酒而言。其言曰：

> 饗禮與祭禮相類，祭禮用醴，則饗禮亦必用醴。聘先饗行，聘有酒醴，饗亦宜然。

又曰：

> 《禮記·月令》載天子躬耕帝籍田事，云：「反，執爵于太寢，三公九卿諸大夫皆御，命曰勞酒。」《呂氏春秋·孟春》文同。高注云：「御致天子之命，勞群臣於太廟，飲之以酒。」《國語上》亦載此事，云：「王乃淳濯饗醴。及期，鬱人薦鬯，犧人薦醴，王裸鬯，饗醴乃行。」是〈月令〉、《呂氏春秋》之酒，即《國語》之醴，以在太廟，祇能行饗醴，不能燕飲，此禮之通論也。〔註162〕

尋繹許說，蓋凡饗禮所用（除獻前之裸外）止醴而已。楊寬亦以爲饗禮中獻賓用醴，與鄉飲酒獻賓用酒不同，所以古文獻上或稱饗禮爲饗醴〔註163〕，說與許同。按許、楊二氏以饗禮獻賓用「醴」，蓋是已，然以饗禮不用「酒」，其說仍有可商。按《左傳》言饗醴或言饗，皆謂饗禮，蓋無可置疑，惟二者輕重有殊。《詩·吉日》「以御賓客，且以酌醴」，《毛傳》云：「饗醴，天子之飲酒也。」鄭箋云：「御賓客者，給賓客之御也。賓客，謂諸侯也。酌醴，酌而飲群臣以爲俎實也。」醴者，〈酒正〉五齊之一，又入於六飲，而與漿酏爲類，爲天子饗諸侯之所用，故《毛傳》云：「饗醴，天子之飲酒也」。據此，則饗醴，蓋以飲之醴爲名，爲天子饗諸侯之禮，與《左傳》合。且徵之彝銘，饗有「鄉醴」，有「鄉酒」，蓋以醴與酒而分其輕重，足見毛說蓋有所據也。

「醴」與「酒」別者，鄭注《酒正》曰：「醴成而汁滓相將，如今恬酒。」《說文》酉部云：「醴，酒一宿孰也。」《釋名·釋飲食》云：「醴齊，釀之一宿而成，體有酒味而已。」《漢書·楚元王傳》云：「穆生不嗜酒，元王每置酒，常爲穆生設醴。」顏注曰：「醴，甘酒也。少麴多米，一宿而孰。」〔註

〔註162〕許維遹〈饗禮考〉，《清華學報》第 14 卷第一期，頁 124。
〔註163〕詳見〈鄉飲酒禮與饗禮新探〉，《古史新探》頁 296。
〔註164〕《漢書》（標點本）卷三六頁 1922，鼎文書局。

164〕據此，則醴乃一種速釀而成之甜酒，以其一宿而孰，汁與糟相將未分，故禮酌醴必用柶。醴爲穀酒，可以兼用稻、梁、黍三米，故《禮記・內則》云：「飲：重醴，稻醴清糟，黍醴清糟，梁醴清糟。」凌純聲〈匕鬯與醴柶考〉云：「清者爲汁，糟者爲滓。蓋清糟即汁滓相將之酒釀」〔註 165〕是也。

通考彝器，其記王饗者凡十有一器：

1. 〈尹光鼎〉：「乙亥，王□才𩛥餗，王鄉酉，尹光邐，隹各，商貝。」（《金文總集》1208）
2. 〈宰甫毀〉：「王來獸（狩），自豆彔，才祾餗，王鄉酉，王姿宰甫貝五朋。」（《金文總集》2599）
3. 〈天亡毀〉：「乙亥，王又大豐，王凡三方。王祀于天室，降。天亡又王，衣祀于王不顯考文王，事喜上帝。……丁丑，王鄉大宜。」（《金文總集》2777）
4. 〈征人鼎〉：「丙午，天君鄉禮酉才斤，天君賞卑征人斤貝。」（《金文總集》1172）
5. 〈遹毀〉：「穆王才葊京，乎漁于大池，王鄉酉。」（《金文總集》2734）
6. 〈穆公毀（蓋）〉：「隹王初女䢅，迺自商自复還，至于周。王夕鄉醴于大室。」（《金文總集》2704）
7. 〈長由盉〉：「隹三月初吉丁亥，穆王才下減𣄰。穆王鄉醴，即井伯大祝射。」（《金文總集》4448）
8. 〈三年𤼈壺〉：「隹三年九月丁巳，王才奠，鄉醴。……己丑，王才句陵，鄉逆酉。」（《金文總集》5796）
9. 〈大鼎〉：「隹十又五年三月既霸丁亥，王才𩁹倀宮，大以卑友守，王鄉醴。」（《金文總集》1301）
10. 〈師遽方彝〉：「隹正月既生霸丁酉，王才康寢鄉醴，師遽蔑曆友。」（《金文總集》4977）
11. 〈虢季子白盤〉：「隹十又二年正月初吉丁亥，虢季子白乍寶盤。不顯子白，𣁋武于戎工，經維四方，博伐厰𤞤，于洛之陽，折首五百，執嘫五十，是以先行，桓桓子白，獻戒于王，王孔加子白義，王各周廟宣

〔註 165〕凌純聲〈匕鬯與醴柶考〉，《中研院民族學研究所集刊》第十二期，頁 181。

廚，爰鄉。王曰：『伯父，孔覭又光。』王賜乘馬，是用左王，王賜用
弓、彤矢其央。賜用戉，用政蠻方。」（《金文總集》6790）

以上王饗十一見，就時代言：前二器爲殷末銅器，三、四器爲西周早期，五
至十器爲西周中期，〈虢季子白盤〉爲西周晚期器。據其類分，則又可析別爲
三：其一不記所用之酒，其二曰鄉酒，其三曰鄉醴。饗酒者，即以酒饗之也。
其在殷世，蓋已有之。周初行饗用酒，其因於殷禮顯然。逮乎西周中期以後，
饗時以醴飲賓而不用酒，已與殷禮有異。〈征人鼎〉「天君鄉禩酉」，〈三年癲壺〉
「王鄉逆酉」，禩、逆並爲受饗者之名，銘辭乃言天君以酒饗禩，王以酒饗逆，
其意甚曉。于豪亮讀逆爲昔，且引鄭注《周禮・酒正》「昔酒」、《禮記・郊特
牲》「猶明清與醆酒于舊澤之酒也」等爲說，以爲「昔酒是比較陳舊之酒，與
速釀而成之醴酒大不相同」。〔註166〕按逆昔相通，徵諸古籍異文，雖可得而說，
但終嫌迂曲。又伍仕謙釋逆爲迎，以爲「王從豐鎬到鄭巡視，可能是剛回到
宗周，大設一次迎風酒。」〔註167〕按饗地在句陵非宗周，伍說殆有可商。根
據辭例，「鄉禩酉」、「鄉逆酉」，似不當有異。

〈天亡段〉「王鄉大宜」者，蓋爲祭祀畢，同姓之諸父兄弟留與之宴會
之饗，所謂燕私之禮是也〔註168〕；〈虢季子白盤〉「王各周廟宣廚爰鄉」者，
乃班師飲至之饗〔註169〕；〈尹光鼎〉之「王鄉酉」，乃王征井方在師次慰眾
之饗〔註170〕；〈宰甫段〉之「王鄉酉」，是狩獵在師次勞眾之饗；〈遹段〉之
「王鄉酉」，是周穆王在大池射魚後，舉行之饗禮。〔註171〕就此數器觀之，
或記用酒，或不記用酒，而實無特異之處，皆爲通常之禮，雖其性質或有不
同，但其義則一，鄭玄所謂「以酒食勞人曰饗」者是也。方濬益謂鄉酒猶鄉
醴〔註172〕，楊寬謂金文中稱「鄉酉」者應指鄉飲酒禮，稱「鄉醴」者乃爲
饗禮〔註173〕，林潔明從楊說，且例舉〈宰甫段〉、〈乙亥鼎〉、〈天亡段〉、〈沈

〔註166〕于豪亮〈說俎字〉，《中國語文研究》第二期，頁48。
〔註167〕伍仕謙〈微氏家族銅器群年代初探〉，《古文字研究》第5輯，頁115。北京
中華書局。
〔註168〕見孫作雲《詩經與周代社會研究究》頁64。
〔註169〕見楊樹達〈虢季子白盤四跋〉，《積微居金文餘說》卷一頁241。
〔註170〕見吳闓生《吉金文錄》卷一頁9。
〔註171〕見陳夢家〈西周銅器斷代（六）・遹段〉，《考古學報》1956年第四期，頁86。
〔註172〕方濬益《綴遺齋彝器考釋》卷四四頁7。台聯國風出版社，1976年。
〔註173〕〈鄉飲酒禮與饗禮新探〉，《古史新探》頁297。

子設〉、〈遹設〉、〈虢季子白盤〉等器銘以當之。〔註 174〕按以鄉酒爲鄉醴，其說未確，此由〈三年瘐壺〉「鄉醴」、「鄉酉」並見一器，其有殊異，可以推知。楊、林二氏以「鄉酉」即鄉飲酒禮，說亦非是。且林所舉例證，天亡設之「鄉」，孫作雲以爲祭祀後之宴會〔註 175〕，〈虢季子白盤〉之「鄉」，楊樹達謂即飲至之禮。〔註 176〕〈沈子設〉「用𣪘鄉己公」之「鄉己公」，蓋爲祭饗己公，亦與鄉飲酒禮絕遠。林氏於諸家說，當皆見之，然既以諸者之「鄉」爲鄉人飲酒，則其不從諸家說可知。惟林氏又無駁正，是其說蓋有可商也。

至於鄉醴，從銘文中，雖不易考定所饗之對象身份，但據《左傳》，可知鄉醴較鄉酒爲重。

1. 莊公十八年傳：「虢公、晉侯朝王，王饗醴，命之宥。」

   按《竹書紀年》「惠王元年，晉獻公朝」，是惠王即位而朝也，故王特禮之。又前年釐王使虢公命曲沃武公爲晉侯，故與獻公相率而朝也。

2. 僖公二十五年傳：「晉侯朝王，王饗醴，命之宥。」

   按僖公二十四年秋，狄師伐周，大敗周師，王出適鄭。冬，王使簡師父告于晉，晉文公勤王。明年，夏四月丁巳，送襄王入于王城。戊午，晉侯朝王，故有是饗。

3. 僖公二十八年傳：「五月丁未，（晉侯）獻楚俘于王。……己酉，王享醴，命晉侯宥。」

   按是年夏四月，晉侯、齊師、宋師、秦師及楚人戰於城濮，楚師敗績。五月晉文公獻楚俘于王，襄王錫晉侯命稱伯。

上列三文，悉爲王饗諸侯之例，二饗有功，一饗即位而朝，可知饗醴爲重禮。

從上述可知，饗酒與饗醴，所用飲料不同，其禮輕重殆亦有異。根據典籍所見，醴之與酒，固有輕重之分，《漢書·匡衡傳》云：「適子冠于阼，禮之用醴，眾子不得與列，所以貴正體而明嫌疑也。」〔註 177〕此言醴貴於酒也。檢諸禮經，亦多可取證。〈冠〉〈昏〉〈聘〉〈喪〉諸篇，皆設醴不設酒，此可知古人醴貴於酒也。又設兩尊者，以一尊爲上：其尊於室北墉下及房戶間者，以在西

〔註 174〕《金文詁林》第 11 冊，頁 5622，香港中文大學，974 年。

〔註 175〕見孫作雲《詩經與周代社會研究究》頁 64，北京中華書局。

〔註 176〕見楊樹達〈虢季子白盤四跋〉，《積微居金文餘說》卷一頁 241，大通書局，1971 年。

〔註 177〕《漢書》卷八一頁 3340。

者爲上尊；其尊於東楹西者，以南者爲上尊；其饌於東堂下者，又以在北者爲上尊。有元酒者上元酒，無元酒者，以醴配酒，則上醴。此又可知醴貴於酒也。〈酒正〉賈疏云：「五齊、三酒及〈春官・鬯人〉所造鬯酒，所以異者，五齊三酒，俱用秫稻麴蘖，又三酒味厚，人所飮者也，五齊味薄，所以祭者也。是以下經鄭注云『祭祀必用五齊者，至敬不尙味而貴多品』。五齊對三酒，酒與齊異，通而言之，五齊亦曰酒，故《禮記・坊記》云『醴酒在室，醍酒在堂』是也。其鬯酒者，自用黑黍爲之，與此別也。」〔註178〕又鄭注〈酒正〉云：「五齊止用醴爲飮者，取醴恬與酒味異也。其餘四齊，味皆似酒。」〈漿人〉亦云：「掌共王之六飮：水漿醴涼醫酏。」據此可知，五齊中惟醴入六飮，餘四齊皆非常飮所用也。〈禮運〉：「玄酒在室，醴醆在戶，粢醍在堂，澄酒在下。」澄酒者，事酒、昔酒、清酒，人所飮者也。粢醍者，鄭玄謂當云齊醍，乃較恬酒更成熟之渾酒。醴醆，初釀成之酒。玄酒，水也；上古無酒，以水當酒，因其色玄，故名。〈禮運〉所陳諸酒，蓋依其時代先後言，玄酒最古，澄酒最後。而室爲廟中鬼神所在之處，地位最尊，戶爲由室至堂之戶，地位次於室，堂之地位又次之，下指堂下，地位最卑。祭祀時以最古之玄酒置之最尊處，而將最後釀成之澄酒設於最卑處，所謂報本還始，皆從其朔是也。此又可知醴貴於酒也。然則鄉醴爲重，鄉酒爲輕，據醴與酒有貴賤之分，蓋亦可爲明證。《左傳》載天子饗諸侯，而曰饗醴，蓋其來有自也。

4、左傳命宥質疑

△《左氏》莊公十八年傳：「春，虢公、晉侯朝王。王饗醴，命之宥，皆賜玉五瑴，馬三匹，非禮也。王命諸侯，名位不同，禮亦異數，不以禮假人。」

△《左氏》僖公二十五年傳：「夏四月戊午，晉侯朝王。王饗醴，命之宥。」按《國語・晉語四》載此事，則作「王饗醴，命公胙侑」。

△《左氏》僖公二十八年傳：「晉侯獻楚俘于王，……己酉，王享醴，命晉侯宥。王命尹氏及王子虎、內史叔興父策命晉侯爲侯伯，賜之大輅之服、戎輅之服，彤弓一彤矢百，玈弓矢千，秬鬯一卣，虎賁三百人。」

《左傳》言饗，凡六十有六條，而稱享（饗）醴者，有此三見。此三例悉爲王饗諸侯之事，且並有「命宥」之文。辭例不同，事必有別於其他言饗

〔註178〕《周禮注疏》卷五頁11。

者也。按饗禮，蓋以飲之禮爲名，爲天子燕饗諸侯之禮，故《詩・吉日》《毛傳》云「饗禮，天子之飲酒也。」上述三事，二饗有功，一饗即位而朝，其爲姬周飲賓之重禮可知。此已見前述。

"宥"，西周金文作"友"：

△〈穆公𣪘（蓋）〉：「隹王初女𥊽，迺自商自复還，至于周。王夕鄉醴于大室，穆公𦘔（友）。」（《金文總集》2704）

△〈師遽方彝〉：「隹正月既生霸丁酉，王才周康帝，鄉醴，師遽蔑曆𦘔（友）。」（《金文總集》4977）

△〈鄂侯鼎〉：「王南征，伐角𣦒，唯還自征，在矿。噩（鄂）侯駿（馭）方內豊于王，乃𥣫（祼）之，駿（馭）方𦘔（友）王。王休宴，乃射。」（《金文總集》1299）

按友字，金文或從甘作𦘔，或從口作𦘔。通考彝器，其記王饗者凡十餘見，而稱饗醴，且有「友」文者，有〈穆公𣪘〉、〈師遽方彝〉二例，其辭例與上引《左傳》三文完全相同。又〈鄂侯鼎〉一銘，雖無「饗醴」之文，惟銘云「鄂侯馭方內豊于王，乃祼之，馭方友王」，或以《周禮・大行人》王禮賓之節當之，或以爲即《左傳》之饗醴，或以爲即燕禮。蓋以銘辭簡約，說者各據所據，故義有歧異。

有關前儒時脩對「命宥」一詞之解釋，自韋昭以下，約可歸爲六義。說既有異，則知其中必有是非可辨。因援引諸說，或本前儒之論述，或據一己之所見，而爲之辨析如後，以明其是非得失焉。

（1）韋昭命服胙肉侑幣說

命宥一辭，亦見《國語》。〈晉語四〉載魯僖公二十五年事，則作「王饗醴，命公胙侑」，與《左傳》文字小異。韋昭解曰：

命，加命服也。胙，賜祭肉。侑，侑幣。謂既食，以束帛侑公。

〔註179〕
按據《左傳》言饗醴三文與《國語》相互比對，可知〈晉語〉「命公胙侑」，即《左傳》之「命之宥」，蓋無可疑。胙侑二字於此義同。胙與酢通，侑與宥通，《爾雅・釋詁》云：「酬、酢、侑，報也。」是其證。韋解《國語》，但隨文訓釋，與《左傳》不合。且如韋說，則命也，胙也，侑也爲三事，其以命爲加命

〔註179〕《國語》卷一〇頁272，藝文印書館，1974年。

服，則正文當云錫公命，例如：文公元年《經》云：「夏，天王使毛伯來錫公命」，成公八年《經》云：「秋，天子使召伯來賜公命」；又如《國語・周語上》云：「襄王使邵公過及內史過賜晉惠公命」、「襄王使大宰文公及內史興賜晉文公命」，是也。或宜如僖公二十八年《左傳》云「策命晉侯爲侯伯，賜之大輅之服、戎輅之服」，文義始足，不得言「命公」也。又按僖公二十四年秋，狄師伐周，大敗周師，王出適鄭。冬，王使簡父告于晉，晉文公勤王。明年夏四月丁巳，送襄王入于王城，故有是饗。是知時當饗禮，安得雜以吉禮之賜胙，韋說之失甚明。王引之《經義述聞》、汪孫《國語發正》已駁之矣。〔註180〕劉文淇《春秋左氏傳舊注疏證》亦以韋注爲非，謂命不關加命服〔註181〕，說亦是也。

至韋氏以侑爲侑幣，謂既食，以束帛侑公者，此說蓋據《儀禮》以言。〈公食大夫禮〉賓三飯之後云：「公受宰夫束帛以侑」，鄭注云：「束帛，十端帛也。侑猶勸也。主國君以爲食賓殷勤之意未至，復發幣以勸之，欲用深安賓也。」是侑幣者，蓋古人宴客，以爲未盡殷勤之意，又贈客以財物。是爲禮食用幣之意也。然侑幣用於食禮，酬幣用於饗禮，經有明文。〈聘禮〉曰：

> 公于賓，若不親食，使大夫各以其爵朝服致之以侑幣。致饗以酬幣，亦如之。

又曰：

> 大夫于賓，若不親饗，則公作大夫致之以酬幣，致食以侑幣。

〈公食大夫禮〉亦曰：

> 大夫相食，侑幣束錦也。

又曰：

> 若不親食，使大夫各以其爵朝服，以侑幣致之。

是禮親食則有侑幣，不親食則以侑幣致之。不親饗以酬幣致之，則親饗有酬幣亦可知。《詩・鹿鳴・序》，鄭箋云：「飲之而有幣，酬幣也。食之而有幣，侑幣也。」蓋即本《禮經》而言也。《詩・彤弓》箋云「大飲賓曰饗」，《周禮・大行人》注云「饗，設盛禮以飲賓也」，《儀禮・聘禮》注云「饗謂亨大牢以飲賓也」，皆以飲爲饗禮也。《左傳》、《國語》「命宥」之上，既云「王饗醴」，則其所用當言酬幣，不當言侑幣。是韋以侑爲侑幣，與饗禮不合，亦非也。

〔註180〕王說見《經義述聞》「命之宥」條，《皇清經解》第 17 冊，頁 12882。
　　　　　汪說見《國語發正》卷一○頁 12，《皇清經解續編》本。
〔註181〕見《春秋左氏傳舊注疏證》頁 392，明倫出版社，1970 年。

（2）杜、孔侑幣酬幣說

《左傳》莊公十八年「王饗醴，命之宥」，杜注曰：

> 飲宴則命之以幣物。宥，助也，所以助歡敬之意。

孔氏疏其義云：

> 命之宥者，命之以幣物，所以助歡也。《詩·序》曰：「〈鹿鳴〉，燕群臣嘉賓也。既飲食之，又實幣帛筐篚，以將其厚意。」〈聘禮〉云：「若不親食，使大夫朝服，致之以侑幣。致饗以酬幣，亦如之。」是饗禮有酬幣也。禮主人酌酒於賓曰獻，賓答主人曰酢，主人又酌以酬賓曰酬。酬幣，蓋於酬酒之時賜之幣也。所賜之物，即下玉馬是也。

按杜、孔俱以宥為所以助歡之幣物，惟孔以酬幣為釋，杜則似用韋說，以為侑幣。故彼又於僖公二十八年「王享醴，命晉侯宥」下注曰：「既饗，又命晉侯助以束帛，以將厚意。」杜以宥為侑幣，其誤與韋同。且侑幣、酬幣皆所以酬賓勸賓，本禮之常，無須言「命」，亦不當言「命之」。王引之曰：「且如杜說，命以幣物以助歡，則傳當云命宥之，不當云命之宥也。」朱大韶亦曰：「命之者命其人也。僖《傳》曰『命晉侯宥』是也。如杜說，當云宥虢公、晉侯，不當言命之宥。」〔註182〕王、朱之駁是矣。後儒若梁履繩之《左通補釋》、沈欽韓之《左傳補注》、劉文淇之《春秋左氏傳舊注疏證》、張其淦之《左傳禮說》，皆以酬幣當之〔註183〕，說與孔疏同。按禮食有侑幣，饗有酬幣，孔疏以宥為酬幣，雖合饗禮之所用，然其誤與杜說不異。蓋如其說，則亦當如王引之之駁杜注，當作「命宥之」，不當云「命之宥」也。

（3）王引之命酢說

王引之《經義述聞》「命之宥」條下曰：

> 侑與宥通。《爾雅》曰：「酬、酢、侑，報也。」則侑與酬酢同義。命之侑者，其命虢公、晉侯與王相酬酢與？或獻或酢，有施報之義，故謂之侑。命之侑者，所以親之也。僖公二十八年傳，晉侯朝王，「王享醴，命晉侯宥」，其為命晉侯與王相酬酢，較然明白。若謂助以幣

〔註182〕王引之《經義述聞》「命之宥」條，《皇清經解》第 17 冊，頁 12881。
　　　　朱大韶《春秋傳禮徵》卷三頁 6，適園叢書本。
〔註183〕梁說見《左通補釋》卷三頁 18，《皇清經解續編》本。
　　　　沈說見《左傳補注》卷二頁 5，《皇清經解續編》本。
　　　　劉說見《春秋左氏傳舊注疏證》頁 174，明倫出版社，1970 年。
　　　　張說見《左傳禮說》卷一頁 15，力行書局，1970 年。

帛，則傳但云王享醴，宥之可矣，何須云命晉侯宥乎？又僖公二十

五年傳，「晉侯朝王，王享醴，命之宥」，〈晉語〉作「王饗醴，命公

胙宥」，胙即酢之借字，蓋如賓酢主人之禮以歡宥於王，故謂之酢宥

與？〔註184〕

按王氏據《爾雅》「酬、酢、宥，報也」之訓，謂命之宥為命虢公、晉侯與王

相酬酢；命晉侯宥為命晉侯與王相酬酢。其意蓋以為王饗諸侯，受獻者嫌與

天子抗禮，不敢居主賓獻酢之名，故必王命之，然後敢於酢王。故云「命之

宥者，所以親之也」。是其以「命宥」即「命酢」，甚為明白。自王氏有斯說，

而後之學者或襲其說，若汪遠孫之《國語發正》、楊伯峻之《春秋左傳注》是

也〔註185〕；或更申證之，若朱大韶、孫詒讓、王國維、楊寬諸家是也。茲略

舉數家之言，以見一斑。

朱大韶《春秋傳禮徵》申其說，曰：

禮，惟賓主敵者，賓得親酢主人，餘皆主人自酢，卑不得酢尊也。

王饗諸侯，諸侯不得酢王，王特命之宥。內傳言命晉侯宥，外傳言

命公胙宥，胙宥皆報也。然則命之宥者，命其酢王也。命晉侯宥者，

命晉侯酢王也。〔註186〕

孫詒讓《周禮正義·大行人疏》亦申其說，曰：

王引之謂胙即酢之假借字，《爾雅》酢宥同訓，命宥即命酢也，其說

甚塙。蓋凡朝享後之受禮與饗，公侯伯皆得與王相酢宥。虢公、晉

侯謙不敢當盛禮，故必王命之乃酢。〔註187〕

又以〈小雅·彤弓〉詩證之曰：

〈彤弓〉首章云一朝饗之，次章云一朝右之，三章云一朝醻之。此

右即《左傳》之宥，亦即《國語》之胙宥。蓋非宥幣，而即報飲之

酢也。首章饗之即獻，次章右之即酢，合之三章云醻之，正是獻、

酢、酬之禮。〔註188〕

王國維復據西周彝銘，〈鄂侯鼎〉「馭方友王」，謂「友」即「宥」「侑」，侑義

〔註184〕《經義述聞》，《皇清經解》第17冊，頁12881至12882。

〔註185〕汪說見《國語發正》卷一○頁12，《皇清經解續編》本。

楊說見《春秋左傳注》頁207，中華書局，1981年。

〔註186〕《春秋傳禮徵》卷三頁6，《適園叢書》本，藝文印書館。

〔註187〕《周禮正義》卷七一頁74，《國學基本叢書》本，商務印書館。

〔註188〕《籀廎述林》卷二頁17，《孫籀廎先生全集》，藝文印書館。

與酢同，以證成此說。其言曰：

〈鄂侯馭方鼎〉：「王南征，伐角舒，唯還自征，在矿，鄂侯馭方內
□于王，乃爩之，馭方䚉王。王休宴乃射」云云。䚉即宥侑二字。《說
文》友之古文作𥝢，此其本字矣。鼎所云王乃爩之者，謂王祼馭方
也。馭方䚉王者，謂馭方酢王也。《周禮·大行人》「侯伯之禮，王
禮壹祼而酢」，即此事也。故侑之義與酢同。此不云酢而云侑者，以
諸侯之於天子，不敢居主賓獻酢之名，故雖酢天子，而其辭若曰侑
之云爾。侑之名義，取諸副尸而不取諸勸尸。古者諸侯燕射之禮，
皆宰夫爲獻主，故其臣不嫌有賓名。若天子饗諸侯，則不設獻主，
受獻者嫌與天子亢禮也，若曰天子自飲酒而諸侯副之，如侑之於尸
云爾。〔註189〕

其後楊寬撰〈鄉飲酒禮與饗禮新探〉一文，於王引之、孫詒讓、王國維諸家
說皆有徵引，而更申述其義曰：

宥侑等字，既然是酢的意思，酢是對主人還敬酒，爲什麼一定要如
《左傳》所說那樣命之才宥呢？因爲按禮，賓和主地位相當的，在
主人獻賓後，才能酢主人，既然諸侯地位在天子之下，所以必須天
子命之才能酢。猶如晉文公接受周襄王的冊命，最初「端委以入」，
「大宰以王命，命冕服，內史贊之，三命而即冕」（《國語·周語上》）。

〔註190〕

綜觀諸家「命宥」即「命酢」說，似乎《左傳》「命宥」之文，以及彝銘
「友」字之義，已得其較爲正確之解釋。然細繹此說，其中不無有待斟酌商
榷之處。夫主賓獻酢，爲饗燕儀節之一，有獻則必有酢，此所以爲禮也。據
王、孫諸家說，王饗諸侯，必須王命之「酢」，而後諸侯始能酢王。如其說，
則凡王之「饗禮」皆然。據此而言，則「饗禮」之「命酢」，亦本禮之常，而
《左傳》皆書之，此殆有可疑也。又據王國維、楊寬說，《左傳》言「命宥」，
金文言「友」（侑），其義不異，特金文未加「命」耳。如其說，則「馭方友
王」者，意爲王命馭方酢侑也；「穆公友」者，意爲王命穆公酢侑也；「師遽
蔑曆友」者，意爲王命師遽酢侑也；如此詮釋，蓋有待商榷也。知者，此金
文三例，除〈鄂侯鼎〉「馭方友王」，尚可解作「馭方酢王」以外，其餘二銘：

〔註189〕見《觀堂別集》〈釋宥〉頁6，世界書局，1970年。
〔註190〕見《古史新探》頁301，北京中華書局，1965年。

「穆公友」、「師遽蔑曆友」，若訓友爲酢，其義終嫌未安也。尤有甚者，彝器所以「銘其功烈，以示子孫，昭明德而懲無禮」（襄公十九年傳文），是故〈祭統〉云：「夫鼎有銘，銘者自名也。自名以稱揚其先祖之美，而明著之後世者也。」又云：「銘者，論譔其先祖之有善德、功烈、勳勞、慶賞、聲名，列於天下，而酌之祭器，自成其名焉，以祀其先祖者也。顯揚先祖，所以崇孝也。身比焉，順也。明示後世，教也。」是作器鑄銘之意義，蓋在自成其名，以稱揚先祖之美，而使明著於後世者也。若夫獻酢往來，禮之常儀，縱使王命之然後酢於王，然此殆亦不足以矜其子孫，顯榮後代，知必有其特殊意義存焉。因知王引之、孫詒讓、王國維等人之說，雖似持之有故，然尋文究理，殆亦非其正詁。

夫王、孫諸家之所以有此說，探究其原因，或緣於「天子無客禮」、「臣莫敢與君亢禮」而然。茲二事，蓋互爲因果，亦爲一體之兩面。故宋馬睎孟曰：

> 普天之下，莫非王土，率土之濱，莫非王臣。故天子無客禮，莫敢爲主焉。天子燕禮則以膳夫爲主，諸侯燕禮則以宰夫爲主，示其君之尊而莫敢與之抗禮也。〔註191〕

茲就文獻資料所見，試爲之辨析如後云。

1. 馬說「天子無客禮，莫敢爲主焉」，語見《禮記·郊特牲》。〈郊特牲〉之言曰：

> 大夫而饗君，非禮也。……天子無客禮，莫敢爲主焉。君適其臣，升自阼階，不敢有其室也。

據〈郊特牲〉之義，蓋謂天子無爲客之禮，以其位尊無對，莫敢爲之主故也。因之諸侯饗王爲非禮。是故鄭康成特於此注曰：「明饗君非禮也。」按諸侯是否可以饗王，禮無明文。說者多據〈郊特牲〉此文立論，以爲大夫而饗君猶爲非禮，則古無諸侯饗天子之禮可知。然稽之《左傳》，莊公二十一年，鄭厲公饗周惠王于闕西辟。此諸侯饗王也，而《左傳》無譏焉。故孫希旦《禮記集解》、莊有可《禮記集說》皆有"諸侯有饗王之禮"之說。楊伯峻《春秋左傳注》更以〈郊特牲〉云云，不可相信。以爲原伯之所以譏鄭伯，並不在其饗王，而在其樂備。因謂「饗王於當時，亦非不合禮」。《左傳》莊公二十二年云：「陳公子完奔齊，齊侯使爲工正。飲桓公酒，樂。公曰：『以火繼之。』

辭曰:『臣卜其晝,未卜其夜,不敢。』」服虔注曰:「臣將享君,必卜之,示戒慎也。」是服義臣得饗君,惟當卜之,以示戒慎耳。然則服氏蓋不取〈郊特牲〉文也。不特此也,《左傳》記大夫饗君之事多見,而亦未見有譏其非禮者:昭公元年,秦公子鍼饗晉平公;昭二十七年,吳公子光饗王僚;定公十三年,衛公叔文子饗靈公;哀公十四年,宋桓魋饗景公是也。徵之《晏子春秋》,其〈內篇雜上〉亦兩言「晏子飲景公酒」。〔註192〕足見春秋之世,設盛宴以待君,縱或如說者以爲有擅寵之嫌,但於當時似並不以爲失。大夫之饗君,既非非禮,則據〈郊特牲〉以爲諸侯饗王爲非者,蓋不待辨而明。然則「天子無客禮」者,殆爲〈郊特牲〉之說,不足以範圍春秋之禮制也。說詳〈諸侯饗王非禮說質疑〉及〈卿大夫饗諸侯非禮說質疑〉二節。

2. 馬說「天子燕禮則以膳夫爲主,諸侯燕禮則以宰夫爲主,示其君之尊而莫敢與之抗禮也」,蓋本之《周禮·膳夫》及《禮記·燕義》。《周禮·膳夫》云:

> 王燕飲酒,則爲獻主。

鄭注引鄭司農曰:

> 主人當獻賓,則膳夫代王爲主,君不敵臣也。〈燕義〉曰:「使宰夫爲獻主,臣莫敢與君亢禮。」

又《禮記·燕義》云:

> (諸侯燕禮)設賓主,飲酒之禮也。使宰夫爲獻主,臣莫敢與君亢禮也。

鄭注曰:

> 設賓主者,飲酒致歡也。宰夫,主膳食之官也。天子使膳宰爲主人。

孫希旦《禮記集解》疏其義曰:

> 爲獻主,使之爲主而獻賓也。飲酒之禮,必立賓主,以行獻酬。君燕其臣,不自獻,而使宰夫者,君之意,匪曰吾之尊不可屈也,特以臣不敢與君亢禮。若君自爲主,則賓將跼蹐不安,而非所以爲樂矣。故使宰夫爲獻主,則可以盡宴飲之歡,體賓之心也。〔註193〕

按燕飲,天子使膳夫爲獻主,諸侯使宰夫爲獻主,經有明文。其所以必設獻主之義,孫說較然明白,無庸贅言。惟饗禮不傳,難得其詳。然據〈大行人〉

〔註192〕見《晏子春秋校注》頁134,世界書局,1972年。
〔註193〕《禮記集解》卷六〇頁15,蘭臺書局,1971年。

所載賓客之祼事，以及漢儒經注，實未有諸侯不得酢王之說，而反可以作爲諸侯有酢王之禮之佐證。

《周禮‧大行人》云：

> 上公之禮，王禮再祼而酢；侯伯之禮，王禮壹祼而酢；子男，王禮壹祼不酢。

鄭注云：

> 祼，讀爲灌。再灌，再飲公也。而酢，報飲王也。王禮，王以鬱鬯禮賓也。禮者，使宗伯攝酌圭瓚而祼，王既拜送爵，又攝酌璋瓚而祼，后又拜送爵，是謂再祼，賓乃酢王也。

又〈大宰〉「贊玉爵」賈疏云：

> 案《周禮‧大行人》云：「上公再祼而酢，侯伯壹祼而酢，子男壹祼不酢。」此祼時大宗伯攝祼，非冢宰所贊。但諸侯酢王用玉爵，則冢宰贊，王受之。〔註194〕

按此謂諸侯朝王，朝覲之日，三享既畢，王乃以鬱鬯之酒禮賓也。據《周禮》，此唯有祼酢而不獻。且以君無酌臣之禮，故遣大宗伯代祼。〔註195〕又據〈大宰〉賈疏，則知諸侯酢王用玉爵也。秦蕙田《五禮通考》云：「其禮上公則大宗伯代王酌圭瓚授賓，王拜送爵，小宰贊之，是爲壹祼。大宗伯又代后酌璋瓚授賓，后拜送爵，內宰贊之，是爲再祼。賓乃酌玉爵以酢，大宰贊，王受之，是爲再祼而酢。若侯伯子男，則有王祼無后祼，故云壹祼。但侯伯有祼有酢，子男有祼不酢，其爵愈卑，不敢與王爲禮也。」〔註196〕秦說「其爵愈卑，不敢與王爲禮」，則其爵高者，若公侯伯，得與王爲禮可知。且秦氏此說，即本〈大行人〉而言。然則秦氏以公侯伯得以酢王，亦較然明白。

孫詒讓曰：「《詩‧小雅‧彤弓》箋云：『飲酒之禮，主人獻賓，賓酢主人，主人又飲而酌賓，謂之酬。』此禮賓，王爲主人，故獻賓之後，賓又報飲王，亦謂之酢。」又曰：「蓋凡朝享後之受禮與饗，公侯伯皆得與王相酢侑。」〔註197〕按孫氏既謂朝享後之禮賓與饗禮，公侯伯皆得與王相酢侑，則公侯伯之酢王，蓋本禮之常也。既爲禮之常，則不須待王命然後酢亦可知

〔註194〕《周禮注疏》卷二頁 23。

〔註195〕見《周禮‧大宗伯》鄭注。

〔註196〕《五禮通考》卷一五六頁 10，新興書局，1970 年。

〔註197〕見《周禮正義》卷七一頁 74，《國學基本叢書》本，商務印書館。

也。惟孫氏乃據王引之說，謂「虢公、晉侯謙不敢當盛禮，故必王命之乃酢」〔註198〕者，是又設爲曲護之辭，殆亦似嫌矛盾矣。又王國維云：「〈鄂侯鼎〉所云王乃醻之者，謂王裸駁方也。駁方耆王者，謂駁方酢王也。《周禮・大行人》侯伯之禮，王禮壹裸而酢，即此事也。」按王氏解讀此銘，以朝享後之禮賓一節當之，足備一說。然朝享後之禮賓，公侯伯有酢王之節，經有明文。且漢儒於王禮賓一節之「酢」，略無必王命之乃酢之說，是知王說之疏失，蓋與孫說不異。

夫饗食燕三禮，饗重燕輕，而「饗禮」尤比一般之饗爲重。以燕禮輕，故王不爲主，而使膳夫爲主人。饗禮重，故王國維以爲不設獻主。又據〈大行人〉王禮賓，五等爵亦有等差，公侯伯有裸有酢（上公再裸而酢，侯伯壹裸而酢），子男但有裸而不酢是也。故知據《禮記・燕義》之說以範圍饗禮亦必如是者，殆有未安也。夫饗者，設盛禮以飲賓也。朝享後之禮賓與饗禮，其禮雖異，而皆爲修賓主之禮，通上下之情則一。禮賓備裸酢，饗禮備獻酢醻，禮賓之酢不待王命，則饗事之酢，何以知其必王特命之？朱大韶曰：「禮，惟賓主敵者，賓得親酢主人，餘皆主人自酢，卑不得酢尊也。」按由以上所論，知朱此說殆有可疑。且饗禮施用，約可析爲二類：一作爲獨立禮典行使，一作爲某一禮典組成之一部分。二類之行禮儀節，容或有繁簡之不同，然亦有其相同之處。據〈士昏禮〉，舅姑有「共饗婦以一獻之禮」之節，此即饗禮附於昏禮而行者，亦即以饗禮作爲某一巨典組成之一部分，而附於他禮而行者是也。蓋婦始至，當示以尊卑之體，故舅姑於婦不用燕禮而用饗禮，所以主敬也。一獻，士禮也。所謂一獻之禮者，蓋謂舅獻婦，婦酢舅，姑醻婦共成一獻是也。《左傳》待諸侯之「饗禮」，與附於士昏禮而行之「舅姑饗婦」之「饗禮」，其禮儀隆殺有殊，自不待言。然如謂君臣尊卑不敵，則舅婦尊卑又何嘗相敵也。果如朱說，則似婦亦不當有親酢舅之舉矣。此或亦可爲旁證。是知主賓獻酢，乃禮之常也。就王禮而言，禮之輕者，或設獻主，而重者王爲主人，其大別如是而已。

（4）朱彬加爵說

朱彬《經傳考證》於《左傳》僖公二十八年「王享醴，命晉侯宥」下曰：

> 杜說既享又命晉侯助以束帛，以將厚意。彬謂此說非也。既享之後，又加爵以勸之，故曰宥。《詩》「三爵不識，矧敢多又」，又與侑同，

是享賓當有侑矣。如杜說，是既享之，又命晉侯將以幣帛，非其情實。〔註199〕

按飲酒之禮，有獻，有酢，有酬，有旅酬，有無算爵，此一定之節次也。獻酢酬，所以申敬也；旅酬、無算爵，所以爲歡也。饗爲設盛禮以待貴賓之禮，兼燕與食，是亦飲酒禮，則饗具獻酢旅酬，蓋亦理之當然。說詳旅酬節。朱氏據《詩》「三爵不識，矧敢多又」（〈賓之初筵〉），以爲「又與侑同」，因釋「侑」爲「加爵以勸之」。其實禮飲獻酢酬之外，又有旅酬及無算爵，不止三爵也。是知朱氏說「侑」爲「加爵以勸之」，蓋有可議。又按大夫士祭，正獻之後，有加爵，見〈特牲饋食禮〉。天子諸侯廟享正獻之後，亦有加爵，故〈明堂位〉云「加以璧散、璧角」。若夫饗燕加爵，禮無明文。縱如朱說「侑爲加爵以勸之」爲不誤，則亦爲饗燕禮之常，何須言命。且即如其說，則傳亦當云「命侑晉侯」，不當云「命晉侯侑」。是朱氏加爵之說，殆亦不可據信。

（5）吳闓生右坐說

吳闓生《文史甄微》曰：

侑謂侑坐也。昭公二十五年，宋公使昭子右坐，此侑即右坐之義。〔註200〕

按吳說侑爲右坐，乃以臨時偶然之舉動，而以禮論之，亦非是也。知者，杜注云：「坐宋公右以相近，言改禮坐。」據燕禮設席，公席於阼階上，西鄉，賓席戶西東上，是禮坐公向西，賓向南也，相隔較遠，不便交談。故使昭子移坐宋公之北，同西向以相近，便相語也。是則本爲臨時偶然之舉動，不可以此相比也。

（6）劉雨侑者說

劉雨〈西周金文中的饗與燕〉曰：

〈穆公毁蓋〉云：「王夕鄉醴于大室，穆公曑（侑）」。〈師遽方彝〉云：「王才周康寢，鄉醴，師遽蔑曆友。」可見王行饗禮，必設「侑」者。在上述金文中，穆公、師遽等皆爲作器者，王專門爲他們舉行饗禮，命他們在饗禮過程中作「侑」者，因爲是件極榮寵的事，故銘之于彝器。《左傳》僖公二五年「晉侯朝王，王享醴，命之侑」，僖公二八年「晉侯獻楚俘于王，……王享醴，命晉侯侑」，「侑」即

〔註199〕《經傳考證》，《皇清經解》第20冊，頁14843，復興書局。
〔註200〕吳闓生《文史甄微》說，見楊伯峻《春秋左傳注》莊公十八年，頁207引。

「侑」，說明王饗禮設侑之儀，直到春秋年間，仍保留著。〔註201〕

按通考西周彝銘，賜命銘文之儀式，無儐者之名，而有司儐職之人，此即習稱之「右」者是也。蓋受冊命者入門，由儐者「右」之，故今人賦予此稱謂，文獻上則無是名。惟金文「右」者之「右」，其字作「右」，未嘗作「友」。檢諸嚴一萍《金文總集》一書所錄，友字凡見於六十三器，作𦎛者四十六，作𦎛者七，作𦎛者十一〔註202〕，俱未發現有「友或通作右者之右」之例證。是知「右」「友」二字，金文分用畫然。則劉以〈穆公毁〉、〈師遽方彝〉及〈鄂侯鼎〉中之「友」字，謂即右（侑）者之右，其說殆有未確。再者，《左傳》莊公十八年云：「春，虢公、晉侯朝王。王饗醴，命之宥。」此「命之宥」之「之」字，蓋指虢公、晉侯二人而言。果如劉說，則虢公、晉侯二人俱為侑者矣。此亦有待商榷也。且饗者，設盛禮以飲賓也，所以講賓主之禮，通上下之情者也。若依劉說，以賓為「侑」，則設饗禮，所招待之貴賓，乃反為相禮之「儐」，此殆非聖人制禮之意，亦不待辨而明也。

《左傳》「命宥」之義，歷來解釋紛紜，而各家之說，殆有未安，大抵如上述所辨。按𦎛者助也，象兩手相助。〔註203〕古以善于父母為孝，善于兄弟為友，是「友」為盡心竭力之名，亦含有勖勉、勤勞之義。友有二字音同（古音並屬匣紐，段氏第一部），古多通用。《春秋經》昭十一年「執蔡世子有以歸」，《穀梁傳》「有」作「友」；《左傳》「季友」，桓寬《鹽鐵論・殊路篇》引作「季有」；《論語・學而》「有朋自遠方來」，《釋文》云：「有或作友」。又《釋名・釋言語》云：「友，有也，相保有也。」《白虎通・三綱六紀篇》云：「友者有也。」〔註204〕皆其證。故《荀子・大略篇》「友者所以

〔註201〕〈西周金文中的饗與燕〉，《大陸雜誌》，第八十二卷第二期，頁66。
〔註202〕𦎛字，見《金文總集》，器號：1120，1144，1159，1167，1210，1215，1217，1227，1281，1285，1286，1298，1301，1305，1325，1326，1332，2379，2381，2410，2608，2644，2674，2689，2705，2722，2752，2841，2856，2983，3055，3070，3086，3087，3090，4176，4874，4892，4893，4981，6739，6786，6844，6976，7001，7175。𦎛字見0787，1299，1644，4878，5496，5497，5736。𦎛字見1119，1277，1278，1498，2023，2704，2723，4977，5644，6792。又見1217。
〔註203〕劉心源《奇觚室吉金文述》云：「𦎛亦取二手相助。」（〈霝侯鼎〉），藝文印書館，1971年。
〔註204〕桓寬《鹽鐵論》卷五頁6，《四部叢刊》本，商務印書館。
　　　陸德明《經典釋文》卷二四頁1，《通志堂經解》本，大通書局。
　　　劉熙《釋名》卷二頁13，《增訂漢魏叢書》本，大化書局年。

相有也」，楊倞注曰：「友與有同義。」〔註205〕檢諸西周彝銘，亦有其例可徵。〈虢仲盨〉云：「虢仲以王南征，伐南淮尸（夷），才成周，乍旅盨。丝盨友十又二。」（《金文總集》3055）此假「友」爲「有」，即其例。友有既相通作，而侑宥並從有聲，則友與侑宥二字相通，蓋無可疑也。《爾雅·釋詁》云：「酬、酢、侑，報也。」報者，謂相報答也。〔註206〕《詩·小雅·楚茨》毛傳，《儀禮·公食大夫》、〈特牲〉、〈少牢饋食〉鄭注，並云「侑，勸也」。《說文》：「勸，勉也。」是侑亦勸勉之義。勸勉與報答義亦相近。然則友侑宥諸字，皆含有盡心竭力、勗勉從事之義，蓋可得而說也。

西周彝銘，〈鄂侯鼎〉云「馭方友王」者，謂馭方勗勉勤勞王事也；〈穆公殷〉云「穆公友」者，謂穆公勗勉勤勞王事也；〈師遽方彝〉云「師遽蔑曆友」者，蔑曆，蓋爲勉勵之辭〔註207〕，其銘義亦謂師遽勗勉勤勞王事也。此種語法結構，係表被動之語氣。〔註208〕「馭方友王」，亦即馭方友于王也。凡此文例，殆皆於王饗禮之際，爲人臣者所作勤勞王事之辭。日人白川靜於《金文通釋》云：「豔侯納醴于王，祼之而後晉王，不是在饗之後行之者也，乃在饗禮之際，所行之儀禮也。」又云：「晉爲于載書之上加兩手之象，故本爲表示盟誓祝嘏之意之儀禮也。」〔註209〕按白川氏謂「晉爲表示盟誓祝嘏之意之儀禮」，「晉王，乃在饗禮之際，所行之儀禮」，其說固具卓識，惜乎未盡其全義。愚以爲「友」者，蓋爲矢志效忠，敬勉王事之辭；質言之，亦即人臣既勤王事而有功於社稷，王於「饗禮」之際，所行爲嘉勉人臣勤王事之儀節。

此種儀節，按之《左傳》所載，其義尤爲明白。莊公十八年傳云「命之宥」者，命爲上對下之辭，殆王命諸侯宥，亦所以示親而敬之之意也。其意則不僅天子躬親嘉勉，且欲虢公、晉侯爾後更盡心竭力，勤勉於王事也。又僖公二十五年傳及二十八年傳云「命之宥」〔註210〕、「命晉侯宥」者，意亦嘉

班固《白虎通》卷三頁 28，《增訂漢魏叢書》本，大化書局。

〔註205〕見王先謙《荀子集解》頁 710，藝文印書館，1967 年。

〔註206〕見郭璞注。

〔註207〕說見阮元《積古齋鐘鼎彝器款識》卷五頁 3，藝文印書館。

〔註208〕見管燮初《西周金文語法研究》「受事主語」乙節，頁 64，北京商務印書館，1981 年。

〔註209〕白川靜說見《金文通釋》第 19 輯，〈師遽方彝〉，日本神戶白鶴美術館，1964 年。

〔註210〕僖二十五年《左傳》「晉侯朝王，王饗醴，命之宥」，《國語·晉語四》則作「王饗醴，命公胙侑」。《爾雅·釋詁》云：「酬、酢、侑，報也」，胙即酢之借字，

勉晉侯之勳勞，且欲晉侯爾後更盡心竭力，勤勉於王事也。

知者，據前引《左傳》三文，莊公十七年，周釐王崩，子惠王閬立。是年，晉獻公詭諸亦立。明年春，虢公與晉獻公俱朝于周，故王特以饗醴禮之。此旨在表彰虢公晉侯於「尊王」之表現也。又僖公二十四年秋，狄師伐周，大敗周師，王出適鄭。冬，王使簡父告于晉，晉文公勤王。明年夏四月丁巳，晉侯送襄王入于王城，故王待之以饗醴。此所以報答晉侯捍衛王室，外攘夷狄之功也。僖公二十八年，晉楚戰於城濮，楚師敗績。五月丁未，晉文公獻楚俘於王。己酉，襄王以饗醴禮晉侯。此亦所以酬報晉文公「尊王攘夷」之卓越貢獻也。此已見前述矣。是就此三則史實而論，蓋皆饗諸侯於周王室之有功者。然則王在此類饗醴中，皆「命之宥」者，當含有勤王事之特殊意義存焉。蓋欲諸侯爾後更盡心竭力，勤勉於王事者是也。斯猶《尚書‧顧命》載康王即位後，勗勉天下諸侯之理相同。其言曰：

> 今予一二伯，父尚胥暨顧，綏爾先公之臣服于先王。雖爾身在外，
> 乃心罔不在王室。用奉恤厥，無遺鞠子羞。

亦猶〈文侯之命〉載平王之勗勉晉文侯。其言曰：

> 父義和，汝克昭乃顯祖，汝肇刑文武，用會紹乃辟，追孝于前文人。
> 汝多修，扞我于艱；若汝，予嘉。

又曰：

> 父義和，其歸視爾師，寧爾邦。……父往哉。柔遠能邇，惠康小民，
> 無荒寧，簡恤爾都，用成爾顯德。

凡此皆爲周天子勗勉諸侯，盡心竭力，勤勞於王事，或勤勞其國事，惠愛子民者也。《尚書》所載，與《左傳》「命宥」之異，端在二者所施之場合儀禮有殊耳。以此解釋，通讀〈穆公設〉、〈師遽方彝〉及〈鄂侯鼎〉三器銘辭，義未嘗有不通者，而施諸《左傳》「命宥」之文，其義尤爲曉達。所異者，彝銘乃臣屬自誓敬勉，而傳文則爲天子躬親嘉勉而已。

（二）酬幣與賞賜

1、饗有酬幣食有侑幣

禮食有侑幣，饗有酬幣。《儀禮‧公食大夫禮》云「公受宰夫束帛侑幣，

侑與宥通，侑與酬酢同義。「命公胙侑」，胙侑猶酢侑，二字義同。「命公胙侑」義即「命公侑」。

明日，拜食與侑幣」，又云「大夫相食，侑幣，束錦也」，此食有侑幣也。〈聘禮〉云「公於賓，若不親食，使大夫各以其爵，朝服致之以侑幣。致饗以酬幣，亦如之」，又「大夫於賓，若不親饗，則公作大夫致之以酬幣，致食以侑幣」，〈士昏禮〉「舅饗送者以一獻之禮，酬以束錦。姑饗婦人送者，酬以束錦」，此饗有酬幣也。是據《儀禮》，侑幣用於食禮，酬幣用於饗禮，較然有別。《詩·鹿鳴·序》箋云：「飲之而有幣，酬幣也；食之而有幣，侑幣也。」鄭以飲為饗，以酬幣屬饗禮，以侑幣屬食禮，蓋即本禮經為說，是矣。

惟自韋昭解《國語·晉語四》「王饗醴，命公胙侑」，云：「侑，侑幣。謂既食，以束帛侑公。」杜注《左傳》莊公十八年「命之宥」，云：「飲宴則命以幣物，宥助也，所以助歡敬之意。」而後之學者，或據韋、杜注義，以為饗食皆名侑幣，若陳祥道、梁履繩、胡承珙、李黼平諸儒皆有是說：

△ 陳祥道《禮書》云：「酬幣亦謂之侑，侑幣不謂之酬，故《春秋傳》享醴皆曰宥，以侑者助酬之通稱也。」（梁履繩《左通補釋》亦引《禮書》說）

△ 胡承珙《毛詩後箋》：云「古酬侑義通，《左傳》（莊十八、僖二十五）云『王饗醴，命之侑』，是饗食皆名侑也。」

△ 李黼平《毛詩紬義》云：「《左傳》言王饗醴命宥，是饗亦有侑幣，非專食禮。」〔註211〕

按韋解、杜注之未安，王引之《經義述聞》、汪遠孫《國語發正》、朱大韶《春秋傳禮徵》、劉文淇《春秋左氏傳舊注疏證》，皆有駁辨，已見前說，茲不更述。夫韋、杜之說，既不足為信，則前儒或據以為酬幣亦名侑幣者，其說恐亦未然矣。

饗幣所以稱酬，食幣所以稱侑，其義據先儒之說，蓋畫然有別，不容相混。〈公食大夫禮〉賓三飯之後，云「公受宰夫束帛以侑」，鄭注云：「束帛，十端帛也。侑猶勸也。主國君以為食賓殷勤之意未至，復發幣以勸之，欲其深安賓也。」此禮食用幣之意也。〈士冠禮〉「主人酬賓，束帛儷皮」，鄭注云：「飲賓客而從之以財貨，曰酬。所以申暢厚意也。」《左傳》昭公元年「歸取酬幣」，

〔註211〕陳祥道《禮書》卷五八頁13，《四庫全書》本，商務印書館。
梁履繩《左通補釋》卷三頁18，《皇清經解續編》本。
胡承珙《毛詩後箋》卷一六頁1，《皇清經解續編》本。
李黼平《毛詩紬義》，《皇清經解》第19冊頁14595，復興書局。

孔疏云：「飲酒之禮，主人初獻於賓，賓酢主人，主人受賓之酢禮，飲訖又飲，乃酌以酬賓，如是乃成為一獻。於酬之時，始有幣以勸飲，故以為酬酒幣也。」〔註212〕又《禮記・禮器》「琥璜爵」，孔疏云：「天子饗諸侯，或諸侯自相饗，行禮至酬酒時，則有幣將送酬爵，又有琥璜之玉將幣。」〔註213〕朱大韶於《春秋傳禮徵》亦曰：「饗之幣，何言酬？賓既酢主人，主人復酬賓，故用幣以致之，鄭云『酬賓勸酒之幣』是也。食之幣，何言侑？〈大司樂〉『王大食三侑』，〈特牲〉『尸三飯告飽，祝侑』，凡禮食皆侑，故用幣以致之。鄭云『侑勸也，主國君以為食賓客殷勤之意未至，復發幣以勸之，欲用深安賓也』是也。」〔註214〕然則酬幣也者，蓋於酬酒之時，主人贈賓以勸酒之幣也。是故《左傳》昭公元年：「秦后子享晉侯，造舟于河，十里舍車，自雍及絳，歸取酬幣，終事八反」，杜預注：「備九獻之儀，始禮自齎其一，故續送其八酬酒幣。」九獻，須用酬幣九次。初獻，后子自齎，餘八獻則次第取於車，故傳云終事八反。據此，則饗賓之禮，每獻皆有酢有酬矣。是故自來言酬幣者，或據此事為說，以為每獻必酬。惟亦有以此為非禮者。賈公彥於《儀禮・士冠禮》疏云：

> 主人酬賓，當奠酬之節，行之以財貨也。此禮賓與饗禮同。凡酬幣
> 之法，尊卑獻數多少不同，及其酬幣，唯於奠酬之節一行而已。春
> 秋秦后子出奔晉，后子享晉侯，「歸取酬幣，終事八反」，杜注云：「備
> 九獻之儀，始禮自齎其一，故續送其八酬酒幣。」彼九獻之間皆云
> 幣，春秋之代奢侈之法，非正禮也。〔註215〕

又陳祥道《禮書》卷五十八「饗食燕用幣之禮」條云：

> 公食大夫三飯而後侑，則每舉不侑。秦后子享晉侯，歸取酬幣，終
> 事八反，而每爵必酬，非禮也。〔註216〕

梁履繩《左通補釋》說同。〔註217〕賈說九獻之間皆云幣，乃為春秋奢侈之法，非正禮。陳據公食大夫賓三飯而侑以推，謂饗禮每爵必酬為非禮。張爾岐《儀禮鄭註句讀》從賈說，林昌彝《三禮通釋》依陳說〔註218〕，二說雖有小異，

〔註212〕《左傳注疏》卷四一頁17，藝文印書館。
〔註213〕《禮記注疏》卷二三頁11，藝文印書館。
〔註214〕朱大韶《春秋傳禮徵》卷三頁6，《適園叢書》本。
〔註215〕《儀禮注疏》卷二頁16，阮刻《十三經注疏》本，藝文印書館。
〔註216〕陳祥道《禮書》卷五八頁13，「饗食燕用幣之禮」條，《四庫全書》本。
〔註217〕梁履繩《左通補釋》卷三頁18，《皇清經解續編》本。
〔註218〕張說見《儀禮鄭註句讀》卷一頁11，藝文印書館。
　　　　林說見《三禮通釋》卷九六頁3，清同治三年廣州刻本。

而以酬幣當奠酬之節一行之，蓋同。褚寅亮《儀禮管見》亦云「幣言酬賓，必行於奠觶之節。」〔註219〕據《儀禮・公食大夫禮》賓三飯而後公以束帛侑賓推之，賈說不可易。敖繼公《儀禮集說》謂「此酬賓之禮，當行於賓受獻之後，未卒爵之前。」〔註220〕殆非。

2、酬幣與賞賜有別

禮饗有酬幣，而酬賓蓋於奠酬之節一行之，已論述於上。惟有關酬幣一端，歷來學者又多與賞賜一事相混，而統以酬酒之幣視之。是亦不可不稽尋其原委，而區以別之。

考賞賜贈賄之事，據出土資料觀之，蓋可溯自殷商。除見於殷彝銘辭之外，甲骨刻辭亦有記錄，特其數量遠不及銅器銘文耳。其見於卜辭者：

△庚戌…貞，易多女业貝朋（《合集》11438）

△…盧不囚，易貝二朋，一月（《南北坊》三、八一）

見於殷商彝器者：

△〈戍甬鼎〉：「丁卯，王令宜子逾（會）西方，于省佳反（返），王賞戍甬貝二朋。」（《金文總集》1192）

△〈戍嗌鼎〉：「丙午，王商戍嗌貝廿朋。」（《金文總集》1219）

△〈葡亞罍角〉：「丙申，王易葡亞罍癸貝。」（《金文總集》4241）

△〈宰椃角〉：「庚申，王才矞，王各，宰椃从。易貝五朋。」（《金文總集》4242）

△〈小臣邑斝〉：「癸子（巳），王易小臣邑貝十朋。」（《金文總集》4343）

△〈小臣俞尊〉：「丁子（巳），王省夒𪘌，王易小臣俞夒貝，隹王來正人方。」（《金文總集》4866）

△〈四祀邲其卣〉：「己酉，王才梌，邲其易貝。」（《金文總集》5492）

△〈六祀邲其卣〉：「乙亥，邲其易乍冊堅𪘌一珏。」（《金文總集》5475）

△〈小子盧卣〉：「乙子（巳），子令小子盧先以人于堇，子光商盧貝二朋。」（《金文總集》5494）

據甲骨刻辭及銅器銘文，殷時賞賜，並未發現有任何儀式之記錄。其時賞賜物以貝為常見，其他尚有鬯、玉璋、豕等物，惟數量不多，與西周大量賞賜，且名目繁多之情狀，迥然有殊。

〔註219〕《儀禮管見》卷一頁7，《皇清經解續編》本，藝文印書館。

〔註220〕《儀禮集說》卷一頁25，《通志堂經解》本，大通書局。

　　西周初期彝器，頗多記載周王及權貴大臣賞賜之事，若〈小臣單觶〉記周公錫小臣單貝十朋，〈令毁〉記王姜商令貝十朋，臣十家，鬲百人，〈禽毁〉記王錫禽金百守，〈御正衛毁〉記懋父賞御正衛馬匹，〈旅鼎〉記公大保錫旅貝十朋等〔註221〕，此與殷金文所見賞賜情形，殆無或異。惟自西周中期開始，賞賜乃逐漸演變成為一種儀式，而與王朝之冊命制度相結合。雖然西周早期稍晚亦有冊命之記載，但其禮儀似尚未成為固定格式，且亦不多見。至於中期及其後之彝銘，內容則多詳記任命訓誥賞賜之事。是故每多長篇記錄，有若《尚書》中之〈周誥〉。其中記冊命儀節最為完備者，如〈頌鼎〉、〈善夫山鼎〉二器。茲錄其銘辭於后，以見冊命儀節進行之程序。〈頌鼎〉銘云：

> 隹三年五月既死霸甲戌，王在周康卲宮。旦，王各大室，即位，宰弘右頌入門，立中廷。尹氏受王令書。王乎史虢生冊令頌。王曰：「頌，令女官嗣成周貯廿家，監嗣新寤（造），貯用宮御，易（錫）女玄衣黹屯、赤市朱黃、綴旂、攸勒，用事。」頌拜𩒨首，受令冊，佩以出，反入堇章。頌敢對揚天子丕顯魯休，用乍朕皇考龏叔、皇母龏始寶尊鼎。（《金文總集》1319）

〈善夫山鼎〉銘云：

> 隹卅又七年正月初吉庚戌，王才周，各圖室，南宮乎入右善夫山入門，立中廷，北卿（嚮），王乎史桒冊令山。王曰：「山，令女官嗣歙獻人于量，用乍宫（憲），司貯，母（毋）敢不善，易女玄衣黹屯（純）、赤市朱黃、綴旂。」山拜𩒨首，受冊佩以出，反入堇章，山敢對揚天子休令，用乍朕皇考叔碩父尊鼎。（《金文總集》1317）

二銘所記冊命之時間、地點、儀節進行之程序，及其有關人物之部位與面向，王之任命與賞賜，無不一一詳載，於此可見西周冊命制度之一斑。

　　冊命，文獻上稱錫命（見《易·師》、《易·象》），稱策命（見《左傳》僖公二十八年），亦稱賜命（見《左傳》成公八年），又稱錫爵（見《詩·邶風·簡兮》）。所謂冊命，簡而言之，即封官錫爵，為封建社會中隆重典禮。當西周之世，諸侯之封建，王臣之任命，均行此禮。蓋古者有爵者必有位，有位者必有祿，有祿者必有土，故任命與封建，其實一也。錫命一般可分兩

〔註221〕〈小臣單觶〉見《金文總集》6631，〈令毁〉見《金文總集》2814，〈禽毁〉見《金文總集》2585，〈御正衛毁〉見《金文總集》2584，〈旅鼎〉見《金文總集》1234。

部分，首言王之任命，次述王之賞賜。據《周禮・春官・大宗伯》所載，錫命時之賞賜，又以受命者爵位之尊卑而有殊異：

> 壹命受職，再命受服，三命受位，四命受器，五命賜則，六命賜官，
> 七命賜國，八命作牧，九命作伯。

此謂錫命輿服之賜，因爵秩之尊卑而有不同，因等級之貴賤而有隆殺，故鄭注〈大宗伯〉「以九儀之命，正邦國之位」，云：「每命異儀，貴賤之位乃正。《春秋傳》曰『名位不同，禮亦異數』」，是也。

至於諸侯之賜物，其較有系統而完整之記錄，則見於《韓詩外傳》卷八所記九錫之典：

> 傳曰：諸侯之有德，天子錫之：一錫車馬，再錫衣服，三錫虎賁，
> 四錫樂器，五錫納陛，六錫朱戶，七錫弓矢，八錫鈇鉞，九錫秬鬯。
> 〔註222〕

《禮記・曲禮》孔疏引《禮含文嘉》所述之次第略有不同：

> 一曰車馬，二曰衣服，三曰樂則，四曰朱戶，五曰納陛，六曰虎賁，
> 七曰鈇鉞，八曰弓矢，九曰秬鬯。〔註223〕

《白虎通・考黜》復論受命者與賜物之關係云：

> 能安民者賜車馬，能富民者賜衣服，能和民者賜樂則，民眾多者賜
> 朱戶，能進善者賜納陛，能退惡者賜虎賁，能誅有罪者賜鈇鉞，能
> 征不義者賜弓矢，孝道備者賜秬鬯。〔註224〕

後世九錫之說，蓋本於此。以金文考之，則車馬、衣服、樂器、虎賁、鈇鉞、弓矢、秬鬯，於西周錫命賞賜皆有所見，特不若禮家所言之整齊劃一耳。惟朱戶、納陛則未見，此蓋依漢制立說，故於西周錫命制度未必盡合也。

西周賞賜，據彝銘所示，可別為冊命賞賜與一般非冊命賞賜兩類，略如上述。冊命賞賜之賜物中，無一般非冊命賞賜所見之貝布、虎裘、遂毛、金、牛鹿等物。而非冊命之一般賞賜，受賜者雖有官階，但賜物中絕無成套之冕衣、市舃、車馬飾物、旂旗、兵器等輿服賜物。此兩類賜物之分別，顯示冊

〔註222〕《韓詩外傳》卷八頁8，《增訂漢魏叢書》本，大化書局。
〔註223〕見《禮記注疏》卷一頁 19。《穀梁》莊元年注引禮說之九錫，惟七弓矢，八鈇鉞為異。公羊說九錫之次與《含文嘉》又不同：一曰加服、二曰朱戶、三曰納陛、四曰輿馬、五曰樂則、六曰虎賁、七曰斧鉞、八曰弓矢、九曰秬鬯。蓋異人之說，故文有參差（俱見孔疏）。
〔註224〕陳立《白虎通疏證》卷七頁1，《皇清經解續編》本，藝文印書館。

命與服爲代表官方之信物，爲政府任命官員爵位、身份及權力之象徵。〔註225〕就金文資料所見，冊命制度見於西周早期稍晚之後，而由文獻之轉述，得知春秋之世，冊命之禮典，仍沿襲西周之餘緒。

　　《左氏》莊公元年經：「冬，王使榮叔來錫桓公命。」

　　《左氏》文公元年經：「夏，天王使毛伯來錫公命。」

　　《左氏》成公八年經：「秋七月，天子使召伯來賜公命。」

《春秋經》所載魯國十二公中，受周天子錫命者有此三君，惟桓公爲死後追命有異耳。《左氏》莊公二十七年傳：「王使召伯廖賜齊侯命」，杜注：「賜命爲諸侯」，而未詳其禮。獨僖公二十八年傳於晉文公受侯伯之命爲詳。其辭曰：

　　　五月丙午，晉侯及鄭伯盟于衡雍。丁未，獻楚俘于王：駟介百乘、
　　　徒兵千。鄭伯傅王，用平禮也。己酉，王享醴，命晉侯宥。王命尹
　　　氏及王子虎、內史叔興父策命晉侯爲侯伯。賜之大輅之服戎輅之服、
　　　彤弓一彤矢百、旅弓矢千、秬鬯一卣、虎賁三百人。曰：「王謂叔父，
　　　敬服王命，以綏四國，糾逖王慝。」晉侯三辭，從命，曰：「重耳敢
　　　再拜稽首，奉揚天子之丕顯休命。」受策以出，出入三覲。

傳述周襄王策命晉文公爲侯伯，並賜輅服、弓矢及秬鬯等物，此與上引〈頌鼎〉、〈善夫山鼎〉二銘所載頗胳合。且據傳文，晉文公敗楚於城濮，獻功于王，王享醴，命晉侯宥，下乃言策命晉侯爲侯伯，賜之弓矢，似先饗後賜者，彼饗禮命宥別行，饗禮非賜日之饗也。故丁未獻俘，己酉設饗，是先饗禮以勞其功，他日乃賜之弓矢，更加策命。〔註226〕是知此等與服賜物，乃因策命而賞賜，與夫饗宴之事固無關涉也。而楊寬於〈鄉飲酒禮與饗禮新探〉一文云：

　　　饗禮中對賓客舉行「酬」的禮節時，按禮要酬以禮品，稱爲酬幣。《儀
　　　禮・聘禮》「致饗以酬」，鄭注：「酬幣，饗禮酬賓勸酒之幣也。」西
　　　周金文〈師遽方彝〉載周王「鄉醴」後，「錫師遽琱圭一，環章四」，
　　　所有這些賞賜都應屬於酬幣性質。春秋時還流行這種禮節，「虢公晉
　　　侯朝王，王饗醴，命之宥，皆賜玉五瑴，馬四匹」（《左傳》莊公十八
　　　年）；「晉侯獻俘於王，……王享醴，命晉侯宥……賜之大輅之服，戎
　　　輅之服，彤弓一，彤矢百，旅弓矢千，秬鬯一卣」（《左傳》僖公二十

〔註225〕詳見黃然偉《殷周青銅器賞賜銘文研究》頁8、陳漢平《西周冊命制度研究》
　　　　　頁277。

〔註226〕詳見《毛詩注疏》頁351，〈彤弓・序〉孔疏。

八年）；魯襄公「享晉六卿於蒲圃，賜之三命之服，軍尉、司馬、司空、輿尉、候奄，皆受一命之服，賄荀偃束錦、加璧、乘馬，先吳壽夢之鼎」（《左傳》襄公十九年）。魯襄公饗范獻子，「展莊叔執幣」（《左傳》襄公二十九年）。按禮，每一次「酬」都應有「幣」，如果行九獻之禮，要九次酬，就得酬給九次幣。如「秦后子享晉侯，造舟於河，十里舍車，自雍及絳，歸取酬幣，終事八反」（《左傳》昭公元年）。

杜注：「備九獻之義，始禮自齎其一，故續送其八酬酒幣。」〔註227〕

按楊氏所舉，多混賞賜饋贈於酬幣之中，僖公二十八年周襄王賜晉文公事，即其例。《詩·彤弓·序》孔疏云：「城濮之言饗禮者，非賜日之饗。賜之日實行饗禮，而《左傳》（文公四年）甯武子云『以覺報宴』者，杜預云：『歌〈彤弓〉者，以明報功宴樂』，非謂賜時設饗禮」〔註228〕，按疏說是也。惟賜日又饗，傳無明文，據「以覺報宴」杜注，則賜日無饗。且以西周金文冊命禮典例之，亦不契合。《詩·鹿鳴》：「吹笙鼓簧，承筐是將。」《詩·序》云：「〈鹿鳴〉，燕群臣嘉賓也。既飲食之，又實幣帛筐篚，以將其厚意。」夫燕群臣嘉賓，於飲食之外，尚有幣帛酬侑，正所以示慈惠優渥之厚意。杜預云：「宴飲以貨為好，衣服車馬，在客所無。」〔註229〕宴禮之中，得有衣服車馬幣帛弓矢之饋遺，饗兼食與燕，亦或有之。《國語·周語》：「宴好享賜」，韋注：「宴好，所以通情結好也。享賜，所以酬賓賜下也。」〔註230〕此即宴有好貨之贈，而饗有賜物之舉也。而此溯之西周金文，蓋亦有可徵焉。

通考西周彝器，其饗宴而有賞賜者，凡九見，而明著賞賜緣由者有四：

1. 〈遹設〉述遹侍從穆王無尤，而受雉禽之賞賜，云：「遹御，亡遣，穆王親易遹雉。」（《金文總集》2734）

2. 〈虢季子白盤〉記虢季子白因征伐玁狁有功，而受彤弓、彤矢、戉等之賞賜。（《金文總集》6790）

3. 〈師遽方彝〉記師遽因「蔑曆友」，而受瑂圭一、環章四之賞賜。（《金文總集》4977）

4. 〈大鼎〉記大率其部屬入韐侲宮捍衛周王，而受騅騆卅二匹之賞賜。

〔註227〕楊寬〈鄉飲酒禮與饗禮新探〉，《古史新探》頁301至302。
〔註228〕見《毛詩注疏》卷一〇（一〇之一）頁12，〈彤弓·序〉孔疏。
〔註229〕見《左傳注疏》卷四三頁10，昭公五年「宴有好貨」注。
〔註230〕《國語》卷三頁83，藝文印書館。

〔註231〕（《金文總集》1301）

其賞賜緣由不明者，則有以下諸器：

1. 〈征人鼎〉記天君賞其征人斤貝。（《金文總集》1172）

2. 〈效卣〉記王賜公貝五十朋。（《金文總集》5511）

3. 〈穆公𣪘〉記王賜穆公貝廿朋。（《金文總集》2704）

4. 〈鄂侯鼎〉記王賜鄂侯馭方玉五瑴、馬四匹、矢五束。（《金文總集》1299）

5. 〈三年𤸫壺〉記王兩次賜𤸫，一賜羔俎，一賜豕俎。（《金文總集》5796）

以上五器，與西周金文一般非冊命賞賜之賜物，並無不同，特此在饗禮中所賜爲異耳。是酬幣之事，即使經有明文，但從西周彝銘中，可說略無跡象可尋。《左傳》言饗，其涉及酬幣而可確定者，如楊氏所列魯襄公享范獻子與秦后子享晉侯二條是矣，其餘均屬一般賞賜，與酬賓勸酒之幣，蓋有殊異。爲方便探討，茲悉臚舉如后：

（1）好　貨

△《左氏》襄公二十年傳：「冬，季武子如宋，褚師段逆之以受享，宋人重賄之。」

△《左氏》昭公六年傳：「夏，季孫宿如晉，晉侯享之，有加籩。武子退，……固請徹加，而後卒事。晉人以爲知禮，重其好貨。」

△《左氏》昭公七年傳：「楚子享公于新臺，使長鬣相，好以大屈。」

按昭公六年傳杜注：「宴好之貨」，昭公七年傳杜注：「宴好之賜。」襄公二十五年傳云：「宋人重賄之」，重賄之者，厚其賄贈也。是即「承筐是將」，以見殷勤慈惠之厚意也。此饗禮亦有好貨之賜之證。

（2）賜　服

△《左氏》襄公十九年傳：「公享晉六卿于蒲圃，賜之三命之服。軍尉、司馬、司空、輿尉、候奄皆受一命之服。賄荀偃束錦、加璧、乘馬，先吳壽夢之鼎。」

△《左氏》襄公二十六年傳：「鄭伯賞入陳之功，三月甲寅朔，享子展，賜之先路三命之服，先八邑。賜子產次路再命之服，先六邑。子產辭邑，曰：『自上以下，降殺以兩，禮也。臣之位在四，且子展之功也，

〔註231〕𩵋𩵋，據魯實先先生〈大鼎〉疏證隸定，見《周代金文疏證四編》，國科會，1972年。

臣不敢及賞禮，請辭邑。』公固予之，乃受三邑。」
按鄭伯賜子展子產輿服與食邑，蓋賞入陳之功，傳文甚明。方苞《儀禮析疑》
以爲燕禮有四等，「有大勳勞功伐，而特燕賜之，二也。」〔註232〕是據《左傳》
此文所載，則臣有大勳勞功伐，或特設饗而賜之，蓋亦可以推知。襄十九年
傳云「公享晉六卿于蒲圃」，杜注以爲「六卿過魯」，但按諸史實，亦所以報
賞其討齊之功也，與上事異者，此饗賜鄰國大夫耳。

（3）王　賜

△《左氏》莊公十八年傳：「春，虢公、晉侯朝王。王饗醴，命之宥，皆
賜玉五瑴，馬三匹，非禮也。王命諸侯，名位不同，禮亦異數，不以
禮假人。」

△《左氏》莊公二十一年傳：「鄭伯享王于闕西辟，樂備。……鄭伯之享
王也，王以后之鞶鑑予之。」

按莊公二十一年傳服虔曰：「鞶鑑，王后之物，非所以賜有功。」（孔疏引）《禮
記‧內則》：「男鞶革，女鞶絲」，鄭注云：「鞶，小囊盛帨巾者。」是鞶鑑者，
謂以囊盛鏡，故服謂婦人之物。時王子頹爲亂，鄭伯勤王。鄭伯奉王入王城，
而王以之賜有功，是爲爇也，故服云然。則此乃因功而賜，較然明白。莊公
十八年虢公、晉侯朝王，王皆賜玉五瑴，馬三匹，說者或以爲侑幣，或以爲
酬幣，殆亦有可商。按此與鄂侯鼎王親錫鄂侯玉五瑴、馬四匹，實無二致，
乃所以賞功嘉勞，以示恩寵者也。若必以之爲酬賓勸酒之幣，或因侑以助歡，
蓋皆未得其究竟也。知者，先儒皆謂天子酬諸侯以玉，而公侯所用不別，虢
公、晉侯爵命雖殊，而王酬宜同。但傳特爲之發凡起例曰：「王命諸侯，名位
不同，禮亦異數，不以禮假人。」杜注曰：「侯而與公同賜，是借人禮。」此
與公侯同酬幣不合。

綜觀上述，饗有酬幣，當無所疑，但強以《左傳》所有因饗而賜之賜物，
以爲即酬酒時所贈之幣，則是泥於饗有酬爵，故有酬幣，而置賞賜緣由於不
顧也。許維遹〈饗禮考〉一文，於彝銘、《左傳》之文，亦嘗有徵引，曰：

祭畢則主人賜胙，饗畢則主人酬幣。賜胙者所以報助祭於君，酬幣
者所以謝侑饗於王。

推究許意，則似以饗畢之賞賜即爲酬幣，其說又有不同。惟合典籍資料與前

〔註232〕方苞《儀禮析疑》卷六頁1，《四庫全書》本，商務印書館。

儒經說而觀之，酬幣與一般之賞賜，殆有殊異，實不宜合而一之。

其次，酬幣既爲行饗獻酬之際，用以酬賓勸酒之物，則當以輕便爲宜，且未必貴重。《儀禮・聘禮》：「致饗以酬幣」，鄭注云：「酬幣，饗禮酬賓勸酒之幣，所用未聞也。禮幣，束帛乘馬亦不是過也。」又《禮記・禮器》：「琥璜爵」，鄭注云：「天子酬諸侯，諸侯相酬，以此玉將幣也。」崔靈恩曰：「諸侯貴者以琥，賤者以璜。」孔穎達曰：「公侯用琥，伯子男用璜。」〈聘禮〉賈疏曰：「公侯伯用琥，子男用璜。」綜合諸家之說，天子酬諸侯，諸侯相酬，其幣用玉，則無異辭。

若夫大夫酬幣，鄭注《聘禮》，既云「所用未聞也」，又云「禮幣，束帛乘馬亦不是過也。」鄭所以云然者，蓋以酬幣雖無明文，但主君禮賓及歸饗餼俱用束帛乘馬，故推之如此。後之說者，大抵據鄭此說以及《大戴記・公冠》「其酬幣朱錦采四馬其慶也」〔註233〕爲言。張爾岐於《儀禮鄭註句讀》云：「酬賓，大夫用束帛乘馬，天子諸侯以玉將幣，士束帛儷皮」〔註234〕，其說大夫酬幣，蓋即本此。惟據〈公食大夫禮〉「侑幣以束帛」，大夫相食「侑以束錦」推之，則其酬幣疑用束帛束錦也。束帛者，十端也。儷皮者，兩鹿皮也。今檢《左傳》饗禮賜物，皆與此不合，而鄭伯賜子展「先路三命之服、八邑」，賜子產「次路再命之服、六邑」，尤非酬幣所宜有，其爲一般賞功賜物甚明。此就酬幣與一般賞賜物之性質言之，可知二者必有分別，不當混爲一談。竊疑酬幣之名，蓋起於春秋之際，前此則無之，惜乎禮文闕佚，莫得其徵焉。

三、樂　舞

（一）饗禮樂次

饗禮至隆，饗則有備物，樂則用備樂。《周禮・大司樂》「大饗不入牲，其他皆如祭祀」，鄭注：「大饗，饗賓客也」，蓋即〈掌客〉云「上公三饗，侯伯再饗，子男壹饗」是也。大饗諸侯，而樂與大祭（謂天地、宗廟之大祭祀）同，《左傳》襄公十年云：「魯有禘樂，賓祭用之」，孔疏謂「天子享諸侯，亦

〔註233〕按〈公冠〉此言，孔廣森《大戴禮補注》作「其酬幣朱錦采，四馬其慶也」，「四馬」屬下讀，云：「其慶也，以四馬慶，謂慶冠者，《周禮》所謂賀慶之禮也。」頗見卓識。

〔註234〕見《儀禮鄭註句讀》卷一頁 11，「主人酬賓，束帛儷皮」下，藝文印書館，1965 年。

同祭樂」〔註235〕是也。〈大司樂〉又云：

> 大祭祀，宿縣，……王出入則令奏〈王夏〉，尸出入則令奏〈肆夏〉，牲出入則令奏〈昭夏〉。

祭祀主於事尸，大饗主於事賓，故以賓如尸禮，《儀禮・大射儀》「奏〈肆夏〉」，鄭注引《周禮》「賓出入奏〈肆夏〉」，蓋即據此文，而以義改之。此大饗賓出入有金奏也。又〈大師〉云：

> 大祭祀，帥瞽登歌，令奏擊拊，下管播樂器，令奏鼓棘，大饗亦如之。

賈疏云：「此大饗謂諸侯來朝，即〈大行人〉上公三饗，侯伯再饗，子男一饗之類。其在廟行饗之時，作樂與大祭祀同，亦如上『大祭祀，帥瞽登歌，下管播樂器，令奏』皆同。」〔註236〕此大饗有升歌下管也。又〈舞師〉云：

> 凡小祭祀，則不興舞。

經既云小祭祀不興舞，則大祭祀有舞可知，大饗亦當然也。據此，則大祭祀有金奏、登歌、管、舞。《禮記・祭統》云：「夫大嘗禘，升歌〈清廟〉，下而管〈象〉，朱干玉戚，以舞〈大武〉，八佾以舞〈大夏〉，此天子之樂也」是也。天子大嘗禘用樂如此，則大饗諸侯，亦當不異。又〈小師〉云：

> 大祭祀，登歌擊拊，下管擊應鼓，徹歌，大饗亦如之。

賈疏云：「其大饗，饗諸侯之來朝者，徹器亦歌〈雍〉。若諸侯自相饗，徹器即歌〈振鷺〉。」〔註237〕此大饗有徹歌也。

綜上所述，則天子大祭祀，王出入奏〈王夏〉，尸出入奏〈肆夏〉，升歌〈清廟〉，下管〈象〉，舞〈大武〉、〈大夏〉，有徹歌。大饗無牲，故無〈昭夏〉，其餘皆同大祭祀。是饗禮雖亡，而其樂舞節次，猶可考見，茲據金奏、升歌、下管、舞、徹歌諸節，略考如后：

1、金　奏

金奏者，奏鐘鼓也。堂下奏鐘鏄，而鼓磬應之，以鐘鏄為主，故謂之金奏。天子諸侯之樂，以金奏始，以金奏終。所以迎賓送賓，迎尸送尸，故始終皆有之。王國維所謂「金奏者，所以迎送賓，亦以優天子諸侯及賓客，以為行禮及步趨之節」〔註238〕者是也。《周禮・大司樂》云：「大祭祀，王出入

〔註235〕《左傳注疏》卷三一頁6，阮刻《十三經注疏》本，藝文印書館。
〔註236〕《周禮注疏》卷二二頁15，阮刻《十三經注疏》本。
〔註237〕《周禮注疏》卷二三頁17，阮刻《十三經注疏》本。
〔註238〕王國維〈釋樂次〉，《觀堂集林》，頁84，世界書局，1961年。

則令奏〈王夏〉，尸出入則令奏〈肆夏〉，牲出入則令奏〈昭夏〉，大饗不入牲，
其他皆如祭祀。」是知迎賓送賓始終皆有金奏也。《禮記·郊特牲》云：「賓
入大門而奏〈肆夏〉」，〈禮器〉云：「大饗其王事與，其出也〈肆夏〉而送之」，
此其明證。夫祭祀主於事尸，大饗主於事賓，祭之有尸，猶饗之有賓，故待
賓如尸禮。尸出入皆奏〈肆夏〉，則賓出入亦不宜有異。

　　△《禮記·郊特牲》：「賓入大門而奏〈肆夏〉，示易以敬也。」

　　△《禮記·仲尼燕居》：「兩君相見，揖讓而入門，入門而縣興。……入
　　　門而金作，示情也。」

　　△《國語·魯語下》：「夫先樂，金奏〈肆夏〉，〈樊〉、〈遏〉、〈渠〉，天子
　　　所以饗元侯也。」〔註239〕

　　鄭注〈郊特牲〉云：「賓，朝聘者。」孫希旦《禮記集解》云：「賓入大
門而奏〈肆夏〉，此言諸侯朝天子，而天子饗之之禮。」〔註240〕縣興，鄭注云
金作也。金作，注疏不言何樂，據〈郊特牲〉及〈禮器〉（見上引）所言，可
知金作為〈肆夏〉。據此諸文，是天子饗諸侯，及諸侯自相饗，賓入皆奏〈肆
夏〉。又據〈魯語〉，天子饗元侯，乃得備〈肆夏〉，〈樊〉、〈遏〉、〈渠〉。《左
傳》襄公四年亦載其事，其文曰：

　　　穆叔如晉，晉侯享之，金奏〈肆夏〉之三，不拜。韓獻子使行人
　　　子員問之，……對曰：「三夏，天子所以享元侯也。使臣弗敢與聞。」
〈魯語〉韋注：「元侯，牧伯也。」杜注《左傳》同。據韋、杜說，則傳稱元
侯，異於群諸侯。孔疏云：「《周禮·大宗伯》『八命作牧，九命作伯』，鄭玄
云：『牧謂侯伯有功德者，加命得專征伐於諸侯也。伯謂上公有功德者，加命
為二伯，得征五侯九伯者也。』鄭司農云：『牧，一州之牧也。伯，長諸侯為
方伯也。』然則牧是州長，伯是二伯，雖命數不同，俱是諸侯之長也。元，
長也。謂之長侯，明是牧伯。」〔註241〕是依孔疏，元侯乃諸侯之長，亦不同
於一般諸侯。是故王饗元侯，得備三夏。《左傳》三夏，即《國語》所謂〈肆
夏〉，〈樊〉、〈遏〉、〈渠〉，蓋可無疑。韋注《國語》以《周禮·鐘師》九夏之
〈肆夏〉、〈韶夏〉、〈納夏〉當之，曰：「〈肆夏〉一名〈樊〉，〈韶夏〉一名〈遏〉，
〈納夏〉一名〈渠〉，此三夏曲也。」杜注《左傳》同。金鶚〈古樂節次等差

〔註239〕《國語》卷五頁131，藝文印書館，1974年。
〔註240〕《禮記集解》卷二五頁5，蘭臺書局，1971年。
〔註241〕《左傳注疏》卷二九頁18，阮刻《十三經注疏》本，藝文印書館。

－121－

考〉謂《國語》金奏〈肆夏〉、〈樊遏〉、〈渠〉，〈肆夏〉其一，〈樊遏〉其二，
〈渠〉其三，而以〈肆夏〉統之，故《左傳》曰〈肆夏〉之三，猶〈文王〉、
〈大明〉、〈緜〉三篇稱〈文王〉之三，〈鹿鳴〉、〈四牡〉、〈皇皇者華〉稱〈鹿
鳴〉之三也。〔註242〕劉文淇《春秋左氏傳舊注疏證》則以爲「鐘師九夏，如
詩稱某之什，九夏皆什之首篇，舉〈肆夏〉之三，則樊遏渠可賅。析〈肆夏〉、
〈樊遏〉、〈渠〉爲三，此呂氏（叔玉）之誤。韋注以〈肆夏樊〉連文，則尤
誤矣。」〔註243〕諸家之說，義多不同，經典散佚，莫由取正。

　　從上述知，天子饗元侯，據韋、杜說，則金奏〈肆夏〉、〈韶夏〉、〈納夏〉。
群諸侯則惟用〈肆夏〉而已，諸侯自相饗亦然。此由《春秋》內外傳以及《禮
記》〈郊特牲〉、〈禮器〉、〈仲尼燕居〉諸篇可證。金鶚、孫希旦皆謂兩君相見，
及天子饗諸侯，備用〈肆夏〉三章〔註244〕，與饗元侯同，殆與經傳所記不符。

　　若夫諸侯饗聘客，金奏亦用〈肆夏〉：

　　△《儀禮‧燕禮‧記》：「若以樂納賓，則賓及庭，奏〈肆夏〉。」

　　△《儀禮‧大射儀》：「擯者納賓，賓及庭，公降一等揖賓。賓辟。公升，
　　　即席，奏〈肆夏〉。」

按鄭注〈燕禮‧記〉：「卿大夫有王事之勞，則奏此樂。」黃以周謂以陪臣勞
王事，宜有加禮，且舉《左傳》管仲之平戎于周爲例。〔註245〕夏炘云：「〈燕
禮‧記〉以樂納賓一節謂饗禮也。諸侯饗卿大夫禮盛於燕，故有金奏〈肆夏〉。」
〔註246〕說或有不同，而以爲設盛禮以待卿大夫則一。按似以夏說爲勝。又
《禮記‧射義》孔疏：「大射在未旅之前，燕初似饗，即是先行饗禮。」〔註
247〕據此而言，則諸侯饗卿大夫，亦得奏〈肆夏〉矣。其天子與諸臣及來聘
陪臣饗禮，亦當如諸侯饗群臣之禮也。至若諸侯與聘使饗禮，禮經無文，殆
亦當如〈燕禮‧記〉以樂納賓法。是故《左傳》襄公四年載穆叔如晉，晉侯
饗之，金奏〈肆夏〉之三不拜，以爲使臣不敢與聞。穆叔所以不敢與聞者，
蓋謂當如燕禮以樂納賓，奏〈肆夏〉耳。

〔註242〕〈古樂節次等差考〉，《求古錄禮說》，卷一一頁21，《皇清經解續編》本。
〔註243〕《春秋左氏傳舊注疏證》襄公四年，頁1003，明倫出版社，1970年。
〔註244〕金說同註242。
　　　　　孫說見《禮記集解》卷二五頁5，蘭臺書局，1971。
〔註245〕黃以周《禮書通故》第四十四〈樂律一〉頁23，華世出版社。
〔註246〕夏炘《學禮管釋》卷四頁5，《皇清經解續編》本，藝文印書館。
〔註247〕《禮記注疏》卷六二頁1，阮刻《十三經注疏》本。

迎賓而奏〈肆夏〉，賓兼朝聘諸侯及聘客，已如上述，惟其禮則有殊異。饗聘客，賓及庭而奏〈肆夏〉，而天子饗諸侯，或諸侯自相饗，則賓入廟門即奏〈肆夏〉，此其異也。惟黃以周以爲「賓入大門而奏〈肆夏〉，爲天子饗元侯之禮。天子饗元侯奏〈肆夏〉之三，故入大門即金奏，與〈仲尼燕居〉兩君相見禮已有不同，而〈燕〉、〈大射〉爲諸侯待臣下禮，更不足爲比例。」又謂「〈仲尼燕居〉爲諸侯自相饗禮。天子饗元侯，奏〈肆夏〉、〈繁遏〉、〈渠〉，故入大門即奏〈肆夏〉。諸侯自相饗，止奏〈肆夏〉，不奏〈繁遏〉、〈渠〉。故曰『入門而縣興』，不曰大門，是其差也。〈燕〉、〈大射〉爲諸侯待臣子禮，賓及庭乃奏〈肆夏〉，并不曰入門，又其差也」。〔註248〕黃氏分別〈郊特牲〉所言大門爲外門，〈仲尼燕居〉所言之門爲廟門，以言金奏〈肆夏〉之三與金奏〈肆夏〉之所以爲異，其說與前人不同。〈郊特牲〉孔疏以爲饗則大門是廟門，孫希旦《集解》說同。〔註249〕依孔、孫說，則皆謂廟門也。二說有異，無以考定。

2、升 歌

天子諸侯之樂，以金奏爲第一節，升歌爲第二節。有金奏者，以金奏爲始，無金奏者，以升歌爲始。金奏爲堂下樂之始，升歌爲堂上樂之始。蓋金奏既闋，獻酬之禮畢，則工升歌。升歌者，所以樂賓也。〔註250〕

△《周禮・大師》：「大祭祀，帥瞽登歌，令奏擊拊，下管播樂器，令奏樂㑨，大饗亦如之。」

△《周禮・小師》：「大祭祀，登歌擊拊，下管擊應鼓，徹歌，大饗亦如之。」

此記大祭祀與大饗升歌之節，完全相同。《左傳》襄公十年云：「魯有禘樂，賓祭用之」，孔穎達曰：「天子享諸侯，亦同祭樂」〔註251〕是也。

升歌之詩，天子饗諸侯則用〈頌〉：

△《禮記・祭統》：「夫大嘗禘，升歌〈清廟〉，下而管〈象〉，朱干玉戚以舞〈大武〉，八佾以舞〈大夏〉，此天子之樂也。」

△《禮記・明堂位》：「成王命魯公世世祀周公以天子之禮樂。……季夏

〔註248〕黃以周《禮書通故》第四十四〈樂律一〉頁20至21。
〔註249〕孔疏見《禮記注疏》卷二五頁10。
　　　　孫說見《禮記集解》卷二五頁5。
〔註250〕參見金鶚〈古樂節次等差考〉，王國維〈釋樂次〉。
〔註251〕《左傳注疏》卷三一頁6。

六月，以禘禮祀周公於大廟。……升歌〈清廟〉，下管〈象〉。」
禘有升歌，禘者，宗廟之大祭也。饗有升歌，饗者，飲賓之大禮也。大饗諸
侯，既如大祭祀，則升歌〈清廟〉亦當同也。諸侯自相饗，則用〈大雅〉：

　　△《左氏》襄公四年傳：「穆叔如晉，晉侯享之，金奏〈肆夏〉之三，不
　　　拜。工歌〈文王〉之三，又不拜。……對曰：『三夏，天子所以享元侯
　　　也，使臣弗敢與聞。〈文王〉，兩君相見之樂也，使臣不敢及。』」
　　△《國語·魯語下》：「夫先樂，金奏〈肆夏〉，〈樊〉、〈遏〉、〈渠〉，天子
　　　所以饗元侯也。夫歌〈文王〉、〈大明〉、〈緜〉則兩君相見之樂也。」
諸侯饗其臣及來聘大夫，則用〈小雅〉：

　　△《左氏》襄公四年傳：「穆叔如晉，報知武子之聘也。晉侯享之，……
　　　歌〈鹿鳴〉之三，三拜。〈鹿鳴〉，君所以嘉寡君也，敢不拜嘉。〈四牡〉，
　　　君所以勞使臣也，敢不重拜。〈皇皇者華〉，君教使臣曰：『必諮於周。』」
　　△《國語·魯語下》：「叔孫穆子聘於晉，晉悼公饗之，樂及〈鹿鳴〉之
　　　三，而後拜樂三。……今伶簫詠歌及〈鹿鳴〉之三，君之所以貺使臣，
　　　臣敢不拜貺。」〔註252〕

三拜者，每歌一曲，穆叔一拜謝也。按《禮記·仲尼燕居》兩君相見之禮，本
魯君饗諸侯禮，《左傳》襄公十年云：「魯有禘樂，賓祭用之。」魯禘升歌〈清
廟〉，下管〈象〉，舞〈大武〉、〈大夏〉、與周之大禘同〔註253〕，其兩君相見之賓
禮亦從之。王國維〈釋樂次〉曰：「魯太廟用天子禮樂，升歌〈清廟〉，遂推而
用之於賓客。〈仲尼燕居〉云云，殆就魯現制言」〔註254〕，即依《左傳》為說。
禮家多據〈仲尼燕居〉「兩君相見」，謂即諸侯自相饗之禮，故皆以兩君相見，
升歌〈清廟〉，下管〈象〉，舞〈大武〉、〈大夏〉，與天子大饗諸侯用樂同。王國
維則依〈仲尼燕居〉「兩君相見，升歌〈清廟〉、下而管〈象〉」，與《左氏》襄
公四年傳，別兩君相見禮，用樂為兩種。禮經無明文，未知孰是。

3、下　管

　　升歌既畢，大饗亦有下管之節，金鶚所謂天子諸侯之樂以下管為第三節
是也。謂之下管者，歌者堂上歌畢，遂下而吹管也。蓋諸侯以上，禮之盛者，

〔註252〕《國語》卷五頁131，藝文印書館。
〔註253〕說詳周一田先生《春秋吉禮考辨》魯禘樂舞一節，嘉新水泥文化基金會，1970
　　　　年。
〔註254〕見《觀堂集林》頁91，世界書局。

以管易笙，笙與歌異工，故有間歌，有合樂。管與歌同工，故升而歌，下而管，而無間歌合樂。

下管之樂曲，天子饗諸侯，則以〈象〉。

> △《禮記‧明堂位》：「季夏六月，以禘禮祀周公於大廟，升歌〈清廟〉，下管〈象〉，朱干玉戚，冕而舞〈大武〉，皮弁素積，裼而舞〈大夏〉。」

> △《禮記‧祭統》：「夫大嘗禘，升歌〈清廟〉，下而管〈象〉，朱干玉戚以舞〈大武〉，八佾以舞〈大夏〉。」

> △《禮記‧仲尼燕居》：「兩君相見，升歌〈清廟〉，示德也。下而管〈象〉，示事也。」

夫祭饗同樂，祭有四時，而莫重於嘗禘，嘗禘下管有〈象〉，則天子大饗自亦不應有異。下管〈象〉者，謂堂下之樂，以管播〈維清〉之詩也。孫希旦《禮記集解》云：「〈象〉，〈周頌‧維清〉之篇也。〈序〉云『〈維清〉，奏〈象〉舞也』，〈維清〉以奏〈象〉舞，故因謂〈維清〉為〈象〉。」〔註255〕是也。其諸侯自相饗，則經無明文，或據《禮記‧仲尼燕居》，以為即諸侯自相饗禮，然據《春秋》內外傳，兩君相見，升歌〈文王〉，而此則為下管〈象〉，〈象〉謂〈維清〉之詩，與升歌用〈雅〉，管亦用〈雅〉不符，殆亦有可疑也。若夫王饗諸侯大夫，其下管之詩，經亦無明文，惟考之《儀禮》，猶可推知。

> △《儀禮‧燕禮‧記》：「升歌〈鹿鳴〉，下管〈新宮〉，笙入三成，遂合鄉樂。若舞則〈勺〉。」

> △《儀禮‧大射儀》：「乃席工于西階上，少東。小臣納工，工六人，四瑟。……升自西階，北面東上。坐授瑟，乃降。小樂正立于西階東。乃歌〈鹿鳴〉三終。主人洗，升實爵，獻工。大師及少師、上工皆降，立于鼓北，群工陪于後。乃管〈新宮〉三終。卒管，大師及少師、上工皆東坫之東南，西面北上，坐。」

按《禮記‧射義》孔疏：「《儀禮、大射》在未旅之前，燕初似饗，即是先行饗禮。」〔註256〕〈大射儀〉乃諸侯與其群臣習射之禮，其禮無間歌合樂。既歌之後，升歌之工，乃自降而吹管，管與歌同工。以此推之，〈燕禮‧記〉所云「升歌〈鹿鳴〉，下管〈新宮〉」者，謂歌管同工，此用樂之一種。所云「笙入三成，遂合鄉樂」者，則笙歌異工，此用樂之又一種。所云「若舞則〈勺〉」者，則與

〔註255〕孫希旦《禮記集解》卷四九頁4，蘭臺書局，1971。
〔註256〕《禮記注疏》卷六二頁1。

第一種為類，二種樂次判然不同。第一種即諸侯以上，禮之盛者，以管易笙，笙與歌異工，故有間歌，有合樂。管與歌同工，故升而歌，下而管，無間歌合樂之節。質而言之，禮之重者，其用樂唯有升歌、下管、舞諸節。禮之輕者，則無管舞，唯有升歌、笙、間歌、合樂而已。王國維〈釋樂次〉說之詳矣。

　　是據〈燕禮・記〉及〈大射儀〉，知諸侯禮之盛者，其燕饗己臣，用樂有下管之節，樂曲則〈新宮〉是矣。若天子饗諸臣及來聘諸侯大夫，則亦當如諸侯燕饗己臣，用禮之盛者也。諸侯與聘使饗燕，當亦用此禮。

　　〈新宮〉之樂，其詩篇已佚，鄭注〈燕禮・記〉云：「〈新宮〉，〈小雅〉逸篇也。」《左傳》昭公二十五年云：「宋公享昭子，賦〈新宮〉，昭子賦〈車轄〉。」杜預亦以〈新宮〉為逸詩，孔疏亦引鄭注〈燕禮・記〉為說〔註267〕，是先儒說並同也。王國維曰：「凡升歌用〈雅〉者，管與笙皆同〈雅〉；升歌用〈頌〉者，管亦用〈頌〉。」〔註258〕綜觀升歌、下管兩節所述，王說是矣。

　　4、舞

　　凡樂有管則有舞，饗禮亦然。舞者所以娛賓也。

　　△《禮記・明堂位》：「季夏六月，以禘禮祀周公於大廟。……升歌〈清廟〉，下管〈象〉，朱干玉戚，冕而舞〈大武〉，皮弁素積，裼而舞〈大夏〉。」

　　△《禮記・祭統》：「夫大嘗禘，升歌〈清廟〉，下而管〈象〉，朱干玉戚以舞〈大武〉，八佾以舞〈大夏〉。」

　　△《禮記・仲尼燕居》：「大饗有四焉。……兩君相見，揖讓而入門，入門而縣興，揖讓而升堂，升堂而樂闋，下管〈象〉、〈武〉，〈夏〉籥序興。……客出以〈雍〉，徹以〈振羽〉，是故君子無物而不在禮矣。入門而金作，示情也。升歌〈清廟〉，示德也。下而管〈象〉，示事也。是故古之君子不必親相與言也，以禮樂相示而已。」

《左傳》襄公十年云：「魯有禘樂，賓祭用之。」是魯君饗諸侯，與大祭祀同樂，則天子饗諸侯，蓋亦當然也。然則嘗禘有〈象〉、〈大武〉、〈大夏〉，大饗亦不宜有異。故《禮記・仲尼燕居》載兩君相見，云「下管〈象〉、〈武〉，〈夏〉籥序興」，孫希旦《禮記集解》謂〈武〉為〈大武〉之舞，〈夏〉籥為〈大夏〉

〔註267〕《左傳注疏》卷五一頁6。
〔註258〕《觀堂集林》頁99。

之舞，執籥以舞也。〔註259〕鄭玄讀「象武」爲句，注云：「象武，武舞也。」則以〈象〉爲武舞。考諸《禮記》，〈文王世子〉、〈明堂位〉、〈祭統〉，皆下管〈象〉之後，又舞〈大武〉，與〈仲尼燕居〉同，鄭注悉以〈象〉爲〈周頌〉之〈武〉，蓋捉象舞與武王之〈大武〉於無別，此說殆非。孫希旦云：

> 〈象〉，《詩・維清》之篇也。〈詩・序〉云：「〈維清〉，奏〈象〉舞也。」〈象籥〉，文王之舞，歌〈維清〉之詩以奏之，因謂〈維清〉之詩爲〈象〉，亦猶〈桓〉、〈賚〉諸詩以奏〈大武〉，而《左傳》即謂之〈武〉也。〔註260〕

胡承珙《毛詩後箋》亦云：

> 若《禮記》〈文王世子〉、〈明堂位〉、〈祭統〉，皆言升歌〈清廟〉，下管〈象〉，鄭注概以〈象〉爲〈周頌〉之〈武〉，然記文管〈象〉之下，又別云舞〈大武〉，舞〈大夏〉，則所謂下管〈象〉者，非〈大武〉之詩，當即此文王之〈象〉。

又云：

> 管〈象〉者，謂以管吹〈維清〉之詩，如《儀禮》之升歌〈鹿鳴〉，下管〈新宮〉耳。其奏〈象〉舞，則亦以管吹〈維清〉以爲之節。若〈仲尼燕居〉之下管〈象〉、〈武〉，〈夏〉篇代興，亦當以〈象〉爲文王之樂，與上升堂歌〈清廟〉對，曰武曰夏，即所謂朱干玉戚以舞〈大武〉，八佾以舞〈大夏〉者。鄭注亦以象爲〈大武〉，非是。〔註261〕

按孫、胡二氏以〈象〉爲《詩・維清》之篇，乃文王之樂，而以〈武〉爲武王之〈大武〉，其說是矣。金鶚〈古樂節次等差考〉、馬瑞辰《毛詩傳箋通釋》、陳奐《詩毛氏傳疏》，亦皆有此論。〔註262〕禮言升歌〈清廟〉，下管〈象〉之後，皆繼以舞〈大武〉，管與武不同時，自不得同用一詩。〈象〉爲文王之樂舞，見於《左傳》襄公二十九年吳季札觀周樂，賈逵、服虔二注皆同。〔註263〕《墨子・三辯》云：「武王因先王之樂，又自作樂，命曰〈象〉。」《春秋繁露・三代改制

〔註259〕見《禮記集解》卷四九頁4。
〔註260〕同上註，卷二○頁27。
〔註261〕並見《毛詩後箋》卷二六頁七，《皇清經解續編》本，藝文印書館。
〔註262〕金說見〈古樂節次等差考〉，《求古錄禮說》，卷一一頁23。
　　　　馬說見《毛詩傳箋通釋》，卷二八頁4至5，《皇清經解續編》本。
　　　　陳說見《毛詩傳疏》，卷二六頁6，《皇清經解續編》本。
〔註263〕賈說見《史記・吳太伯世家》集解引，頁1456，鼎文書局。
　　　　服說見《詩・維清》孔疏引，卷一九（一九之一）頁14。

質文篇》云：「武王作〈象〉樂。」《淮南子‧汎論篇》：「周〈武〉、〈象〉」，高
注：「武王樂也。」〔註264〕然則文王樂名〈象〉，武王〈大武〉亦名〈象〉，二者
同名異實也。考舞有文武之別，〈大武〉，武舞也，〈大夏〉，文舞也。武舞執干
戚，文舞執羽籥。《詩‧邶風》「左手執籥，右手秉翟」，謂此舞也。其次第則武
先於文。《左傳》襄公二十九年云：「見舞〈象箾〉、〈南籥〉者」，箾是舞者所執，
未知何等器，〈象箾〉是武舞，〈南籥〉是文舞〔註265〕，亦先武後文。凡此皆與
《禮記》〈明堂位〉、〈祭統〉、〈仲尼燕居〉諸篇，先言〈大武〉，後言〈大夏〉
之次相同。蓋武舞重於文舞，故〈祭統〉云：「舞莫重於〈武宿夜〉」，孔疏引熊
氏曰：「此即〈大武〉之樂」〔註266〕是也。惟學舞之序則先文而後武，是故〈內
則〉云「十三舞〈勺〉，成童舞〈象〉」，鄭注云：「先學〈勺〉，後學〈象〉，文
武之次也」，是矣。依上所論，知〈象〉爲文王樂舞，〈大武〉爲武王樂舞，惟
〈大武〉亦有象名，致二者名或混同。〈維清〉之所奏，與升歌〈清廟〉後之所
管，乃文王之樂，饗舞之所用，則武王之〈大武〉也。

　　天子諸侯祭祀、賓客之禮皆有舞，其天子饗諸侯，及魯君與諸侯相見之
禮，皆舞以〈大武〉、〈大夏〉，已見前述。至若一般諸侯相見之禮，則經無明
文。惟禮家或據〈仲尼燕居〉「兩君相見」之「〈下管〈象〉〉〈武〉，〈夏〉籥
序興」爲說，以爲亦舞〈大武〉、舞〈大夏〉。金鶚〈古樂節次等差考〉云：

> 樂舞上下亦有等差，〈鄉飲酒禮〉、〈燕禮〉皆無舞，惟燕他國聘賓則
> 舞〈勺〉，〈勺〉爲文舞，無武舞也。兩君相燕乃有文武二舞。

又云：

> 夫大賓與大祭祀相似，升歌下管既同，則金奏合樂無不同，而武舞
> 〈大武〉，文舞〈大夏〉，亦無不同可知矣。〔註267〕

金意蓋謂凡兩君相見，皆舞以〈大武〉、〈大夏〉，其說即據〈仲尼燕居〉爲
言。若夫饗聘賓，其樂舞殆亦可得而說。《儀禮‧燕禮‧記》云：「若舞則〈勺〉」。
據此而推之，則諸侯與鄰國聘使饗禮，亦宜用〈勺〉，天子饗諸侯大夫，蓋
亦當然也。

〔註264〕《墨子閒詁》頁84，藝文印書館。
　　　　《春秋繁露》卷七頁4，《增訂漢魏叢書》本，大化書局。
　　　　《淮南子》頁370，藝文印書館。
〔註265〕見《左傳》孔疏，卷三九頁17。
〔註266〕《禮記注疏》卷四九頁7。
〔註267〕見《求古錄禮說》卷一一頁23，《皇清經解續編》本。

《左氏》莊公二十年傳：

　　冬，王子頹享五大夫，樂及徧舞。

杜注云：「皆舞六代之樂。」據《周禮・大司樂》及鄭注，所謂六代之樂爲〈雲門〉、〈大卷〉，黃帝樂也；〈大咸〉，堯樂也；〈大磬〉，舜樂也；〈大夏〉，禹樂也；〈大濩〉，湯樂也；〈大武〉，武王樂也。張其淦《左傳禮說》云：「王子頹歌舞不倦，荒淫可知。禮樂皆當有節，淫而無節，故虢公以爲樂禍也。」〔註268〕據禮文所見，天子大饗，止舞以〈大武〉、〈大夏〉，而王子頹饗五大夫，則舞六代之樂，其淫而無節，僭越尤甚矣。

5、徹　歌

　　古者祭畢，徹祭饌有徹歌，饗畢客出，徹饗物亦有徹歌。蓋大祭祀，大饗同樂，故徹饌物，亦同有節禮之樂。

　　△《周禮・樂師》：「及徹，帥學士而歌徹。」

　　△《周禮・少師》：「大祭祀，登歌擊拊，下管擊應鼓，徹歌，大饗亦如
　　　　之。」

此言大祭祀，大饗，同有徹歌。《論語・八佾》云：「三家者以〈雍〉徹，子曰：『相維辟公，天子穆穆』，奚取於三家之堂？」何晏〈集解〉引馬融曰：「〈雍〉，〈周頌・臣工〉篇名。天子祭於宗廟，歌之以徹祭，今三家亦作此樂者也。」皇侃《論語義疏》云：「徹者，禮天子祭竟，欲徹祭饌，則使樂人先歌〈雍〉詩以樂神，後乃徹祭器」〔註269〕是也。

　　△《禮記・仲尼燕居》：「大饗有四焉。……兩君相見，揖讓而入門，入
　　　　門而縣興，揖讓而升堂，……客出以〈雍〉，徹以〈振羽〉。」

〈振羽〉，亦〈周頌〉篇名，即〈振鷺〉也。據《周禮・小師》，天子饗諸侯來朝者，徹器歌〈雍〉，如大祭祀之禮。依〈仲尼燕居〉此文，則諸侯自相饗，徹器即歌〈振鷺〉。孫希旦曰：「王饗諸侯，徹時歌〈雍〉，賓出奏〈肆夏〉，〈大司樂〉『大享不入牲，其他皆如祭祀』是也。兩君相見，客出奏〈雍〉，徹時歌〈振羽〉，降於天子也。」〔註270〕說殆是矣。《周禮・小師》孫詒讓《正義》引曾釗曰：「〈振鷺〉在〈周頌〉，不應但爲諸侯相饗所用而已，王饗諸侯，當亦用之。」

〔註268〕張其淦《左傳禮說》卷一頁 15，力行書局，1970 年。
〔註269〕《論語義疏》卷二頁 1，《古經解彙函》本，中新書局，1973 年。
〔註270〕見《禮記集解》卷四九頁 4。

〔註271〕孫氏然其說，以爲〈仲尼燕居〉客出以〈雍〉，是兩君大饗，別以〈雍〉爲送賓之樂，王禮或與彼同。〔註272〕經無明文，未知其然否。

（二）饗無合樂

樂有四節，一曰升歌，二曰笙，三曰間，四曰合樂，其載於〈鄉飲酒禮〉、〈燕禮〉者甚詳。鄭玄注禮，其論及天子諸侯之樂次，亦多據此爲說，以爲天子諸侯下迄卿大夫，皆有升歌、笙、間歌、合樂四節。其於《儀禮·燕禮》「合歌鄉樂」一節注云：

> 《春秋傳》曰：〈肆夏〉，〈繁〉、〈遏〉、〈渠〉，天子所以享元侯也；〈文王〉、〈大明〉、〈緜〉，兩君相見之樂也。然則諸侯之相與燕，升歌〈大雅〉，合〈小雅〉也。天子與次國、小國之君燕，亦如之。與大國之君燕，升歌〈頌〉，合〈大雅〉。其笙間之篇未聞。

鄭氏所以爲此說者，蓋據〈鄉飲酒禮〉、〈燕禮〉用樂節次以推，以爲天子諸侯之燕，亦應有歌、笙、間、合四節，惟笙間之篇未聞耳。後之學者，大抵沿襲鄭玄之樂次說。迄乎有清一代，樸學大興，禮家始知鄭說之未臻完密，於是天子諸侯用樂節次之說，乃或有異乎鄭氏者。若阮元之〈天子諸侯大夫士金奏升歌笙歌間歌合樂表說〉，金鶚之〈古樂節次等差考〉，以及夏炘之〈釋升歌笙間合樂〉，皆於鄭說多有補正〔註273〕，而金氏析分天子諸侯之樂爲金奏、升歌、下管、合樂四節，說較可採。其論天子諸侯樂無用笙間之說云：「金奏下管，樂之大者，笙入間歌，樂之小者，故天子諸侯有金奏下管，而無間歌，大夫士有笙入間歌，而無金奏下管，此其等差也。燕禮有金奏、升歌、下管、笙入合樂，而無間歌，以間歌爲輕故略之也。然則兩君相見與天子饗諸侯，其不間歌可知，而無笙入亦可知也。」〔註274〕證諸經傳，天子諸侯樂無用笙間之說，金說是矣。惟金氏以天子諸侯用樂仍有合樂一節，與諸家說不異，猶不逾舊說之窠臼也。

合樂者，堂上鼓瑟，堂下笙磬合奏之謂也。毛奇齡曰：「歌工在上，笙管鐘磬皆列堂下，而皆可以應其歌，是以合樂之法：工歌〈關雎〉，則堂上之瑟，

〔註271〕《周禮正義》卷四五頁 21，《國學基本叢書》本，商務印書館。
〔註272〕同上。
〔註273〕阮元〈天子諸侯大夫士金奏升歌笙歌間歌合樂表說〉，見《揅經室集》，《皇清經解》第 15 冊，頁 11363 至 11365。
夏炘〈釋升歌笙間合樂〉，見《學禮管釋》卷四，《續皇清經解》本。
〔註274〕見〈古樂節次等差考〉，《求古錄禮說》，卷一一頁 19。

堂下之笙管皆群起而應之。其歌〈葛覃〉、〈卷耳〉、〈鵲巢〉、〈采蘩〉、〈采蘋〉
皆然。」〔註275〕合樂之法，或即如此。據〈鄉飲酒禮〉、〈鄉射禮〉與〈燕禮〉，
合樂所用之詩，爲〈周南〉之〈關雎〉、〈葛覃〉、〈卷耳〉以及〈召南〉之〈鵲
巢〉、〈采蘩〉、〈采蘋〉，無〈雅〉亦無〈頌〉。鄭玄〈詩・小雅譜〉云：

> 其用於樂，國君以〈小雅〉，天子以〈大雅〉，然而饗賓或上取，燕
> 或下就。何者？天子饗元侯歌〈肆夏〉，合〈文王〉。諸侯歌〈文王〉，
> 合〈鹿鳴〉。諸侯於鄰國之君，與天子於諸侯同。天子諸侯燕群臣及
> 聘問之賓，皆歌〈鹿鳴〉，合鄉樂，此其著略，大校見在書籍。禮樂
> 崩壞，不可得詳。

按天子饗諸侯與兩君相見，經皆不言合樂。鄭氏據〈鄉飲酒禮〉、〈燕禮〉，凡
合樂所用之詩，皆下升歌一等，遂推之天子享元侯，與諸侯自相見，以爲皆
如是，因以《春秋》內外傳之金奏〈肆夏〉爲升歌，工歌〈文王〉爲合樂。
其說蓋未盡然。阮元嘗駁其非，云：

> 《左傳》襄公四年，叔孫穆子不拜工歌〈文王〉，穆叔曰：「〈文王〉，
> 兩君相見之樂也，使臣不敢及。」《國語・魯語下》云：「夫歌〈文
> 王〉、〈大明〉、〈綿〉，則兩君相見之樂也，非使臣之所敢聞也。」此
> 明云諸侯用〈大雅〉，而鄭云用〈小雅〉，非矣。《禮記・仲尼燕居》
> 曰：「兩君相見，揖讓而入門，入門而縣興，揖讓而升堂，升堂而樂
> 闋。入門而金作，示情也。升歌〈清廟〉，示德也。」據此明是金奏
> 〈肆夏〉與升歌〈清廟〉，區爲二事。升歌者，〈頌〉之首篇〈清廟〉
> 也。而鄭云「天子用〈大雅〉，天子饗元侯歌〈肆夏〉，非矣。諸侯
> 燕群臣及聘問之賓，皆升歌〈鹿鳴〉，見於〈燕禮〉。若燕勤王之大
> 夫，始於入門時，用金奏〈肆夏〉，見於〈燕禮・記〉。若天子燕群
> 臣，天子卿大夫爵與諸侯同，自當用〈頌〉與〈大雅〉，而鄭云同諸
> 侯燕群臣歌〈鹿鳴〉合鄉樂，非矣。〔註276〕

金鶚亦謂「金奏與升歌迥殊，經典皆言金奏〈肆夏〉，並無升歌〈肆夏〉之說，
鄭氏以〈肆夏〉爲升歌，孔氏亦沿其誤。」王國維亦謂「金奏自金奏，升歌
自升歌，合樂自合樂。內外傳明云『金奏〈肆夏〉之三，工歌〈文王〉之三』，

〔註275〕見胡培翬《儀禮正義》卷六頁 15 引。
〔註276〕〈天子諸侯大夫士金奏升歌笙歌間歌合樂表說〉，《皇經經解》第 15 冊，頁
　　　　11364 至 11365。

則所云天子合〈大雅〉者無據。」〔註277〕總之，天子諸侯饗燕賓客，典籍皆無合樂之記載，鄭氏由〈鄉飲酒禮〉、〈燕禮〉以推天子諸侯之合樂，其所據似嫌薄弱。

王國維〈釋樂次〉一文，據〈燕禮〉經與〈燕禮・記〉所載用樂之異，論定古天子諸侯用樂有二種：禮之重者，但有升歌，下管舞，而無間歌、合樂二節；禮之輕者，則用升歌、笙、間歌、合樂四節。其言曰：

> （鄭）謂諸侯相與燕，升歌〈大雅〉，合〈小雅〉，則據內傳「工歌〈文王〉之三，又歌〈鹿鳴〉之三」，〈魯語〉作「歌〈文王〉、〈大明〉、〈緜〉，伶簫詠歌及〈鹿鳴〉之三」，伶簫並言，或為合樂之證。然古天子諸侯，禮之重者，皆但有升歌下管舞，而無間歌合樂。……諸侯以上，禮之盛者，以管易笙。笙與歌異工，故有間歌，有合樂。管與歌同工，故升而歌，下而管，而無間歌合樂。

又曰：

> 凡有管者皆無笙，亦無間歌、合樂，而皆有舞。惟《燕禮・記》則有管有笙，有合樂有舞，〈記〉舉禮之變，故備言之。實則有管則當無笙，而以舞代合樂。有笙則當無管，而以合樂代舞，以他經例之當然，〈記〉言之未皙耳。……以〈大射儀〉推之，〈燕禮・記〉所云升歌〈鹿鳴〉，下管〈新宮〉者，謂歌管同工，此用樂之一種。所云笙入三成，遂合鄉樂者，則笙歌異工，此用樂之又一種。二種任用其一，不能兼用。所云若舞則〈勺〉者，則與第一種為類，不與第二種為類。〈記〉文備記禮變，往往如此。〔註278〕

王氏辨析古天子諸侯，禮之重者，但有升歌、下管、舞，而無間歌、合樂，其發明周禮，厥功甚偉。然則天子饗諸侯與諸侯相見，其用樂無合樂一節，據此亦可得而知矣。又王說「《燕禮・記》則有管有笙，有合樂有舞，〈記〉舉禮之變，故備言之」，清儒夏炘則以〈燕禮・記〉「以樂納賓」一節，謂饗禮也，茲錄以備考。其言曰：

> 諸侯饗卿大夫，禮盛於燕，故有金奏〈肆夏〉，及下管〈新宮〉諸樂，其所以饗者，因有王事之勞故耳。管以〈新宮〉，乃諸侯之禮，用以

〔註277〕金說見〈古樂節次等差考〉，《求古錄禮說》，卷一一頁 21。
　　　　王說見《觀堂集林》頁 94。
〔註278〕《觀堂集林》頁 94 至 99。

－132－

饗卿大夫，鄭君所謂禮盛者可以進取也。雖管〈新宮〉仍笙三成，謂間歌也。〔註279〕

（三）宋魯饗用樂舞

△《左氏》襄公十年傳：「宋公享晉侯於楚丘，請以〈桑林〉，荀罃辭。荀偃、士匄曰：『諸侯宋魯，於是觀禮。魯有禘樂賓祭用之。宋以〈桑林〉享君，不亦可乎。』舞師題以旌夏，晉侯懼而退入于房。去旌卒享而還。」

此記魯用周王之禘樂，於饗大賓及大祭時用之，宋用殷商之王禮，以饗大賓也。〈桑林〉者，杜注曰：「殷天子之樂名。」孔疏云：「經典言樂，殷為〈大護〉，而此復云〈桑林〉者，蓋殷家本有二樂。……皇甫謐云：『殷樂一名〈桑林〉。』以〈桑林〉為〈大護〉別名，無文可憑，未能察也。」《莊子·養生主》亦云：「合於〈桑林〉之舞。」司馬彪亦謂湯樂名。〔註280〕是〈桑林〉是否即〈大護〉雖不可考知，而其為殷天子之樂舞，先儒之說並同。杜注又曰：「宋，王者後，魯以周公故，皆用天子禮樂，故可觀。」依杜說，則宋君饗諸侯用天子禮樂，當與天子大饗用樂近似。惟傳文止稱舞以〈桑林〉，不云其他，則其歌管，是否與周天子同為「升歌〈清歌〉，下管〈象〉」，蓋無由徵知。

夫宋承殷後，得用天子禮樂，禮無明文，故後之說者，或以為僭禮。張其淦《左傳禮說》云：

〈桑林〉，殷天子之樂名，《莊子》湯有〈桑林〉之舞，當時宋以王者後，魯以周公後，皆僭用天子禮樂，故諸侯於宋魯觀禮也。

又云：

舞，師題以旌夏者，舞初入之時，樂師建旌夏以引武人而入，以題識其舞列之首也。夏，雉羽也，《周禮》天官屬有夏采。懼而退入于房者，懼僭也。去旌而禮仍僭，荀罃言我辭禮矣，則宋之強用僭禮亦可知也。〔註281〕

張意蓋謂旌夏，非諸侯所宜有，乃專為天子之禮。杜注云：「旌夏非常，卒見之，人心偶有所畏」者是也。而〈桑林〉為天子禮樂，亦非諸侯所當用，故有宋人

〔註279〕夏炘〈釋升歌笙間合樂〉，《學禮管釋》，卷四頁5。
〔註280〕杜注孔疏見《左傳注疏》卷三一頁5至6。
　　　　司馬說見《經典釋文·莊子音義上》頁11，《通志堂經解》本。
〔註281〕並見《左傳禮說》卷五頁8。

之請而荀罃辭，明其非常樂也。是故張氏以宋「雖去旌而禮仍僭」。按宋以王者後，得沿用天子禮樂之說，經無明文，難得其情實。惟宋既爲殷後，其持有先人之禮樂，蓋亦在情理之中。據史實，宋因報謝而有斯饗，是〈桑林〉雖非常樂，然由宋人之請與荀罃之辭，可知宋以此樂舞於饗晉悼時用之者，或本諸報謝而然。其行之雖非禮之正，但「強用僭禮」以譏焉，似亦過甚矣。

魯以周公之故，獲有特賜，而以侯國行天子之禮，考之典籍，亦可得徵焉。

△《禮記‧明堂位》：「成王以周公爲有勳勞於天下，是以封周公於曲阜，地方七百里，革車千乘，命魯公世世祀周公以天子之禮樂。……季夏六月，以禘禮祀周公於大廟。……升歌〈清廟〉，下管〈象〉，朱干玉戚，冕而舞〈大武〉，皮弁素積，裼而舞〈大夏〉。」

△《禮記‧祭統》：「昔者周公旦有勳勞於天下，周公既沒，成王、康王追念周公之所以勳勞者，而欲尊魯，故賜之以重祭，外祭則郊、社是也，內祭則大嘗禘是也。夫大嘗禘，升歌〈清廟〉，下而管〈象〉，朱干玉戚以舞〈大武〉，八佾以舞〈大夏〉，此天子之樂也。康周公，故以賜魯也。」

此記魯有大禘之所由，蓋出自成王特賜。魯之大禘，既賜自成王，則其專祭之樂自當隨賜而備之，此理之當然也。鎮江周一田先生於其《春秋吉禮考辨》「魯禘樂舞」一節中，論之甚晰。其言曰：

《左氏》襄公十年傳云：「魯有禘樂」，是所謂禘樂者，非魯所本有，且非諸侯之所當有，蓋謂天子大禘之所用也。大禘之祭，禮當有樂輔行，〈郊特牲〉「饗禘有樂」，〈祭義〉「故禘有樂」是也。然則禘樂本天子所有，諸侯不得與聞。魯之大禘既賜自成王，其專祭之樂，自當隨賜而備之，故〈明堂位〉云「命魯公世世祀周公以天子之禮樂」，〈祭統〉云「此天子之樂也，康周公，故以賜魯也」。《左氏》襄公二十九年傳季札觀樂，傳云「請觀於周樂」，於是爲陳〈國風〉、〈小雅〉、〈大雅〉、〈頌〉、及虞、夏、商、周四代樂舞，是魯得周樂蓋云備矣。

又曰：

《春秋》書禘之樂舞者，宣公八年云「萬入去籥」，昭公十五年云「籥入，叔弓卒，去樂卒事」。萬者，舞之大名，兼納干戚、羽籥，包容文武二部之舞也。魯禘之用干羽之舞，蓋如〈祭統〉所云「朱干玉

戚以舞〈大武〉，八佾以舞〈大夏〉」，及〈明堂位〉所云「朱干玉戚，
冕而舞〈大武〉，皮弁素積，裼而舞〈大夏〉」是也。《公羊》昭公八
年傳：「朱干玉戚以舞〈大夏〉，八佾以舞〈大武〉」，雖其文異，然
亦是證《禮記》之文是實。〈祭統〉、〈明堂位〉所記魯禘用〈大武〉、
〈大夏〉之舞既爲可信，則上文「升歌〈清廟〉，下而管〈象〉」，爲
天子賜魯之禘樂者，蓋亦可信也。〔註282〕

是魯禘升歌〈清廟〉，下而管〈象〉、舞以〈大武〉、〈大夏〉，與周王大禘同樂，
魯禘如此，則其饗鄰國之賓，蓋亦當然。然魯有大禘出自成王特賜之說，自唐
趙匡見《春秋》書吉禘于莊公，與禘于大廟之文異，始倡閔公僭禘之說。〔註283〕
劉敞繼之，更疑〈明堂位〉文之不可信〔註284〕，於是群議紛起，文相質疑。若
胡安國《春秋傳》、徐庭垣《春秋管窺》、金鶚《求古錄禮說》，亦皆以爲魯實僭
禮越分。〔註285〕魯之大禘既爲僭禮，則饗賓以禘樂，遂亦爲僭矣。

△ 馬端臨《文獻通考》卷六九：「夫所謂祀周公以天子之禮樂者，如樂有
宮懸，舞用八佾，此天子所以祭其祖者，用之於周公之廟，謂之尊周
公，可也。至於郊祀后稷以配天，禘者禘其祖之所自出，而以其祖配
之，則非諸侯之所當僭。……當時止許用郊禘之禮樂，以祀周公，未
嘗許其遂用郊禘之祀。……《左傳》宋公享晉侯於楚邱，請以〈桑林〉，
荀罃辭。荀偃、士匄曰：『諸侯魯宋，於是觀禮，魯有禘樂，賓祭用之，
宋以〈桑林〉享君，不亦可乎。』乃知魯宋不特僭天子之禮樂以祀郊
禘，雖宴享賓客，亦用之矣。」

△ 張其淦《左傳禮說》卷五（襄公十年）：「〈桑林〉，殷天子之樂名，《莊
子》湯有〈桑林〉之舞，當時宋以王者後，魯以周公後，皆僭用天子
禮樂，故諸侯之國於宋魯觀禮也。」

△ 竹添光鴻《左傳會箋》（閔公二年）：「魯之失禮，固不在禘而在樂也。
蓋魯之禘，以群廟用天子之祭器樂章爲僭，其實禘乃諸侯祭群廟之通

〔註282〕並見《春秋吉禮考辨》頁153，嘉新水泥文化基金會，1970年。
〔註283〕見陸淳《春秋集傳纂例》，卷二頁15「辨禘義」條引，《經苑》本，大通書局，
　　　　1970年。
〔註284〕劉敞《春秋意林》卷上頁5，《通志堂經解》本，大通書局。
〔註285〕胡安國《春秋傳》卷一一頁16（僖公八年），《四庫全書》本。
　　　　徐庭垣《春秋管窺》卷六頁4（文公二年），《四庫全書》本。
　　　　金鶚《求古錄禮說》卷七頁21至25「禘祭考」條。

禮，不必禘爲天子獨有之祭，而後魯爲僭也。且云賓祭用之，則此樂
亦以之娛賓矣。」

又（襄公十年）曰：「然禘樂本唯周公廟用之，其用享賓則禮之末
失也。」〔註286〕

馬說蓋許用天子禮樂祀周公，而魯僭用以祀郊禘，且及宴享賓客。張說則直指
魯以周公後，僭用天子禮樂。竹添說則許用禘樂，而魯僭用於群廟及享宴。諸
家所見雖有不同，而壹皆以魯饗賓客用禘樂爲僭禮。按魯以周公之故，獲有大
禘之特賜，乃以侯國而行天子之禮。魯既承王命，自當奉爲國之常祀，故《禮
記・明堂位》云「季夏六月，以禘禮祀周公于大廟」。周一田先生彙舉前人論魯
僭異說，詳爲分條辨析，而論定魯之大禘，非僭竊越禮，具見《春秋吉禮考辨》
「魯兼二禘」一節中，茲不贅述。魯有大禘既明，則〈祭統〉、〈明堂位〉所記
魯禘「升歌〈清廟〉，下而管〈象〉」，「舞〈大武〉」、「舞〈大夏〉」，爲天子賜魯
之禘樂，蓋亦無可置疑矣。按之《周禮》，〈大司樂〉、〈大師〉、〈小師〉、〈韎師〉、
〈籥師〉、〈司干〉諸篇，大祭祀與大饗同樂舞，其於諸侯亦當然也。故《禮記・
仲尼燕居》云：「大饗有四焉。兩君相見，揖讓而入門，入門而縣興，揖讓而升
堂，升堂而樂闋，下管〈象〉〈武〉，〈夏〉籥序興。」又云：「入門而金作，示
情也。升歌〈清廟〉，示德也。下而管〈象〉，示事也。」鄭注曰：「大饗，謂饗
諸侯來朝者也。」則魯之饗諸侯，其用樂與大禘同，是魯以祭樂而用於賓客也。
襄公十年傳孔疏亦曰：「敬鄰國之賓，故得用大祭之樂也。其天子享諸侯，亦同
祭樂。故〈大司樂〉云：『大祭祀，王出入，奏〈王夏〉；尸出入，奏〈肆夏〉；
牲出入，奏昭夏。大饗不入牲，其他如祭祀。』鄭注云：『不入牲，不奏〈昭夏〉。
王出入，賓出入，亦奏〈王夏〉，奏〈肆夏〉。』又《禮記・祭統》：『大嘗禘，
升歌〈清廟〉，下而管〈象〉。』〈仲尼燕居〉：『兩君相見，亦升歌〈清廟〉，下
而管〈象〉。』是祭與享賓用樂同也。」〔註287〕祭祀、饗賓用樂既同，則傳云「魯
有禘樂，賓祭用之」者，不爲僭禮越分，亦可知矣。

又襄公十年傳孔疏引劉炫曰：「禘是大禮，賓得與同者，享賓用樂，禮傳
無文。但賓禮既輕，必異於禘，魯以享賓，當時之失，用之已久，遂以爲常。」

〔註286〕《文獻通考》卷六九「郊社二」頁623，商務印書館，1987年。
《左傳禮說》卷五頁8，力行書局。
《左傳會箋》卷四頁10「夏，吉禘于莊公，速也」下。又卷一五頁6，「魯有
禘樂，賓祭用之」下，廣文書局，1961年。
〔註287〕《左傳注疏》卷三一頁6。

〔註288〕按劉說賓禮輕，用樂必異於禘。蓋皆未考於禮，以意說之耳。魯禘饗同樂，不容置疑也。

四、旅　酬

（一）饗有食飲

褚寅亮《儀禮管見》卷六云：

> 待賓之禮有三：饗也，食也，燕也。饗重於食，食重於燕。饗主於敬，燕主於歡，而食以明養賢之禮。饗則體薦而不食，爵盈而不飲，設几而不倚，致肅敬也。食以飯爲主，雖設酒漿，以漱不以飲，故無獻儀。燕以飲爲主，有折俎而無飯，行一獻之禮，說屨升坐以盡歡，此三者之別也。饗食於廟，燕則於寢，其處亦不同矣。〔註289〕

褚說蓋可視爲先儒對饗食燕三者區分之共同看法，實則斯說乃以三禮之所重而言之，非三者之分即如是也。《儀禮·公食大夫禮》「飲酒實觶」，鄭注云：「食有酒者，優賓也。」則食非無酒也。方苞所謂「無獻酬，故無尊，而惟具飲酒」〔註290〕者是矣。後人以爲饗禮立成，不食不飲，此說蓋肇自杜預之注《左傳》，與皇侃之解《禮記》，前此則無。

> △《左氏》宣公十六年傳：「王享有體薦，宴有折俎，公當享，卿當宴，王室之禮也。」

> △《左氏》成公十二年傳：「諸侯間於天子之事，則相朝也，於是乎有享宴之禮。享以訓共儉，宴以示慈惠。共儉以行禮，而慈惠以布政。」杜注：「享有體薦，設几而不倚，爵盈而不飲，肴乾而不食，所以訓恭儉。」

> △《左氏》昭公五年傳：「朝聘有珪，享覜有璋，小有述職，大有巡功，設机而不倚，爵盈而不飲。宴有好貨，飧有陪鼎，入有郊勞，出有贈賄，禮之至也。」

> △《國語·周語中》：「禘郊之事，則有全烝；王公立飫，則有房烝；親戚宴饗，則有餚烝。」韋注：「全烝，全其牲體而升之。凡郊禘皆血腥。禮之立成者爲飫。房，大俎也。謂半解其體升之房也。」

〔註288〕同上。
〔註289〕《儀禮管見》卷六頁1，「燕禮第六」題下，《皇清經解續編》本。
〔註290〕方苞《儀禮析疑》卷九頁2，《四庫全書》本。

△《國語・周語下》:「夫禮之立成者爲飫,昭明大節而已,少典與焉。」
　韋注:「立成,立行禮,不坐也。」

△《禮記・聘義》:「聘射之禮,至大禮也。質明而始行事,日幾中而后
　禮成,非強有力者弗能行。故強有力者,將以行禮也。酒清人渴而不
　敢飲也,肉乾人飢而不敢食也。日暮人倦,齊莊正齊,而不敢解惰,
　以成禮節,以正君臣,以親父子,以和長幼。」

杜預合宣十六年、成十二年、昭五年,以及《禮記・聘義》之文以注《左傳》,
曰:「享有體薦,設几而不倚,爵盈而不飲,肴乾而不食,所以訓恭儉。」蓋
以爲醴酒備獻酢之儀,故不能飲。體薦,腥俎也,具備物之數,故不能食。
立以行禮,故設几而不倚。且體薦雖薦而不食,爵盈而不飲,即所以訓儉之
意。几雖設而不倚,禮雖虛而必行,即所以示恭之意。皇侃《禮記義疏》則
又據《國語》「王公立飫,則有房烝」之文,以爲《國語》之「立飫」,即《左
傳》「享有體薦」之享禮,蓋以饗立而成禮,故曰立飫也。〔註291〕後儒本之,
遂以饗禮立而不坐,不飲不食,與凡朝覲聘射之禮並同。然證之典籍,按之
漢儒傳注,體以制禮之精神,而知斯說之不足信據也。

1、就典籍所載徵之

△《左氏》宣公十六年傳:「王享有體薦,宴有折俎,公當享,卿當宴,
　王室之禮也。」杜注:「享則半解其體而薦之,所以示恭儉。體解節折,
　升之於俎,物皆可食,所以示慈惠也。」孔疏云:「王爲公侯設宴禮,
　體解節折,升之於俎,即殽烝是也。其物解折,使皆可食,共食啗之,
　所以示慈惠也。」又云:「言諸侯親來,則爲之設享,又設燕也。享用
　體薦,燕用折俎,若使卿來,雖爲設享,仍用公之燕法,亦用折俎,
　是王室待賓之禮也。」〔註292〕

△《左氏》襄公二十七年傳:「宋人享趙文子,叔向爲介,司馬置折俎,
　禮也。」孔疏云:「宣十六年傳曰:『王享有體薦,宴有折俎,公當享,
　卿當宴,王室之禮也。』彼傳之意,言享公當依享法,有體薦也,享
　卿當如宴法,有折俎也。彼王自言之,故云王室禮耳。其諸侯之待公
　卿,禮法亦當然也。」〔註293〕

〔註291〕參見《禮記注疏》卷一三頁 16 引。
〔註292〕《左傳注疏》卷二四頁 15。
〔註293〕《左傳注疏》卷三八頁 6 至 7。

按《禮記・王制》「有虞氏以燕禮，夏后氏以饗禮」，孔疏引崔靈恩云：「燕者，殽烝折俎，行一獻之禮，坐而飲酒，以至於醉。」又引皇侃云：「饗有四種：一是諸侯來朝，天子饗之，《周禮・大行人》職云『上公之禮，其享禮九獻』是也。其牲則體薦，體薦則房烝。故《左傳》云：『享有體薦』。《國語》云『王公立飫則有房烝』，飫即饗也。立而成禮，謂之為飫也。其禮亦有飯食。二是王親戚及諸侯之臣來聘，王饗之，禮亦有飲食及酒者，親戚及賤臣，不須禮隆，但示慈惠，故並得飲食之也。其酌數亦當依命數，其牲折俎，亦曰殽烝。故《國語》云：『親戚宴饗，則有殽烝』，謂以燕禮而饗則有之也。又《左傳》宣公十六年云：『饗有體薦，宴有折俎，公當享，卿當宴，王室之禮也。』時定王享士會而用折俎。以《國語》及《左傳》，故知王親戚及諸侯大夫來聘，皆折俎饗也。其饗朝廷之臣亦當然也。」皇氏以天子饗諸侯有體薦，為正饗之禮，而以饗親戚及諸侯大夫來聘，為折俎之饗，此則所謂名位不同，禮亦異數，所以別尊卑者是也。合杜、皇之說，知折俎之饗，亦有飲食及酒，酌數則依命數。其大異於燕禮者，燕唯一獻，而饗依命數耳。然則，王饗諸侯大夫來聘，或饗朝廷之臣，有食有飲甚明，與鄭注〈舂人〉云「饗禮兼燕與食」〔註294〕合。推之諸侯之饗卿大夫，亦當然也。定王饗士會而用殽烝，宋公享趙文子而設折俎，即其例。孔疏云「王饗卿，當如宴法，有折俎」，蓋謂王饗卿當如王燕諸侯備折俎耳。是言其備物之不同，非謂折俎之饗為燕。許維遹曰：「襄公二十七年：『宋公享趙文子，司馬置折俎。』饗有體薦，燕有折俎，享亦燕也。」〔註295〕其說即泥於「宴有折俎」之文，以為凡設折俎者皆燕而云然。先儒既以饗有正饗、折俎之分，又以折俎之饗有食有飲，而正饗則否，此即泥於體薦為牲俎，不可食之故。按饗用體薦或折俎，蓋言備物之差異，所以別尊卑上下也。非正饗用體薦，即謂正饗不食。祭享有朝踐有饋食，賓饗既與之同源，則賓饗亦宜有「朝踐」、「饋食」之節。是大饗雖不食體薦，非併殽饌皆不食，其當與折俎之饗同有食飲，殆可信也。

《左氏》所載大饗之禮，賓及至於醉者，有二見：

△昭公十一年傳：「楚子伏甲而饗蔡侯於申，醉而執之。」

△桓公十八年傳：「（齊侯）享公，使公子彭生乘公，公薨于車。」

《公羊傳》莊公元年云：「齊侯怒，與之飲酒。於其出焉，使公子彭

〔註294〕見「凡饗食共其米」下注。

〔註295〕見許維遹〈饗禮考〉，《清華學報》第 14 卷第一期，頁 152。

生送之。於其乘焉，擠幹而殺之。」〔註296〕

按先儒說饗以訓恭儉，不應及醉，而傳文二例，並為兩君相見之大饗禮，今猶及至於醉，則其有食有飲甚明。此與鄭注〈大行人〉云「饗，設盛禮以飲賓」合。而賈公彥曰：「饗以訓恭儉，設几而不倚，爵盈而不飲，獻依命數，賓無醉理。」〔註297〕後人師其說，遂以饗而及醉者，皆以燕禮當之。〔註298〕斯則殆蔽於杜、皇之說而然。

　　△《周禮·外饔》：「邦饗耆老孤子，則掌其割亨之事。饗士庶子亦如之。」

　　△《周禮·酒正》：「凡饗士庶子，饗耆老孤子，皆共其酒，無酌數。」
　　　　鄭注：「要以醉為度。」

　　△《周禮·槀人》：「若饗耆老孤子士庶子，共其食。」

　　△《禮記·王制》：「凡養老，有虞氏以燕禮，夏后氏以饗禮，殷人以食禮，周人脩而兼用之。」

　　△《禮記·郊特牲》：「凡食，養陰氣也，故春禘而秋嘗，春饗孤子，秋食耆老，其義一也。」

綜合上列諸文而觀之，天子有饗耆老孤子士庶子之禮，較然明白。孤子者，死王事者之子也。士庶子者，卿大夫士之子弟，宿衛王宮者也。鄭注「要以醉為度」，皇侃本之，以為饗之第四種，云「饗宿衛及耆老孤子，則以醉為度。」〔註299〕又皇說饗致仕之老宜用正饗之禮，饗死事之老當用折俎之饗〔註300〕，其說經無明文，未知然否。但致仕之老，尊卑命數不同，死事之老，或無爵秩，雖用房烝殽烝之禮，而酌數不能依命數，則亦當無酌數，注云「要以醉為度」者，蓋不豫限酌數，要以及醉而止，亦不及亂也。然則不論正饗之禮，或折俎之饗，並有食有飲明矣。金鶚以為周人養老宜用食禮，蓋以「燕禮為輕，王者尊事老更，故不用。饗禮為隆，然體薦而不食，爵盈而不飲，几設而不倚，非孝養之義。」〔註301〕，此即囿於饗禮不食不飲之說耳。此就《左傳》、《周禮》、《禮記》之文，益以先儒之說，以證正饗之禮與折俎之饗，俱有食有飲可知也。

〔註296〕按彭生所以乘公者，殆以醉酒故爾。
〔註297〕見《周禮注疏》卷二二頁22，〈大司樂〉「大饗不入牲，其他皆如祭祀」疏。
〔註298〕見許維遹〈饗禮考〉，《清華學報》第14卷第一期，頁152。
〔註299〕見《禮記注疏》卷一三頁16，〈王制〉「凡養老，夏后氏以饗禮」孔疏引。
〔註300〕同上，頁17。
〔註301〕金鶚《求古錄禮說》卷一一頁3「天子食三老五更考」條。

2、就漢儒經注證之

夫饗食燕三禮，惟饗爲最隆，故《周禮・大司樂》、《禮記・仲尼燕居》及〈坊記〉，均稱饗禮爲「大饗」，與祭禮之大饗名同。《詩・彤弓》「一朝饗之」，鄭箋云：「大飲賓曰饗。」蓋鄭氏以之爲正饗，故孔疏云：「饗者，烹大牢以飲賓，是禮之大者，故曰大飲賓曰饗，謂以大禮飲賓，獻如命數，設牲俎豆，盛於食燕。〈周語〉曰：『王饗有體薦，燕有折俎，公當享，卿當宴』，是其禮盛也。」《周禮・大行人》「饗禮九獻」，鄭注云「設盛禮以飲賓也」，賈公彥疏其義曰：「盛禮者，以其饗有食有酒，兼燕與食，故云盛禮也。」凡此均明正饗亦飲。《詩・吉日》「以御賓客，且以酌醴」，《毛傳》云：「饗醴，天子之飲酒也」，箋曰：「賓客謂諸侯也。酌醴，酌而飲群臣，以爲俎實也。」是據毛傳饗亦有飲也。《周禮・舂人》「凡饗共其食米」，鄭注云：「饗有食，則饗禮兼燕與食。」賈公彥爲之疏曰：「燕禮無食米，食禮無飲酒，若饗禮有飲酒有食米，故云饗禮兼燕與食也。」《左傳》成公十四年：「衛侯饗苦成叔，甯惠子相。苦成叔傲。甯子曰：『苦成家其亡乎！古之爲享食也，以觀威儀，省禍福也。故《詩》曰兕觥其觩，旨酒思柔。……』」據〈桑扈〉箋，兕觥罰爵也。《傳》明言饗禮，而稱《詩》「兕觥其觩」者，《詩・卷耳》：「我姑酌彼兕觥」，鄭箋云：「饗燕所以有之者，禮自立司正之後，旅酬必有醉而失禮者，罰之，亦以爲樂。」（說詳「饗有旅酬」節）。此漢儒據成十四年引《詩》「兕觥其觩」，證饗亦有飲也。《公羊》莊公四年經：「夫人姜氏饗齊侯于祝丘」，何休注云：「牛酒曰犒，加飯羹曰饗。」此明正饗禮亦食也。是就漢儒經注而言，正饗亦飲亦食。惟賈氏於《周禮・內宰》疏云：「饗者，亨大牢以飲賓，立行禮，在廟，獻依命數，爵盈而不飲。」又於〈大行人〉疏云：「饗者，亨大牢以飲賓。設几而不倚，爵盈而不飲，饗以訓恭儉。」〔註302〕其說即合杜注《左傳》與皇解《禮記》之說而一之。黃以周《禮書通故》嘗辨杜說之非，有云：「〈大行人〉職上公王禮再祼而酢，饗禮九獻云云，此明禮與饗之別。〈周語〉記定王享士會事，云王公立飫有房烝，親戚宴饗有餚烝，此明飫與饗之別。春秋時之飫，即《周官》所謂王禮。自杜注《左傳》不辨飫饗之異同，概以立飫解饗，與經傳饗有酒食之文不合，與〈周語〉分別飫饗之意尤背。」黃說飫饗二者之別甚明。先儒或泥于『爵盈而不飲』之文，而謂饗不飲不食，斯說蓋未可據信。是據漢儒經注，又可知大饗雖不食體薦，非併殽饌皆不食也。

〔註302〕〈內宰〉疏，卷七頁 15，〈大行人〉疏，卷三七頁 15。

3、就制禮精神說之

饗主敬，燕主歡，而食以明善賢之禮。燕主歡，故以飲爲主，而以醉爲度。饗主敬，其禮最隆，務重儀容。故《左傳》成公十四年載甯惠子之言曰：「古之爲享食也，以觀威儀，省禍福也。」因饗重威儀，賓主不得疏失，故〈周語〉云：「容貌有崇，威儀有則。」〔註303〕因是饗食在廟，以致肅敬，燕飲在寢，可以盡歡，此殆聖人制禮之原意也。且食禮雖主食，而〈公食大夫〉猶有「飲酒實觶」之文，鄭玄云「酒以優賓」，其說是矣。然則饗食燕三禮，蓋各有所偏重，非謂其分即如此。陳祥道據〈公食大夫〉、〈舂人〉、〈饎人〉之文，以爲食非無酒，饗非無食，特其所主者異耳〔註304〕，殆爲墻論。且夫宗廟祇能行獻酬，不能燕飲，禮經並無明文。據今所見彝銘，燕行於宗廟者，固有其例。

> △〈塱方鼎〉：「隹周公于征伐東尸、豐伯尃古咸戈，公歸禦于周廟。戊辰，酓秦酓。公賞塱貝百朋，用乍尊鼎。」（《金文總集》1242）

> △〈高卣〉：「隹十又二月，王初饗旁，唯還在周。辰在庚申，王酓西宮，𩰪，咸釐。尹易臣雀，𢒉揚尹休，高對乍父丙寶尊彝。」（《金文總集》5509）

〈塱方鼎〉記周公東征，歸祭周廟，以告成功，並於戊辰日舉行燕飲。其燕飲之所，雖未必即在周廟，但亦不能全然否定非在周廟。〈高卣〉銘記周王在庚申日，飲於西宮，又於西宮舉行𩰪（烝）祭，則西宮當爲宗廟建築。〈塱方鼎〉、〈高卣〉二器，其時代分隸成、康之世，則燕飲可行於宗廟，西周早期即已有之，後之學者以爲饗在廟，燕在寢，知其說之未盡然也。果若廟中不可燕飲，則如皇侃所言，王饗來聘諸侯大夫，爲之設折俎，禮亦有飲食及酒，豈非自相牴牾。又皇侃雖合飫與饗禮爲一事，然復有折俎之饗之目，以爲「饗致仕之老，當用正饗之禮，以其有賢德，不可以褻禮待之。其饗死事之老，不必有德，又是老人不宜久立，當用折俎之饗。」〔註305〕如其言然，則老而有賢德者，不食不飲，立而行禮；不必有德者，反而有食有飲，且復坐焉，此其不通之論也。禮因尊卑而有差降，若謂天子饗諸侯，其禮不食不飲，而饗來聘之大夫，有食又有飲，聖人制禮，殆未必如此也。

〔註303〕《國語》卷二頁51，藝文印書館。
〔註304〕參見陳祥道《禮書》卷五八頁13，《四庫全書》本。
〔註305〕見《禮記注疏》卷一三頁17引。

綜上數端所論，可知疏家泥於爵盈而不飲之文，謂饗不飲不食者殆誤矣。《左傳》昭公五年「設机而不倚，爵盈而不飲」云云，細審上下文義，實不必即指饗禮，其謂朝享禮畢，主國之君禮賓而言，亦可說也。黃以周以為此文本不言饗，而為禮賓之祼禮，其說殆有可探。〔註306〕又《禮記·聘義》：「酒清人渴而不敢飲也，肉乾人飢而不敢食也」云云，此段文字，鄭康成無說。孔穎達以為此謂射禮也。其言曰：「言欲射之時，先行燕禮，唯以禮獻酬，不敢恣意得醉飽，但行禮而已。非謂全不得飲之。」後之說《禮記》者，如宋呂大臨《禮記傳》、方愨《禮記解義》〔註307〕、元陳澔《禮記集說》、清孫希旦《禮記集解》、朱彬《禮記訓纂》、亦皆據射禮為說。足見杜預據《左傳》昭公五年「設机而不倚，爵盈而不飲」，《禮記·聘義》「酒清人渴而不敢飲也，肉乾人飢而不敢食也」以說饗禮，是有可議之處。黃以周云：「饗有朝踐，有饋食，各視其爵為獻數，朝踐有豚解，饋食有食飲」，又云：「大饗雖不食體薦，非并殽饌皆不食也。」〔註308〕其說最稱允確。徵之載籍，饗禮所陳品物之繁富，花色之眾多，遠逾食與燕。夫祭饗備饋食以廟享，賓饗設盛禮以飲賓，義本相因。祭祀主於事尸，饗禮主於飲賓，祭之有尸，猶饗之有賓，故以賓如尸禮。據《儀禮》〈少牢〉、〈特牲〉二禮觀之，尸有飲有食，推之天子諸侯廟享，蓋亦當然也。祭禮賓禮之大饗，其禮既大略相同，取義一致，則大饗賓客，有飲有食，殆可無疑也。

（二）饗有旅酬

饗禮久佚，莫得其詳，先儒謂饗禮不食不飲，是以旅酬一節，多闕而弗論。蓋以「禮自立司正之後，旅酬必有醉而失禮者」〔註309〕，此與「饗以訓恭儉，獻依命數，賓無醉理」（〈大司樂〉賈疏語）者不合。此蓋囿於《左傳》、《禮記》之文而然。斯說之非，已見前論矣。實則饗禮有食有飲，且賓有及醉者，《左傳》載兩君相見之大饗，則有齊襄之搚殺魯桓，亦有楚子虔之醉執蔡侯般，若謂不飲，則何至於此。《周禮·酒正》云「凡饗士庶子，饗耆老孤子皆共其酒，無酳數」，既稱無酳數，則非獻依命數甚明。是故鄭注云「要以醉為度」，而皇侃言饗，則取以為第四饗，亦謂以醉為度。〔註310〕

〔註306〕《禮書通故》第二十四〈燕饗禮〉頁26。
〔註307〕並見衛湜《禮記集說》卷一六〇頁7引，《通志堂經解》本。
〔註308〕見《禮說》卷四頁23「饗禮」條，清光緒二十年南菁講舍刻儆季雜著本，中研院藏。又《禮書通故》第二十四〈燕饗禮〉頁26。
〔註309〕《詩·卷耳》「我姑酌彼兕觥」鄭箋。
〔註310〕皇侃云：「饗有四種：……四是享宿衛及耆老孤子，則以醉為度。」

據此而言，饗禮蓋猶〈燕〉、〈鄉飲〉皆有旅酬一節。旅酬者，正獻既畢之酒也。獻酢酬所以申敬，旅酬無算爵所以為歡也。林昌彝曰：「旅酬之禮，惟飲酒始有之。凡飲酒之禮，有獻，有酢，有酬，有旅酬，有無算爵，此一定之節次也。」〔註311〕饗兼燕與食，是亦飲酒禮。饗有旅酬者，殆或如此。

《詩·卷耳》：「我姑酌彼兕觥」，鄭箋：

> 觥，罰爵也。饗燕所以有之者，禮自立司正之後，旅酬必有醉而失
> 禮者，罰之亦所以為樂。

孔疏云：

> 知饗有觥者，〈七月〉云「朋酒斯饗，稱彼兕觥」，成十四年《左傳》
> 「衛侯饗苦成叔」，甯惠子引《詩》云「兕觥其觩，旨酒思柔」，故
> 知饗有觥也。饗以訓恭儉，不應醉而用觥者。饗禮之初示敬，故酒
> 清而不敢飲，肉乾而不敢食，其末亦如燕法。鄉飲酒，大夫之饗禮
> 亦有旅酬，無算爵，則饗末亦有旅酬，恐其失禮，故用觥也。

先儒逕謂饗有旅酬，蓋首見於此。按《左傳》成公十四年「衛侯饗苦成叔，甯惠子相。苦成叔傲。甯子曰：『苦成叔家其亡乎！古之為享食也，以觀威儀，省禍福也。故《詩》曰：『兕觥其觩，旨酒思柔。彼交匪傲，萬福來求。』」饗主敬，重威儀，恐有醉而失禮者，故亦設觥以罰之，使無不敬也，甯惠子之言蓋以此。鄭氏〈卷耳〉箋，明饗有觥，即據此傳，而孔疏乃依鄭說謂饗末亦有旅酬。陳祥道《禮書》卷九十九「觥」條云：

> 觥，亦作觵。其用則饗燕鄉飲賓尸皆有之，〈七月〉言「朋酒斯饗，
> 稱彼兕觥」，春秋之時，衛侯饗苦成叔，而甯惠子歌「兕觥其觩」，
> 則饗有觥也。〔註312〕

陳說亦承孔疏。梁履繩《左通補釋》、胡承珙《毛詩後箋》、阮元《積古齋鐘鼎彝器款識》，並同此說。〔註313〕是據典籍所載以及先儒之說，饗禮有旅酬之節，蓋可信也。

衛湜《禮記集說》引延平周諝曰：「饗至於酬爵，則禮成矣。」金鶚〈古樂節次等差考〉云：「無算樂，惟鄉飲酒、燕禮有之，饗食則否。蓋無算樂乃

〔註311〕林昌彝《三禮通釋》卷一〇三頁12，清同治三年廣州刊本。

〔註312〕《禮書》卷九九頁6，《四庫全書》本。

〔註313〕梁履繩《左通補釋》卷一四頁7。

　　　　胡承珙《毛詩後箋》卷一五頁21。

　　　　阮元《積古齋鐘鼎彝器欵識》卷五頁20〈子燮兕觥〉，藝文印書館。

無算爵所用,非燕飲不得有無算爵也。」〔註314〕按周說饗有酬爵是矣,然謂至此而禮成,則尚有可議。金以無算樂非饗禮所用,蓋以饗無坐燕,故無無算爵,說與周同。饗末是否有坐燕無算爵,禮文無徵,但亦未可因其無徵,遂謂之無也。先儒既拘饗禮不食不飲,務在行禮,故或以為饗後必燕,賓主始得盡歡,而《左傳》復有「禮終乃宴」(昭公元年)之文,因倡饗必兼燕,或凡饗即燕之說。惠士奇《禮說》卷二「從獻」條云:

> 天子之饗禮亡,今存者諸侯之燕禮。饗終乃燕,燕之初,立而行禮,
> 則饗存焉。

又卷五「食米」條云:

> 饗在朝,燕至夜,質明行事,日中禮成。故鄭饗趙孟,禮終乃燕。
> 周饗隨會,燕以好合。〈彤弓〉,饗諸侯,而有賓客之勸酬。〈常棣〉,
> 燕兄弟,而有王公之立飫。〈大射儀〉曰:「以我安」,安者,燕也,
> 則未安之前皆行饗禮,既安徹俎而薦庶羞,然後燕禮行焉。則知饗
> 禮不亡,盡在燕禮矣。〈舂人〉並舉饗食而不及燕,〈大行人〉饗禮
> 九獻、七獻、五獻,食禮九舉、七舉、五舉,而燕亦無文。古者燕
> 饗通,設俎為饗,徹俎為燕。〔註315〕

惠說饗終乃燕,又所舉饗燕並見於一事者,殆亦有之。惟燕禮本一獨立之禮典,或單獨行之,或附於他禮之內而兼行之。《禮記·射義》云「古者諸侯之射也,必先行燕禮。卿大夫之射也,必先行鄉飲酒之禮」,即此之類也。即以饗禮而言,亦見有兼燕而行之事實,既云「饗終乃燕」,則饗是饗,燕自燕,不過二禮兼行而已。而惠氏以為「設俎為饗,徹俎為燕」,「古者燕饗通」,不僅割裂燕禮,以旅賓徹俎以前,立而行禮者為饗禮,俎徹薦庶羞以後者為燕禮,而且使人以為饗禮未佚,盡在燕中。朱大韶《春秋傳禮徵》,師其說而更申明之,其言曰:

> 燕有即行於饗後者,有與饗異日者。〈鄉飲〉、〈鄉射〉兩禮並云:「司
> 正受命于主人,主人曰『請坐于賓』,賓辭以俎。主人請徹俎。說屨,
> 揖讓如初,升坐。乃羞。無算爵,無算樂」,鄭注:「至此盛禮俱成,
> 酒清肴乾,賓主百拜,強有力者猶有倦焉。請坐者,將以賓燕也。」

〔註314〕周諝說見《禮記集說》卷六○頁4,《通志堂經解》本。
　　　　金鶚說見《求古錄禮說》卷一一頁18。
〔註315〕惠士奇《禮說》,《皇清經解》第3冊,頁2148,又頁2201。

〈昏禮〉：「舅姑共饗婦，奠酬」，注：「奠酬者，明正禮成，不復舉。凡酬酒皆奠於薦左，不舉，其燕則更使人舉爵。」鄭云「使人」者，謂二人舉觶也，故曰燕。〈燕禮〉亦曰「以我安」，〈釋詁〉：「安，坐也。」自旅以前，皆立行禮，說履升堂後乃坐，故〈少儀〉曰：「堂上無跣，燕則有之」，此饗畢即燕也。〈燕禮〉：「公與客燕，曰：『寡君有不腆之酒，以請吾子之與寡君須臾焉。』賓三辭，曰：『君貺寡君多矣，又辱賜于使臣，臣敢拜賜命。』」〈公食大夫〉曰：「設洗如饗。」是先饗、次食、次燕。此行於饗後者。

又曰：

惟燕得通名饗，故傳於饗燕兼行者，必分別言之。昭公元年，鄭伯將享晉、魯、曹三國大夫，使子皮戒趙孟，趙孟欲一獻。及享，具五獻之籩豆於幕下。趙孟辭，乃用一獻。趙孟爲客，禮終乃宴。穆叔賦〈鵲巢〉云云。蓋饗禮立一人爲賓，備獻酢酬之節。其次爲介，獻酢不酬。至獻眾賓，不拜受爵。〈燕義〉曰：「獻酬辭讓之節繁，及介省矣。」故鄭伯雖兼享三國之大夫，以趙孟爲客，禮終即燕。〈魯語〉吳子使來好聘，發幣於大夫，及仲尼，仲尼爵之，既徹俎而宴。昭公十二年，晉侯享諸侯，晉侯以齊侯燕，投壺。公孫傁趨進曰：「日旰君勤，可以出矣。」此三事並與禮經之饗畢而燕者合。〈晉語〉公子及楚，楚成王以周禮享之，九獻庭實旅百，既享，楚子問於公子云云。既卒也，謂終饗禮而燕也，亦與上三事同。《晉語》又曰：「秦伯享公子，如享國君之禮，明日燕，秦伯賦〈采菽〉，公子賦〈黍苗〉」，此異日者也。至昭公五年，宋公享昭子，賦〈新宮〉，昭子賦〈車轄〉。明日宴，飲酒樂。此亦饗畢即燕，故賓主各賦。明日燕者，禮經所云燕無常數也，均與禮合。」〔註316〕

朱文其間有謂《左傳》所載饗禮數十見皆燕也（文長從略），說亦非是。蓋饗燕原是二禮分行，燕附饗後，兼而用之，則是有之。若謂凡饗皆必兼燕，已屬武斷；至謂凡饗皆即是燕，尤爲不可矣。然所論燕有行於饗後者，固極是也。至若竹添光鴻《左傳會箋》云「享與饗同，初獻酒，蓋燕禮也」（桓公九年），「古者燕亦通名饗，此享即燕矣」（僖公二十三年），「饗言其禮，宴稱其

〔註316〕《春秋傳禮徵》卷六頁 19 至 20，又卷六頁 22，《適園叢書》本。

名，互文示義」（昭公五年）等等〔註317〕，亦皆可置而不論。周一田先生〈春秋燕禮考辨〉一文〔註318〕，論之詳矣。

　　徵諸《儀禮》，〈鄉飲〉、〈鄉射〉、〈燕禮〉、〈大射〉，皆有坐燕一節，奏無算樂。饗者烹太牢以飲賓也，爲禮之大者。饗禮既以飲食爲說，則亦或有坐燕。按《儀禮・特牲饋食禮》「徹庶羞，設于西序下」，鄭注：「此徹庶羞置西序下者，爲將以燕飲與？」又引《尚書傳》云：「宗室有事，族人皆侍終日。大宗已侍於賓奠，然後燕私。」是祭畢有燕飲之事也。祭享、賓饗相因，祭末有燕私，禮之常也，則饗末有坐燕，殆亦無不宜。沈欽韓曰：「脫屨就席坐則曰燕，凡饗皆有燕。〈鄉飲酒禮〉主人曰『請坐于賓』，鄭云『請坐者，將以賓燕也。』」〔註319〕就饗之地點言，先儒謂饗燕二禮，其行有定所，饗禮在宗廟，燕禮在路寢，但祭祀燕私並在廟中，則饗末有燕法，何妨亦在廟中。再就饗射二禮兼行言，蓋猶鄉飲酒禮與射禮之組合也。一爲主，一爲從，如鄉射，則以射爲主，而射前行鄉飲酒之禮爲從，從或可省略，或省減其節次，而但取其形式，如饗禮之用於昏禮中，有舅姑共饗婦以一獻之禮，舅饗送者以一獻之禮，蓋或取其形式而已，未必如饗賓客之儀節繁複也。考之彝銘，亦有可爲取證者。〈鄂侯鼎〉云：

　　王南征，伐角潏。唯還自征，在坏，噩（鄂）侯馭方內豐于王，乃𩰪之。馭方䣋王，王休宴，乃射。馭方卿王射，馭方休闌，王宴，咸飲。

　　王䙴易馭方玉五瑴，馬䶒匹，矢五束。（《金文總集》1299）

銘文「噩侯馭方內豐于王，乃𩰪之，馭方䣋王」，王國維〈釋宥〉以《周禮・大行人》侯伯之禮「王禮壹祼而酢」當之，郭沫若據從。許維遹、楊寬亦以爲說，謂此器所言即饗禮。〔註320〕按銘辭質約，此銘所記是饗是燕，殊難斷其究竟。若依諸家說，則在饗禮獻酬已，乃暫止，而進行射禮，射畢，則又燕飲。就整個行禮程序言，實爲饗禮與射禮之組合。射畢後之燕飲，蓋相當於坐燕之節。亦猶鄉飲酒禮與射禮之組合，其行禮程序，先與賓飲酒，如

〔註317〕見《左傳會箋》卷二頁 59「享曹太子，初獻，樂奏而歎」下，又卷六頁 38「他日，公享之」下，又卷二一頁 35「宴有好貨」下，廣文書局。

〔註318〕參見〈春秋燕禮考辨〉頁 31 至 34，台灣師範大學《國文學報》創刊號，1972年。

〔註319〕沈欽韓《左傳補注》卷九頁 2，《皇清經解續編》本。

〔註320〕詳見王國維《觀堂別集・釋宥》，郭沫若《兩周金文辭大系考釋・噩侯鼎》，許維遹〈饗禮考〉，楊寬〈鄉飲酒禮與饗禮新探〉。

鄉飲酒之儀，及立司正，將旅酬乃暫止，不旅而射，射已，更旅酬坐燕，並如鄉飲也。若必以射後之燕飲，視爲獨立之燕禮，則何異於將鄉射射已之坐燕，亦視爲獨立燕禮。觀乎姬周禮制，每見合數禮爲一新禮之組合，如宗廟祭祀有朝事饋食二禮也。饗禮於獻酬正式禮樂完備後，亦可有燕，或無燕。有燕則爲饗燕二禮之組合，以饗爲主，而燕附之，燕乃饗禮之一部分，即相當於鄉飲酒禮中之坐燕，饗可賅燕，而燕不可以饗稱。兼賅燕，乃取燕之形式，所以爲歡也。〈魯語下〉載吳子使來好聘，云「既徹俎而宴」，韋注曰：「獻酢禮畢，徹俎而宴飲也」〔註321〕，即其例。獻酢與徹俎而宴，蓋爲饗禮之諸節次，其賓主獻酢旅賓之節，則立以行禮。孔穎達云「饗禮之初示敬，故酒清而不敢飲，肉乾而不敢食」者是也。所謂「禮之立成者爲饋」（《國語·周語下》文），疑即指此。饗禮正式禮樂至此完備，徹俎後或坐燕以終焉。劉師培《禮經舊說》卷四云：「饗禮均以立成，其徹俎而後則行燕禮。鄉飲酒之末亦同燕禮。」〔註322〕其說鄉飲酒之末亦同燕禮，是也，但非獨立之燕禮；饗禮徹俎後則行燕禮，但此燕禮亦非獨立行使之燕禮，於此乃爲饗禮之一部分。此即饗爲主，可以賅燕，而燕不可包饗也。先儒泥於《左傳》「享以訓恭儉」、「設机而不倚，爵盈而不飲」、《國語》「禮之立成者爲饋」、「王公立飫則有房烝」、《禮記·聘義》「酒清人渴而不敢飲也，肉乾人飢而不敢食也」諸文，遂謂饗立以行禮，不飲不食，是以言饗多不及旅酬、坐燕之節，因論之如此。

（三）饗有賦詩

《禮記·孔子閒居》云：「志之所至，詩亦至焉，詩之所至，禮亦至焉，禮之所至，樂亦至焉。」蓋「古之君子不必親相與言也，以禮樂相示而已」（〈仲尼燕居〉）。春秋之世，朝聘會盟，諸侯卿大夫往來頻繁，宴饗賦詩，蔚然成風，其意殆在於此。

《左傳》賦詩，例近八十，而饗禮約佔一半。由於饗禮賓主獻酢，儀盛節繁，因此歷來學者多謂饗禮或無賦詩之事，或謂禮先饗後宴，賦詩之事，皆於燕禮中行之，甚至有據賦詩之事，而斷其禮爲燕者。朱大韶《春秋傳禮徵》卷六云：

〔註321〕《國語》卷五頁151，藝文印書館。
〔註322〕《禮經舊說》卷四頁5至6，《劉申叔先生遺書》本，京華書局。

〈鄉射・記〉曰：「古者于旅也語」，語，說先王之道德也，即指賦詩一節。昭十七年傳「小邾子來朝，公與之宴，季平子賦〈采菽〉，穆叔賦〈菁菁者莪〉」，此燕也。惟燕說屨升堂，乃得從容燕語。若饗則主人獻賓，賓酢主人，主人酬賓，以至眾賓，儀盛節繁，必無賦詩之節。〈記〉所云旅當指無算爵時，若司正相旅拜興飲，皆如賓酬主人之儀，無語法，而《傳》所載，如秦伯享晉公子重耳，公子賦〈河水〉（僖二十三年）；范宣子來聘，公享之，賦〈摽有梅〉（襄八年）；季武子如晉拜師，晉侯享之，范宣子賦〈黍苗〉（十九年）；季武子如宋報聘，褚聲子逆之以受享，賦〈常棣〉之卒章以卒（二十年）；鄭伯享趙孟於垂隴，趙孟曰請皆賦，以卒君貺（二十七年）；楚令尹享趙孟，賦〈大明〉之首章（昭元年），皆燕也。〔註323〕

楊伯峻《春秋左傳注》據其說，而於襄公八年「范宣子來聘，公享之」下注云：

> 享禮酒醴酬酢，儀節繁複，恐難有賦詩之事。享終即宴，故亦可以謂之享。據下文士匄與季孫宿互相賦詩，知此亦宴禮。

依朱、楊之說，則賦詩乃饗禮所不當有，若使饗禮之中，居然有此類賦詩之事者，自可推知其為燕禮而非饗禮也。按古者禮會，因古詩以見意，說者無異辭。惜饗禮久佚，不得其詳，是以饗禮賦詩，啓人疑竇。但欲考饗禮之中，是否有賦詩之事，亦惟有稽之《左傳》，或可鉤沈古制耳。據《左傳》所載，饗禮賦詩，凡三十九見。其饗而賦詩之材料，最明顯者，有下列數則：

> △《左氏》昭公元年傳：「夏四月，趙孟、叔孫豹、曹大夫入于鄭，鄭伯兼享之。子皮戒趙孟，禮終，趙孟賦〈瓠葉〉。子皮遂戒穆叔，且告之。穆叔曰：『趙孟欲一獻，子其從也。』子皮曰：『敢乎？』穆叔曰：『夫人之所欲也，又何不敢？』及享，具五獻之籩豆於幕下。趙孟辭，私於子產曰：『武請於冢宰矣。』乃用一獻。趙孟為客。禮終乃宴。穆叔賦〈鵲巢〉，又賦〈采蘩〉，子皮賦〈野有死麕〉之卒章，趙孟賦〈常棣〉。」

此文記鄭伯兼饗趙孟、叔孫豹、曹大夫，趙孟於戒賓禮後，賦〈瓠葉〉以辭重饗。又饗禮完畢，即行燕禮，穆叔、子皮、趙孟三人復各賦詩以見意之事。此先饗後燕，而饗燕均有賦詩之節也。

〔註323〕《春秋傳禮微》卷六頁20至21，《適園叢書》本。

△《左氏》昭公二年傳：「二年春，晉侯使韓宣子來聘，且告爲政而來見，
　禮也。觀書於大史氏，見《易象》與《魯春秋》，曰：『周禮盡在魯矣，
　吾乃今知周公之德與周公之所以王也。』公享之，季武子賦〈緜〉之
　卒章，韓子賦〈角弓〉。季武子拜，曰：『敢拜子之彌縫敝邑，寡君有
　望矣。』武子賦〈節〉之卒章。既享，宴于季氏。有嘉樹焉，宣子譽
　之。武子曰：『宿敢不封殖此樹，以無忘〈角弓〉。』遂賦〈甘棠〉。宣
　子曰：『起不堪也，無以及召公。』」

此文記魯公饗晉韓宣子，既饗，燕於季氏。季武子於饗禮中賦〈緜〉之卒章
與〈節〉之卒章，韓子賦〈角弓〉。燕禮中武子又賦〈甘棠〉之事。此亦先饗
後燕，而饗燕均有賦詩之節。

△《左氏》昭公二十五年傳：「宋公享昭子，賦〈新宮〉，昭子賦〈車轄〉。
　明日宴，飲酒，樂。」

此饗燕二禮異日分行，而饗有賦詩，燕則無之也。

△《左氏》文公三年傳：「公如晉，及晉侯盟。晉侯饗公，賦〈菁菁者莪〉。
　莊叔以公降拜，曰：『小國受命於大國，敢不愼儀？君貺之以大禮，何
　樂如之？抑小國之樂，大國之惠也。』晉侯降辭。登，成拜。公賦〈嘉
　樂〉。」劉文淇《春秋左氏傳舊注疏證》：「按大禮，謂饗禮也。」〔註324〕

△《左氏》襄公二十七年傳：「鄭伯享趙孟于垂隴，子展、伯有、子西、
　子產、子大叔、二子石從。趙孟曰：『七子從君，以寵君也。請皆賦，
　以卒君貺，武亦以觀七子之志。』子展賦〈草蟲〉，伯有賦〈鶉之賁賁〉，
　子西賦〈黍苗〉之四章，子產賦〈隰桑〉，子大叔賦〈野有蔓草〉，印
　段賦〈蟋蟀〉，公孫段賦〈桑扈〉。卒享，文子告叔向曰：『伯有將爲戮
　矣。詩以言志，志誣其上而公怨之，以爲賓榮，其能久乎？幸而後亡。』」

△《左氏》昭公三年傳：「十月，鄭伯如楚，子產相。楚子享之，賦〈吉
　日〉。既享，子產乃具田備，王與田江南之夢。」

以上三則，文公三年晉侯饗魯文公，據「莊叔以公降拜，曰：『小國受命於大
國』」云云，可推知晉侯賦〈菁菁者莪〉，魯公賦〈嘉樂〉，是在饗禮中。襄公
二十七年鄭伯饗趙孟，昭三年楚子享鄭伯，其賦詩並在「卒享」、「既享」之
前。既，亦卒也，謂饗禮完畢也。是可知此二事之賦詩，亦均在饗禮中。

綜上所述，饗禮有賦詩之事，蓋昭然若揭。而朱氏以「秦伯享公子重耳」

〔註324〕《春秋左氏傳舊注疏證》頁494，明倫出版社，1970年。

以下六事，其賦詩皆在燕時，彼所持據者，蓋以爲禮經饗畢即燕，亦即燕附饗後，兼而用之，其言已具見上節援引。按饗禮中既有賦詩之事，則朱氏之說，可置而弗論矣。

五、饗 射

古人饗射二事往往相因，《儀禮·燕禮》云：「若射，則大射正爲司射，如鄉射之禮。」此射以樂賓，因燕而有射也。據《儀禮》，鄉射、大射之射，皆於賓主獻酬之後行之，射後鄉射、大射並有坐燕，而大射坐燕時或復射，此因射而有燕，燕時復有射也。經傳所載，因饗而射者，《詩·賓之初筵》一篇，庶幾近之。其詩曰：

賓之初筵，左右秩秩。籩豆有楚，殽核維旅。酒既和旨，飲酒孔偕。
鐘鼓既設，舉醻逸逸。大侯既抗，弓矢斯張。射夫既同，獻爾發功。
發彼有的，以祈爾爵。
籥舞笙鼓，樂既和奏。烝衎烈祖，以洽百禮。百禮既至，有壬有林。
錫爾純嘏，子孫其湛。其湛曰樂，各奏爾能。賓載手仇，室人入又。
酌彼康爵，以奏爾時。

此詩之一、二章也。首章敍天子饗燕賓客，舉醻既畢而射。次章寫射畢遂舞，所以娛賓也。〔註325〕惟此詩毛傳以爲燕射之禮，鄭箋以爲大射之禮。後之說者，王肅從毛，孫毓從鄭。崔靈恩以一章爲大射，二章爲燕射，嚴粲因之。姚際恒《詩經通論》則合大射、燕射、賓射而一之，馬瑞辰《毛詩傳箋通釋》則又以爲詠大射之詩〔註326〕，膠葛千載，迄未定讞。按詩首章云「鐘鼓既設」，是有金奏也。次章云「籥舞笙鼓」，是奏笙鼓而舞籥舞也。據《周禮·大司樂》天子大射用弓矢舞，則似毛說較鄭玄爲長，但此詩爲因饗而射，亦有可能也。《左氏》襄公二十九年傳云：

范獻子來聘拜城杞也。公享之，展莊叔執幣。射者三耦。公臣不足，取於家臣。家臣，展瑕、展玉父爲一耦；公臣，公巫召伯、仲顏莊叔爲一耦；鄫鼓父、黨叔爲一耦。

〔註325〕孔疏謂因論樂事，遂引而致之，非實有祭事。
〔註326〕王、孫說參見《毛詩注疏》卷一四（一四之三）頁7孔疏引。
崔說見《詩緝》卷二三頁28引，廣文書局，1983年。
姚說見《詩經通論》卷一二頁243，廣文書局。
馬說見《毛詩傳箋通釋》卷二二頁26至27，《皇清經解續編》本。

此記因饗而射，與〈燕禮〉云「若射，則大射正爲司射」之射以樂賓之義相同。昭公三年傳記載「鄭伯如楚，楚子享之。即享，子產乃具田備，王以田江南之夢」，其爲樂賓之義亦同。射者三耦者，二人爲耦。古代天子與諸侯射六耦，諸侯與諸侯射四耦，此諸侯與卿大夫射，則三耦。〔註327〕因饗而射，除《左傳》一見外，西周彝銘，亦可得而徵焉。〈長甶盉〉云：

> 隹三月初吉丁亥，穆王才下淢应，穆王鄉醴，即邢伯大祝射。穆王
> 蔑長甶，以逆即邢伯氏。邢伯氏寅不姦，長甶蔑曆。（《金文總集》
> 4448）

銘記穆王於下淢之行屋舉行饗禮，並就邢伯與大祝同射，此先饗後射之禮甚明，殆即所謂賓射是也。考禮射有四：一曰大射，君臣相與習射而射。二曰賓射，天子諸侯饗來朝之賓，而因與之射，亦謂之饗射。三曰燕射，天子諸侯燕其臣子或四方之賓，而因與之射。四曰鄉射，州長與其眾庶習射於州序。四者之禮，賓射爲重，而大射爲大。〔註328〕四者依其性質相近，又可別之爲二。賓射、燕射，因賓燕而射，射否惟欲，主於序歡情。大射、鄉射則爲習射之禮，主於習禮樂。按賓射之禮，禮經無專篇，其禮蓋佚。《周禮·大宗伯》「以賓射之禮，親故舊朋友」，孫詒讓曰：「其禮亡，蓋當與大射禮略同。」〔註329〕說殆是矣。朱大韶《春秋傳禮徵》據《禮記·燕義》「古者天子諸侯之射也，必先行燕禮」之文，謂傳云「范宣子來聘，公享之，射者三耦」，爲既燕而射。〔註330〕李亞農亦以〈長甶盉〉之因饗而射，謂是燕射〔註331〕，蓋皆混燕射、賓射於無別也。孫希旦云「賓射亦謂之饗射」〔註332〕，是矣。

〔註327〕說見《周禮·射人》及《左氏》襄公二十九年傳孔疏。
〔註328〕參見孫希旦《禮記集解》，卷六○頁1〈射義〉標題下
〔註329〕《周禮正義》卷三四頁80，《國學基本叢書》本，商務印書館。
〔註330〕《春秋傳禮徵》卷八頁47，《適園叢書》本。
〔註331〕李亞農〈長甶盉銘文釋文注釋〉，《考古學報》第9冊，1955年。
〔註332〕參見孫希旦《禮記集解》，卷六○頁1〈射義〉標題下。

第四章　饗禮施用範圍

　　饗者，所以設盛禮以飲賓也。據《左傳》、《國語》所見，其對象多爲朝聘會同之諸侯與卿大夫，而過境貴賓，封賞有功，或報謝慰勞，亦多以饗禮待之，蓋皆所以申其厚意，褒其勳勞者也。是其所招待之貴賓，大抵以一人爲常，縱有數人者，例亦不多見。蓋祭饗、賓饗相因，宗廟有合祭，亦有特祭，其於賓客，自不當有異。因是亦有專饗與合饗之別。《禮記·仲尼燕居》「大饗有四焉，兩君相見，入門而縣興」者，此專饗也。《周禮·掌客》「王合諸侯，而饗禮則具十有二牢」者，此合饗也。至其主賓關係，自天子以至卿大夫士，皆有所見。所謂饗禮，殆或如此。凡以盛禮待賓者，皆可以饗禮稱焉。

　　古之饗禮，今已不傳。禮文言饗，則專就天子諸侯大饗立說，故先儒說饗，亦僅止於此，諸侯以下則不與焉。其裒集典籍所載而述之者，蓋肇自皇侃《禮記義疏》，惟其書亦佚，孔穎達《禮記·王制》疏稱引之，尚可窺其究竟焉。其言曰：

饗有四種：

一是諸侯來朝，天子饗之，則《周禮·大行人》職云「上公之禮，其享禮九獻」是也。其牲則體薦，體薦則房烝。故《春秋》宣公十六年《左傳》云「享有體薦」，又《國語》云「王公立飲則有房烝」，其所云飲即謂饗也。立而成禮，謂之爲飲也。其禮亦有飯食，故〈舂人〉云「凡饗食共其食米」，鄭云「饗有食米，則饗禮兼燕與食」是也。

二是王親戚及諸侯之臣來聘，王饗之。禮亦有飯食及酒者，親戚及

－153－

賤臣不須禮隆，但示慈惠，故並得飲食之也。其酳數亦當依命，其牲折俎，亦曰殽烝也。故《國語》云：「親戚宴饗則有殽烝」，謂以燕禮而饗則有之也。又《左傳》宣十六年云：「享有體薦，宴有折俎，公當享，卿當宴，王室之禮也。」時定王享士會而用折俎，以《國語》及《左傳》，故知王親戚及諸侯之大夫來聘，皆折俎饗也。其饗朝廷之臣亦當然也。

三是戎狄之君使來，王享之。其禮則委饗也。其來聘賤，故王不親饗之，但以牲全體委與之也。故《國語》云：「戎翟貪而不讓，坐諸門外而體委與之」是也。此謂戎狄使臣賤之，故委饗。若夷狄君來，則當與中國子男同。故〈小行人〉職掌小賓小客，所陳牲牢，當不異也。

四是享宿衛及耆老孤子，則以醉為度。故〈酒正〉云：「凡饗士庶子，饗耆老孤子，皆共其酒，無酳數」，鄭云：「要以醉為度。」〔註1〕

按經言大饗有二，一為祭禮，一為賓禮，其禮大略相同。皇氏則專以賓禮為說，而析饗有四事。其後方愨綜合《禮記》大饗之文，類分饗禮為五，併合祭禮賓禮而數之。其說見於《禮記解義》，惜其書亦不傳。衛湜《禮記集說》嘗引其言曰：

大饗經之所言者凡十有一，而其別則有五：徧祭五帝一也，祫祭先王二也，天子饗諸侯三也，兩君相見四也，凡饗賓客五也。若〈月令〉季秋言大饗帝，〈禮器〉、〈郊特牲〉言大饗腥，所謂徧祭五帝之大饗也。〈禮器〉又言大饗其王事，大饗之禮不足以大旅，所謂祫祭先王之大饗也。〈郊特牲〉又言大饗尚腶脩，所謂天子饗諸侯之大饗也。〈郊特牲〉又言大饗君三重席而酢，〈仲尼燕居〉言大饗有四，〈坊記〉言大饗廢夫人之禮，所謂兩君之大饗也。〈雜記〉言大饗卷三牲之俎，所謂凡饗賓客之大饗也。〔註2〕

方說乃合祭禮為言，其徧祭五帝及祫祭先王二事，非本篇所涉。就賓禮言之，實止天子饗諸侯，兩君相見及凡饗賓客三事而已。皇、方二說略有小異，諸錦《補饗禮》，秦蕙田《五禮通考》，並從方說，分大饗為三，而以天子享元

〔註1〕 《禮記注疏》卷一三頁16。
〔註2〕 《禮記集說》卷一四頁17，〈曲禮下〉「大饗不問卜」下。

侯爲正，兩君相見次之。秦氏更以爲「殽烝之饗，不得謂之大饗」。〔註3〕黃以周《禮書通故》，許維遹《饗禮考》，則從皇侃，惟於皇說又各有損益。黃氏謂皇說第三饗可刪，宜增「饗群臣於學校禮」。按《禮記・月令》「孟冬之月，大飮烝」，鄭注：「十月農功畢，天子諸侯與群臣飮酒于大學，以正齒位，謂之大飮。」又《詩・彤弓》「鐘鼓既設，一朝饗之」，鄭箋：「大飮賓曰饗。」黃據鄭說，以爲大飮者用饗禮，較平時燕飮爲大，故謂之大飮。〔註4〕惟黃謂第三饗可刪，亦未有證據以實其說，存之可矣。許氏則以皇說第四饗不可信。蓋據饗有酒不飮，有嘉穀不食爲說，謂《周禮》〈外饔〉、〈酒正〉、〈槀人〉所云之饗，與食燕近，遂疑饗宿衛耆老孤子，當爲鄉飮酒禮。〔註5〕

　　綜合諸家言饗之爲用，則有五焉：諸侯來朝，天子饗之，一也。王親戚及諸侯之臣來聘，王饗之，二也。夷狄之君或其使來，王饗之，三也。饗宿衛耆老孤子，四也。饗群臣於學校，五也。此蓋就天子所施用範圍而言之，其諸侯卿大夫之饗禮則不與焉。其實饗者設盛禮以飮賓，其爲用必廣。縱就天子立說，上所舉五事，亦未必即兼賅所有。饗禮通乎上下，自天子以至於士庶人，蓋皆有之。此於「饗禮之主賓關係」乙節，已有詳論。蓋祭饗賓饗既相因，則賓饗殆亦猶宗廟祭祀，人人皆得而有之，所異者，尊卑上下不同，其禮數亦有隆殺之殊異而已，非謂諸侯以下無饗也。

　　夫以先儒言饗，多本天子爲說，且據饗禮爲一獨立之禮典，專以招待貴賓而言。其作爲某一巨典組成之一部分，附於他禮而行者，則多闕而弗論。因據典籍所見，略述於後。

一、饗禮有附射禮而行者

　　禮射有四：曰大射、曰賓射、曰燕射、曰鄉射。燕射、鄉射，其與饗禮無涉。賓射則因饗而射，所以樂賓也，已見前述矣。饗禮附於射禮而行者，其唯大射耳。

　　《禮記・射義》云：「古者諸侯之射也，必先行燕禮。」孔疏云：「大射在未旅之前，燕初似饗，即是先行饗禮。」據《儀禮・大射儀》，其用樂與天子大饗相近，而與諸侯燕禮不同，則大射之前先行饗禮，殆或可信。是〈射

〔註3〕　《五禮通考》卷一五六頁2，新興書局，1970。
〔註4〕　黃以周《禮書通故》第二十四〈燕饗禮〉，頁18。
〔註5〕　許維遹〈饗禮考〉，《清華學報》第14卷第一期，頁121。

義〉之文，蓋言因射而饗，以射禮爲主，而饗禮附之而行。惟就〈大射儀〉
而觀之，其射前牲用狗，設折俎，行一獻之禮，又皆是燕法。所以然者，禮
有隨時從宜，非一成不變。饗既附射禮而行，已非專對大賓之禮法，且饗有
體薦與折俎之分，則大射用折俎，殆亦可得而說。以其非專爲待賓，則飲獻
之數，亦未必非依命數不可。《詩・公劉》孔疏云：「饗禮當亨太牢以飲賓，
此唯用豕者，〈掌客〉曰『凡禮賓客，國新殺禮』，公劉新至豳地，殺禮也。」
〔註6〕據此以言，諸侯大射之前，先行饗禮，其牲以狗，未嘗不可以視爲殺禮。
斯者雖是推測之詞，但諸侯大射，必先行燕禮，此燕禮固較諸侯燕飲爲盛，
殆亦事實。若夫天子大射之前，先行饗禮，當可無疑。知者饗附射禮而行，
經傳雖無所見，然稽之彝銘，蓋亦可得而徵焉。〈遹設〉云：

> 隹六月既生霸，穆王才葊京，乎漁于大池，王鄉酉。遹御，亡遣。
>
> 穆王竊易遹韐。遹拜首齰首敢對揚穆王休。（《金文總集》2734）

葊京大池，郭沫若謂即葊京辟雍之大池，陳夢家說同。〔註7〕「乎漁」亦見〈井
鼎〉，其銘曰：

> 隹七月，王在葊京。辛卯，王漁于□池，乎□從魚，攸易魚，對揚
>
> 王休，用乍寶陵鼎。（《金文總集》1221）

金文「乎漁」，陳夢家以爲即《左氏》隱公五年經「公矢魚于棠」之「矢
魚」，亦猶《淮南子・時則篇》所稱之「射魚」〔註8〕，劉雨亦以爲「乎漁」、
「矢魚」、「射魚」，蓋爲一事，爲射禮之內容之一。〔註9〕金文中有關射魚之
事，亦見於〈靜設〉：

> 隹六月初吉，王才葊京。……雪八月初吉庚寅，王以吳夅、……射
>
> 于大池。（《金文總集》2788）

銘記射禮在葊京辟雍之大池舉行也。合以上三器觀之，則「乎漁」即「射魚」，
斯說蓋可從。按《禮記・射義》：「天子將祭，必先習射於澤。澤者所以擇士
也。已射於澤，而后射於射宮」，惟據〈靜設〉所記，周王在葊京辟雍大池中
射魚，蓋不類習射，是故劉雨謂此爲射禮之一種，與陸上之射有別，而規模

〔註6〕　《毛詩注疏》卷一七之三頁10，阮刻《十三經注疏》本。
〔註7〕　郭說見《兩周金文辭大系考釋》頁55。
　　　　陳說見〈西周銅器斷代（六）〉頁86。
〔註8〕　〈西周銅器斷代（六）〉頁86。
〔註9〕　劉雨〈西周金文中的射禮〉，《考古》1986年第十二期，頁127。

略小耳，爲西周正式之射禮。〔註10〕綜合上述，〈遹段〉先漁後饗，即先射而後饗也。雖然此射似不類大射，但饗禮附射後而行，固無疑議。惟此所饗者爲酒，而與〈長由盉〉先鄉醴而後射，其所用爲醴有異耳。

二、饗禮有附藉禮而行者

古者天子諸侯有藉田以親耕之禮，《禮記・祭義》云：「昔者天子爲藉千畝，諸侯爲藉百畝，以事天地、山川、社稷、先古，以爲醴酪齊盛于是乎取之，敬之至也。」〈祭統〉亦云：「天子親耕于南郊，以共齊盛。諸侯耕于東郊，亦以共齊盛。天子諸侯非莫耕也，身致其誠信，誠信之謂盡，盡之謂敬，敬盡然後可以事神明，此祭之道也。」天子諸侯之所以親耕以供粢盛者，蓋亦較然明白。

載籍所記藉禮之儀式，莫詳於《國語》。〈周語上〉云：

> 先時五日，瞽告有協風至，王即齋宮，百官御事，各即其齋三日。
> 王乃淳濯饗醴，及期，鬱人薦鬯，犧人薦醴，王祼鬯，饗醴乃行。
> 百吏、庶民畢從。及藉，后稷監之，膳夫、農正陳藉禮，太史贊王，
> 王敬從之。王耕一墢，班三之，庶民終于千畝。……畢，宰夫陳饗，
> 膳宰監之。膳夫贊王，王歆大牢，班嘗之，庶人終食。〔註11〕

據《國語》此文所載，知耕藉之禮在行禮之前，先行饗禮，藉畢，則復有燕飲。其藉畢燕飲，殆當饗禮之末段，《禮記・月令》則稱之曰勞酒。〈月令〉篇載天子躬耕帝藉事云：

> 是月（孟春之月）也，天子乃以元日，祈穀于上帝。乃擇元辰，天
> 子親載耒耜，措之于參保介御之間，帥三公、九卿、諸侯、大夫，
> 躬耕帝藉。天子三推，三公五推，卿諸侯九推。反，執爵于大寢，
> 三公、九卿、諸侯、大夫皆御，命曰勞酒。

鄭注：「既耕而宴飲，以勞群臣也。大寢，路寢。」《呂氏春秋・孟春篇》亦載此事，其文同。高誘注：「太寢，祖廟也。示歸功於先祖，故於廟飲酒也。」又云：「御致天子之命，勞群臣於太廟，飲之以酒。」〔註12〕按鄭以爲燕禮，故釋太寢爲路寢，高以爲饗禮，故釋太寢爲太廟，高說殆得其實。

〔註10〕同上，頁124。
〔註11〕《國語》卷一頁17，藝文印書館。
〔註12〕《呂氏春秋》卷一頁20，藝文印書館。

三、饗禮有附冠禮而行者

　　古者男子二十而冠，其禮之今存者，惟〈士冠〉一篇，係士爲其子加冠之禮也。天子、諸侯及大夫之冠禮，則已難得其詳。《儀禮·士冠禮·記》：「天子之元子猶士也，天下無生而貴者也」，鄭注曰：「元子，世子也。」賈疏謂「天子之元子，雖四加與十二而冠，其行事猶依士禮，故云猶士。」世子者，繼位之嫡長子也，則下推諸侯大夫之子亦可知。萬斯大《儀禮商》卷一云：「禮不下庶人，故自士以上，一依乎士禮以爲之準，雖天子諸侯之子，亦不得異焉。」〔註13〕萬謂天子諸侯子之冠禮，皆以士冠禮爲之準，即據〈士冠·記〉爲說。雖然，其禮儀隆殺當有差殊也。蓋士冠三加，初加緇布冠，再加皮弁，三加爵弁，諸侯之禮四加而有玄冕，天子則五加袞冕〔註14〕，即其明證。《左傳》襄公九年載有諸侯冠事一則，其言曰：

> 公送晉侯，晉侯以公宴于河上，問公年。季武子對曰：「會于沙隨之歲，寡君以生。」晉侯曰：「十二年矣，是謂一終，一星終也。國君十五而生子，冠而生子，禮也。君可以冠矣。大夫盍爲冠具？」武子對曰：「君冠，必以裸享之禮行之，以金石之樂節之，以先君之祧處之。今寡君在行，未可具也，請及兄弟之國而假備焉。」晉侯曰：「諾。」公還，及衛，冠于成公之廟，假鍾磬焉，禮也。

據《左氏》此文，知「君冠，必以裸享之禮行之」，王國維〈周書顧命後考〉謂「天子諸侯之裸，即大夫士之醴也。故〈士冠禮〉用醴或醮，而諸侯之冠則用裸享之禮。」〔註15〕王說諸侯冠禮之裸享，正當〈士冠禮〉之醴或醮。裸享即具有裸之儀式之饗禮，諸侯冠禮而有裸享，蓋以示隆重也。杜注《左傳》謂享爲祭先君也，其說殆有未確。《大戴記·公冠》篇亦有類似之記載，云：

> 公冠，四加玄冕，饗之以三獻之禮，無介，無樂，皆玄端。其醻幣朱錦采，四馬其慶也。天子儗焉。太子與庶子其冠皆自爲主，其禮與士同，其饗賓也皆同。〔註16〕

〔註13〕《儀禮商》卷一頁1，《經學五書》本，廣文書局，1977年。

〔註14〕詳見王聘珍《大戴禮記解詁》卷一三頁1，世界書局，1966年。
　　　　汪照《大戴禮記注補》卷一三頁1「公冠四加玄冕」下注，《皇清經解續編》本。

〔註15〕見《觀堂集林》卷一頁63。

〔註16〕據孔廣森《大戴禮記補注》，《皇清經解》第11冊，頁8320。

饗者饗賓也，謂以三獻之禮饗冠者，待之以賓故也。是據《左傳》、《大戴記》，參以王國維之說，諸侯冠禮，四加既畢，約〈士冠〉之文，則賓以饗禮待冠者，行三獻之禮，以成人尊之也。此饗禮附諸冠禮而行者也。惟其儀節與專饗賓客，或未盡相同，而有繁簡之差殊焉。

四、饗禮有附昏禮而行者

徵諸典冊，饗禮之用於昏禮者，祇見於《儀禮》十七篇。〈士昏禮〉云：

> 舅姑共饗婦以一獻之禮。舅洗于南洗，姑洗于北洗，奠酬。舅姑先
> 降自西階，婦降自阼階。歸婦俎于婦氏人。

此記舅姑饗婦之事也。鄭注：「以酒食勞人曰饗。言俎，則饗禮有牲矣。」是據經注，則饗禮亦用於昏禮中。蓋婦始至，當示以尊卑之體，故舅姑於婦不燕而用饗，所以主敬也。一獻士禮也。蔡德晉《禮經本義》云：「舅酌以獻婦，姑薦脯醢，婦酢舅畢，姑乃先酌自飲，更酌以酬婦，婦奠而不飲，共成一獻之禮」〔註17〕是也。饗婦之牲俎，用特豚而有魚腊。歸俎，饗賓之禮也。饗婦亦歸其俎者，亦所以厚禮之〔註18〕。〈士昏禮〉又云：

> 舅饗送者以一獻之禮，酬以束錦。姑饗婦人送者，酬以束錦。

賈疏云：「此一獻與饗婦一獻同，禮則異。彼兼有姑，此依常饗賓客法。」〔註19〕所謂常饗賓客法，蓋謂獻酢酬賓主各兩爵而禮成，與舅獻婦，婦酢舅，姑酬婦共成一獻異也。酬以束錦，謂酬幣也。酬幣者，酬賓勸酒之幣也。鄭注云：「爵至酬賓，又從之以束錦，所以相厚」是也。

綜合本節所述，知饗禮之施用，約可區分二類，一為獨立禮典行使，其用則自天子諸侯，達乎士庶人，蓋皆有之。前儒之論，多據天子諸侯為說，卿大夫以下則多闕如。另一為某一禮典組成之一部分，考之典籍，射禮、藉禮、君冠及士昏皆有可徵。二類之行禮儀節，殆有繁簡不同，惜乎禮文簡略，不得其詳耳。

〔註17〕 蔡德晉《禮經本義》卷二頁24，據文淵閣《四庫全書》本影印，藝文印書館，1958年。
〔註18〕 見盛世佐《儀禮集編》卷四頁16，《四庫全書》本，商務印書館。
〔註19〕 《儀禮注疏》卷五頁14，阮刻《十三經注疏》本。

第五章　結　論

　　饗禮之亡佚也久矣，後儒之爲補闕者，有元汪克寬《經禮補逸》卷九之「燕饗禮」。汪氏蓋據《周禮》所載涉乎燕饗者輯而綴之，甚疏漏。〔註1〕《四庫全書》著錄秀水諸錦《補饗禮》一卷，其書據《周禮》賓客之聯事而比次之，並取《左傳》、《禮記》中相發明者，條注於其下。林昌彝以爲諸書「殊無條理，所據有與饗禮無涉者，其說無取焉。」〔註2〕今觀其書，而知林說蓋有以也。陳壽祺〈饗禮考〉，又參覈春秋內外傳、〈燕禮〉、〈聘禮〉、〈公食大夫禮〉，依食饗之數、飲獻之數、孤卿之等、置俎之官、饗客之法以及饗客之物諸類而輯之，冀以補諸書之所未備。〔註3〕林昌彝撰《三禮通釋》，有「饗禮」一卷，其書悉襲陳氏《饗禮考》而爲之，略無新義。陳、林二氏之前，秦蕙田撰《五禮通考》，書中亦有「饗燕禮」〔註4〕，其視諸、陳所撰較詳，條例不紊，然其疏漏處亦復不少。黃以周《禮說》有「饗禮」，旨在辨皇侃四饗，以及饗飫有別。其《禮書通故》第二十四之〈燕饗禮通故〉，則言之爲詳，且以事爲目，按題討論，頗多新義。今人許維遹有《饗禮考》，楊寬有〈鄉飲酒禮與饗禮新深〉，皆視前人爲詳贍而有條理。惟許說饗燕之辨或失諸過嚴，楊取鄉飲酒禮與饗禮並論，則有混饗禮於鄉飲酒禮之嫌。本文徵諸甲骨金文，稽諸經傳群籍，冀以考古饗禮之眞相，其間雖多一己之臆見，或乏有力之確證，然持以澄清若干分歧之論點，或不無助益。爰陳所得，約述如后。

〔註1〕　見《通志堂經解》第 34 冊，大通書局，1972 年。
〔註2〕　見《三禮通釋》卷一五六頁 1，清同治三年廣州刻本，中研院藏。
〔註3〕　見《左海經辨》卷上，頁 75 至 79，清道光三年刻本，中研院藏。
〔註4〕　《五禮通考》卷一五六頁 1 至 17，新興書局，1970。

　　前人於祭饗、賓饗二禮相同之處，多能言之，惟於原委之探尋則多闕如。因本資於事人以事神之義，結合考古資料，探本窮源，明饗有賓禮，亦有祭禮之所由，兼明饗禮本天下之通義，非謂饗爲天子諸侯所專擅。此其一也。

　　賈公彥曰：「饗以訓恭儉，設几而不倚，爵盈而不飲，殽乾而不食，獻依命數，賓無醉理。」（《周禮・大司樂》疏）此爲自杜預以降，儒者對古饗禮之通識。斯者蓋泥於《左傳》、《國語》、《禮記》之文而云然，古之饗禮殆非若是也。饗之用於賓禮與祭禮，其初義蓋本相因，設盛禮以飲賓，與夫備饋食以廟享，非有以異。聖人制禮，本乎人情，則大饗雖不食體薦，非并殽饌皆不食。黃以周已發於前，因更據以申暢之。此其二也。

　　食有侑幣，饗有酬幣，明箸禮經。前儒之說《左傳》，多混賞賜於酬幣而無別，以爲饗禮賜物皆酬幣也。徵諸殷契周彝，賞賜之事多矣，而西周金文所見賞賜更別爲冊命賞賜與一般非冊命賞賜二類。降及春秋之世，猶然沿襲西周之餘緒，此就《左傳》可驗也，而前儒皆以爲酬幣者，尋其源流，殆有可疑。竊以爲酬幣之名，蓋起於春秋，前此禮文無徵，則饗禮賜物未必皆酬幣。此其三也。

　　《禮記・郊特牲》云：「大夫而饗君，非禮也。」昔儒拘牽此文，以爲臣無饗君之禮。然陳公子完爲齊工正，飲桓公酒，杜預以降，儒者皆謂桓公賢之，故齊桓就其家，而非設酒以召君，無論其說如何，當時爲人臣者，實有饗君之禮。又《禮記・內則》云：「男不言內，女不言外。」昔儒亦以爲婦女不與外政。但稽諸殷契周彝，每見后夫人有參預國事者，亦有獨行饗禮之舉。《左氏》莊公四年經載魯夫人饗齊侯於祝丘，又襄公二十六傳載宋夫人饋錦與馬於左師，是春秋實有婦女饗饋之事。禮多因襲，殷周及乎春秋，婦女與於外政，事實俱在，或本禮法之所容，未必有如後儒之所議論者。此其四也。

　　《周禮・掌客》：「凡諸侯之禮，上公鉶四十有二，鼎簋十有二」，鄭注：「鼎十有二者，飪一牢，正鼎九與陪鼎三。」《儀禮・聘禮》致館設飧：「飪一牢，鼎九，羞鼎三」，鄭注云：「羞鼎則陪鼎也。」又「堂上之饌八，西夾六」，注云：「堂上八豆八簋六鉶兩簠八壺，西夾六豆六簋四鉶兩簠六壺。」說者以爲鉶即陪鼎，然鼎數以十二爲極，十有二鼎者，爲正鼎九與陪鼎三，則鉶不得與其數可知。清儒謂鉶非陪鼎，其說不誤。此其五也。

　　《左傳》命侑，說者多家，自王引之《經義述聞》說命侑爲命酢後，學者從之，庶成定讞。然主賓獻酢，本饗燕儀節之一，有獻必有酢，此所以爲

禮也。凡王饗皆然，是酢王固尋常之事，而《左傳》皆書之，殆不能無疑也。且西周彝銘亦有其例，彝器所以「銘其功烈，以示子孫，昭明德而懲無禮」（襄公十九年傳文），獻酢往來，反掌之舉，殆不足矜其子孫，顯榮後代，是必有特殊之意義存焉。疑命宥乃天子躬親嘉勉，勤勞於王事之辭。此其六也。

　　以上六端，乃篇中論點之較大者，或考其原委，以袪眾惑，或博綜異說，以辨是非。餘則概見於篇節中，不復贅焉。

參考書目

（論文篇目附）

1. 王弼注、孔穎達疏，《周易注疏》，阮刻本，藝文印書館，1965。
2. 孔安國傳、孔穎達疏，《尚書注疏》，阮刻本，藝文印書館，1965。
3. 毛傳、鄭箋、孔穎達疏，《毛詩注疏》，阮刻本，藝文印書館，1965。
4. 陸　璣，《毛詩草木鳥獸蟲魚疏》，《古經解彙函》本，中新書局，1973。
5. 嚴　粲，《詩緝》，廣文書局，1983。
6. 陳啟源，《毛詩稽古編》，《皇清經解》本，復興書局，1972。
7. 李黼平，《毛詩紬義》，《皇清經解》本，復興書局，1972。
8. 胡承拱，《毛詩後箋》，《皇清經解續編》本，藝文印書館，1965。
9. 馬瑞辰，《毛詩傳箋通釋》，《皇清經解續編》本，藝文印書館，1965。
10. 陳　奐，《詩毛氏傳疏》，《皇清經解續編》本，藝文印書館，1965。
11. 姚際恒，《詩經通論》，廣文書局，1961。
12. 孫作雲，《詩經與周代社會研究》，北京，中華書局，1966。
13. 韓　嬰，《韓詩外傳》，《增訂漢魏叢書》本，大化書局，1983。
14. 鄭玄注、賈公彥疏，《周禮注疏》，阮刻本，藝文印書館，1965。
15. 易　袚，《周官總義》，《四庫全書》本，商務印書館，1983。
16. 王與之，《周禮訂義》，《四庫全書》本，商務印書館，1983。
17. 乾隆十三年敕撰，《欽定周官義疏》，《四庫全書》本，商務印書館，1983。
18. 孫詒讓，《周禮正義》，《國學基本叢書》本，商務印書館，1967。
19. 惠士奇，《禮說》，《皇清經解》本，復興書局，1972。
20. 鄭玄注、賈公彥疏，《儀禮注疏》，阮刻本，藝文印書館，1965。
21. 李如圭，《儀禮集釋》，《經苑》本，大通書局，1970。
22. 楊　復，《儀禮圖》，《通志堂經解》本，大通書局，1972。

23. 魏了翁，《儀禮要義》，《四庫全書》本，商務印書館，1983。

24. 敖繼公，《儀禮集說》，《通志堂經解》本，大通書局，1972。

25. 汪克寬，《經禮補逸》，《通志堂經解》本，大通書局，1972。

26. 乾隆十三年敕撰，《欽定儀禮義疏》，《四庫全書》本，商務印書館，1983。

27. 張爾岐，《儀禮鄭註句讀》，藝文印書館，1965。

28. 萬斯大，《儀禮商》，《經學五書》本，廣文書局，1977。

29. 李光坡，《儀禮述注》，《四庫全書》本，商務印書館，1983。

30. 方　苞，《儀禮析疑》，《四庫全書》本，商務印書館，1983。

31. 諸　錦，《補饗禮》，《四庫全書》本，商務印書館，1983。

32. 蔡德晉，《禮經本義》，《四庫全書》本，藝文印書館，1958。

33. 褚寅亮，《儀禮管見》，《皇清經解續編》本，藝文印書館，1965。

34. 盛世佐，《儀禮集編》，《四庫全書》本，商務印書館，1983。

35. 凌廷堪，《禮經釋例》，《皇清經解》本，復興書局，1972。

36. 胡培翬，《儀禮正義》，《皇清經解續編》本，藝文印書館，1965。

37. 夏　炘，《學禮管釋》，《皇清經解續編》本，藝文印書館，1965。

38. 劉師培，《禮經舊說》，《劉申叔先生遺書》，京華書局，1970。

39. 許維遹，〈饗禮考〉，《清華學報》十四卷第一期，1947。

40. 吳達芸，《儀禮特牲少牢有司徹祭品研究》，中華書局，1973。

41. 鄭玄注、孔穎達疏，《禮記注疏》，阮刻本，藝文印書館，1965

42. 衛　湜，《禮記集說》，《通志堂經解》本，大通書局，1972。

43. 黃　震，《讀禮記日抄》，《黃氏日抄》，中文出版社，1979。

44. 陳　澔，《禮記集說》，中新書局，1974。

45. 乾隆十三年敕撰，《欽定禮記義疏》，《四庫全書》本，商務印書館，1983。

46. 孫希旦，《禮記集解》，蘭臺書局，1971。

47. 莊有可，《禮記集說》，嘉慶九年刻本，力行書局，1970。

48. 朱　彬，《禮記訓纂》，《四庫備要》本，中華書局，1968。

49. 王聘珍，《大戴禮記解詁》，世界書局，1966。

50. 孔廣森，《大戴禮記補注》，《皇清經解》本，復興書局，1972。

51. 汪　照，《大戴禮記注補》，《皇清經解續編》本，藝文印書館，1965。

52. 聶崇義，《三禮圖》，《通志堂經解》本，大通書局，1972。

53. 劉　績，《三禮圖》，《四庫全書》本，商務印書館，1983。

54. 陳祥道，《禮書》，《四庫全書》本，商務印書館，1983。

55. 秦蕙田，《五禮通考》，新興書局，1970。

56. 金　鶚，《求古錄禮說》，《皇清經解續編》本，藝文印書館，1965。

57. 林昌彝，《三禮通釋》，清同治三年廣州刻本，中研院藏。

58. 黃以周，《禮說》（儆季所著書），光緒二十年南菁書院刊本，中研院藏。

59. 黃以周，《禮書通故》，華世出版社，1976。

60. 杜預注、孔穎達疏，《左傳注疏》，阮刻本，藝文印書館，1965。

61. 梁履繩，《左通補釋》，《皇清經解續編》本，藝文印書館，1965。

62. 陳壽祺，《左海經辨》，清道光三年刻本，中研院藏。

63. 沈欽韓，《春秋左氏傳補注》，《皇清經解續編》本，藝文印書館，1965。

64. 沈欽韓，《左傳地名補注》，《皇清經解續編》本，藝文印書館，1965。

65. 劉文淇，《春秋左氏傳舊注疏證》，明倫出版社，1970。

66. 張其淦，《左傳禮說》，民國十五年排印本，力行書局，1970。

67. 竹添光鴻，《左傳會箋》，廣文書局，1961。

68. 楊伯峻，《春秋左傳注》，北京，中華書局，1981。

69. 何休注、徐彥疏，《公羊注疏》，阮刻本，藝文印書館，1965。

70. 陳　立，《公羊義疏》，《皇清經解續編》本，藝文印書館，1965。

71. 范甯注、楊士勛疏，《穀梁注疏》，阮刻本，藝文印書館，1965。

72. 陸　淳，《春秋集傳纂例》，《經苑》本，大通書局，1970。

73. 劉　敞，《春秋意林》，《通志堂經解》本，大通書局，1972。

74. 胡安國，《春秋傳》，《四庫全書》本，商務印書館，1983。

75. 徐庭垣，《春秋管窺》，《四庫全書》本，藝文印書館，1958。

76. 惠士奇，《春秋說》，《皇清經解》本，復興書局，1972。

77. 朱大韶，《春秋傳禮徵》，《適園叢書》本，藝文印書館，1964。

78. 周一田，《春秋吉禮考辨》，嘉新水泥文化基金會，1970。

79. 周一田，〈春秋燕禮考辨〉，台灣師範大學《國文學報》創刊號，1972。

80. 董仲舒，《春秋繁露》，《增訂漢魏叢書》本，大化書局，1983。

81. 鄭玄注，皮錫瑞疏，《孝經鄭注疏》，《四庫備要》本，中華書局，1968。

82. 班　固，《白虎通》，《增訂漢魏叢書》本，大化書局，1983。

83. 陳　立，《白虎通疏證》，《皇清經解續編》本，藝文印書館，1965。

84. 陸德明，《經典釋文》，《通志堂經解》本，大通書局，1972。

85. 段玉裁，《經韻樓集》，《皇清經解》本，復興書局，1972。

86. 朱　彬，《經傳考證》，《皇清經解》本，復興書局，1972。

87. 阮　元,《揅經室集》,《皇清經解》本,復興書局,1972。

88. 王引之,《經義述聞》,《皇清經解》本,復興書局,1972。

89. 俞　樾,《群經平議》,《皇清經解續編》本,藝文印書館,1965。

90. 皇　侃,《論語義疏》,《古經解彙函》本,中新書局,1973。

91. 劉寶楠,《論語正義》,《皇清經解續編》本,藝文印書館,1965。

92. 趙岐注、孫奭疏,《孟子注疏》,阮刻本,藝文印書館,1965。

93. 郭璞注,邢昺疏,《爾雅注疏》,阮刻本,藝文印書館,1965。

94. 劉　熙,《釋名》,《增訂漢魏叢書》本,大化書局,1983。

95. 王念孫,《廣雅疏證》,鼎文書局,1972。

96. 顏師古,《匡謬正俗》,《關中叢書》本,藝文印書館,1970。

97. 釋元應,《一切經音義》,《叢書集成簡編》本,商務印書館,1966。

98. 許　慎,《宋本說文解字》,《續古逸叢書》本,商務印書館,1971。

99. 惠　棟,《讀說文記》,《借月山房彙鈔》本,藝文印書館,1967。

100. 段玉裁,《說文解字注》,藝文印書館,1964。

101. 吳大澂,《說文古籀補》,藝文印書館,1962。

102. 丁福保,《說文解字詁林》,商務印書館,1976。

103. 馬敘倫,《說文解字六書疏證》,鼎文書局,1975。

104. 顧野王,《玉篇》,《古經解彙函》本,中新書局,1973。

105. 阮　元,《積古齋鐘鼎彝器款識》,藝文印書館,1970。

106. 孫詒讓,《古籀拾遺》,華文書局,1971。

107. 劉心源,《奇觚室吉金文述》,藝文印書館,1971。

108. 方濬益,《綴遺齋彝器款識考釋》,台聯國風出版社,1976。

109. 于省吾,《雙劍誃吉金文選》,藝文印書館,1962。

110. 白川靜,《金文通釋》,日本神戶市白鶴美術館,1964。

111. 吳鎮烽,《金文人名匯編》,北京,中華書局,1987。

112. 吳闓生,《吉金文錄》,樂天出版社,1971。

113. 周法高主編,《金文詁林》,香港中文大學,1974。

114. 周法高等編,《金文詁林附錄》,香港中文大學,1977。

115. 周法高編撰,《金文詁林補》,史語所專刊,1982。

116. 唐　蘭,《西周青銅器銘文分代史徵》,北京,中華書局,1986。

117. 容　庚,《金文編》,洪氏出版社,1974。

118. 容　庚,《金文編》(修訂四版),北京,中華書局,1984。

119. 徐文鏡，《古籀彙編》，商務印書館，1969。

120. 張光直等，《商周青銅器與銘文的綜合研究》，中研院史語所，1973。

121. 郭沫若，《兩周金文辭大系考釋》，北京，科學出版社，1957。

122. 郭寶鈞，《中國青銅器時代》，北京，三聯書店，1963。

123. 黃公渚，《周秦金石文選評註》，商務印書館，1976。

124. 黃然偉，《殷周青銅器賞賜銘文研究》，香港，龍門書店，1978。

125. 楊樹達，《積微居金文說》，大通書局，1971。

126. 楊樹達，《積微居金文餘說》，大通書局，1971。

127. 管燮初，《西周金文語法研究》，北京，商務印書館，1981。

128. 魯實先，《周代金文疏證四編》，國科會報告（手稿抄本），1972。

129. 羅振玉，《雪堂金石文字跋尾》，（《羅雪堂先生全集初編》），文華出版社，1968。

130. 嚴一萍，《金文總集》，藝文印書館，1983。

131. 于省吾，《甲骨文字釋林》，大通書局，1981。

132. 中國科學院考古研究所，《甲骨文編》，北京，中華書局，1965。

133. 李孝定，《甲骨文字集釋》，史語所專刊，1965。

134. 金祥恒，《續甲骨文編》，中國東亞學術計劃研究會，1959。

135. 姚孝遂，《殷墟甲骨刻辭類纂》，北京，中華書局，1989。

136. 孫海波，《甲骨文編》，藝文印書館，1958。

137. 商承祚，《殷虛文字類編》，文史哲出版社，1979。

138. 羅振玉，《增訂殷虛書契考釋》，藝文印書館，1969。

139. 司馬遷，《史記》（標點本），鼎文書局，1980。

140. 班　固，《漢書》（標點本），鼎文書局，1980。

141. 范　曄，《後漢書》（標點本），鼎文書局，1980。

142. 魏　收，《魏書》（標點本），鼎文書局，1980。

143. 林春溥，《竹書紀年補證》，世界書局，1967。

144. 韋昭注，《國語》，藝文印書館，1974。

145. 汪遠孫，《國語發正》，《皇清經解續編》本，藝文印書館，1965。

146. 馬端臨，《文獻通考》，商務印書館，1987。

147. 紀昀等，《四庫全書總目》，《萬有文庫》本，商務印書館，1971。

148. 石璋如，《殷虛建築遺存》，中研院史語所，1959。

149. 楊　寬，《古史新探》，北京，中華書局，1965 年。

150. 林惠祥，《文化人類學》，商務印書館，1968。

151. 胡厚宣，《甲骨學商史論叢初集》，香港，文友堂書店，1970。

152. 郭沫若，《中國古代社會研究》，香港，三聯書店，1978。

153. 林壽晉，《半坡遺址綜述》，香港中文大學，1981。

154. 許順湛，《中原遠古文化》，河南人民出版社，1983。

155. 林耀華，《原始社會史》，北京，中華書局，1984。

156. 俞偉超，《先秦兩漢考古學論集》，北京，文物出版社，1985。

157. 楊育彬，《河南考古》，河南，中州古籍出版社，1985。

158. 陳漢平，《西周冊命制度研究》，上海，學林出版社，1986。

159. 王先謙，《荀子集解》，藝文印書館，1967。

160. 孫詒讓，《墨子閒詁》，藝文印書館，1969。

161. 高誘注，《淮南子》，藝文印書館，1968。

162. 高誘注，《呂氏春秋》，藝文印書館，1969。

163. 張純一，《晏子春秋校注》，世界書局，1972。

164. 桓　寬，《鹽鐵論》，《四部叢刊》本，商務印書館，1965。

165. 徐　堅，《初學記》，鼎文書局，1972。

166. 李　昉，《太平御覽》，明倫出版社，1975。

167. 洪興祖，《楚辭補注》，藝文印書館，1968。

168. 顧炎武，《日知錄》，明倫出版社，1970。

169. 孫詒讓，《籀廎述林》，《孫籀廎先生集》，藝文印書館，1963。

170. 王國維，《觀堂別集》，世界書局，1961。

171. 王國維，《觀堂集林》，世界書局，1961。

172. 余嘉錫，《余嘉錫論學雜著》，河洛圖書出版社，1976。

173. 劉師培，《劉申叔先生遺書》，京華書局，1970。

174. 丁興濂，〈文字學上中國古代宗教勾沈〉，《學風》第四卷第八期，1934。

175. 于省吾，〈鄂君啓節考釋〉，《考古》1963 年第八期。

176. 于豪亮，〈說俎字〉，《中國語文研究》第二期，1981。

177. 史　言，〈眉縣楊家村大鼎〉，《文物》1972 年第七期。

178. 白玉崢，〈契文舉例校讀（十七）〉，《中國文字》第四六冊，台大中文系，1972。

179. 伍仕謙，〈微氏家族銅器群年代初探〉，《古文字研究》第五輯，北京，中華書局，1981。

180. 李亞農，〈長甶盉銘文釋文注釋〉，《考古學報》第九冊，1955。

181. 林　澐，〈周代用鼎制度商榷〉，《史學集刊》，1990 年，第三期　。

182. 俞偉超、高明，〈周代用鼎制度研究〉，《北京大學學報》哲學社會科學版，
　　　1978.1-2，1979.1。又收入《先秦兩漢考古學論集》，文物出版社出版，1985。

183. 凌純聲，〈七營與醴柶考〉，《中研院民族學研究所集刊》第十二期，1961。

184. 唐　蘭，〈西周銅器斷代中的康宮問題〉，《考古學報》，1962 年第一期。

185. 唐　蘭，〈略論西周微史家族窖藏銅器群的重要意義〉，《文物》1978 年
　　　第三期。

186. 唐　蘭，〈論周昭王時代的青銅器銘刻〉，《古文字研究》，第二輯，1981。

187. 夏　鼐，《碳十四測定年代和中國史前考古學》，《考古》1977 年第四期。

188. 商周青銅器銘文選集編輯組，〈商周青銅器銘文選集〉，《上海博物館館刊》
　　　第一期，1981。

189. 張光裕，〈金文中冊命之典〉，《中國文化研究所學報》第十卷下冊，香港
　　　中文大學，1979。

190. 郭沫若，〈關于眉縣大鼎銘辭考釋〉，《文物》1972 年第七期。

191. 陳夢家，〈西周銅器斷代（二）〉，《考古學報》第十冊，1955 年。

192. 陳夢家，〈西周銅器斷代（五）〉，《考古學報》第十三冊，1956 年第三期。

193. 陳夢家，〈西周銅器斷代（六）〉，《考古學報》第十四冊，1956 年第四期。

194. 彭曦等，〈穆公段蓋銘文簡釋〉，《考古與文物》1981 年第四期。

195. 黃盛璋，〈關于金文中的𦍋京（葊）蒿豐邦問題辨正〉，《中華文史論叢》，
　　　1981 第四輯。

196. 趙　誠，〈諸帚探索〉，《古文字研究》第十二輯，北京中華書局，1985。

197. 齊思和，〈周代錫命禮考〉，《燕京學報》第三十二期，東方文化書局，1947。

198. 劉　雨，〈西周金文中的射禮〉，《考古》1986 年第十二期。

199. 劉　雨，〈西周金文中的饗與燕〉，《大陸雜誌》第八十二卷第二期，1991。

200. 劉啟益，〈西周金文中所見的周王后妃〉，《考古與文物》，1980 年第四期。

201. 劉啟益，〈微氏家族銅器與西周銅器斷代〉，《考古》，1978 年第五期。

202. 嚴一萍，〈說鄉〉，《中國文字》新一期，1980。

後 記

　　本書原稿係筆者於一九八八年夏撰就之博士畢業論文，承鎮江周一田先生啓發端緒，指導諟正。先生悉心教誨之恩，無敢或忘。

　　本書即在此論文基礎上增修而成。原稿「鉶與陪鼎有別」乙節，嘗重新撰寫，而於一九九一年刊載於《大陸雜誌》第八十三卷第四期，題曰"儀禮用鉶考辨"；「左傳命宥質疑」乙節，亦復增訂，並於一九九三年刊載於《大陸雜誌》第八十七卷第四期，題曰"左傳命宥義辨"。今書中此二小節，即據此而修訂。又原稿徵引銅器銘文與甲骨刻辭，散見各書，爲求一致，且方便檢索，銅器銘文箸錄改據嚴一萍之《金文總集》，甲骨刻辭則據姚孝遂主編之《殷墟甲骨刻辭類纂》。其餘文字增損修改之處亦復不少，茲不贅舉。

　　一九九〇年寒假，筆者初次旅遊北京，得識裘錫圭先生，並持呈本論文求正，承蒙先生撥冗賜閱一過，多所糾繆，謹向先生致誠摯之謝意。

二〇〇九年九月二十九日校訂訖，並記。